全国革命老区县发展史丛书——山西卷

吉县革命老区发展史

吉县老区建设促进会 编

山西出版传媒集团　山西人民出版社

图书在版编目（CIP）数据

吉县革命老区发展史 / 吉县老区建设促进会编. -- 太原：山西人民出版社，2022.9
ISBN 978-7-203-12093-3

Ⅰ．①吉… Ⅱ．①吉… Ⅲ．①吉县－地方史 Ⅳ．①K292.54

中国版本图书馆CIP数据核字(2022)第077830号

吉县革命老区发展史

编　　者：	吉县老区建设促进会
责任编辑：	樊　中
复　　审：	李　鑫
终　　审：	贺　权
装帧设计：	尹慧娟
出 版 者：	山西出版传媒集团·山西人民出版社
地　　址：	太原市建设南路21号
邮　　编：	030012
发行营销：	0351－4922220　4955996　4956039　4922127（传真）
天猫官网：	https://sxrmcbs.tmall.com　电话：0351－4922159
E—mail：	sxskcb@163.com　发行部
	sxskcb@126.com　总编室
网　　址：	www.sxskcb.com
经 销 者：	山西出版传媒集团·山西人民出版社
承 印 厂：	山西万佳印业有限公司
开　　本：	787mm×1092mm　　1/16
印　　张：	24
字　　数：	265千字
版　　次：	2022年9月　第1版
印　　次：	2022年9月　第1次印刷
书　　号：	ISBN 978-7-203-12093-3
定　　价：	109.00元

如有印装质量问题请与本社联系调换

《吉县革命老区发展史》
编纂委员会

顾　　问：崔绍民　赵松强
主　　任：闫旺森
副 主 任：刘晓军　庞大懿　冯吉平　强晓辉　陈立德
委　　员：冯建亮　曹战海　赵洪文　李百灵　吴俊红
　　　　　张占利　王彦章　白取福　杨远荣　庞郁荣
　　　　　许小根　刘文学　张继稳　陈智荣　王良森
　　　　　强培家　强爱武　赵晓宏　葛建章　冯永忠
　　　　　燕奇荣　陕高升　艾维平　强兵换　冯俊忠
　　　　　刘旭山　党建明　陈健翔　强向阳　景耀明
　　　　　景云忠　范吉忠　王　评

主　　编：许小根
执行主编：刘文学
排版设计：范吉忠　刘晓娟

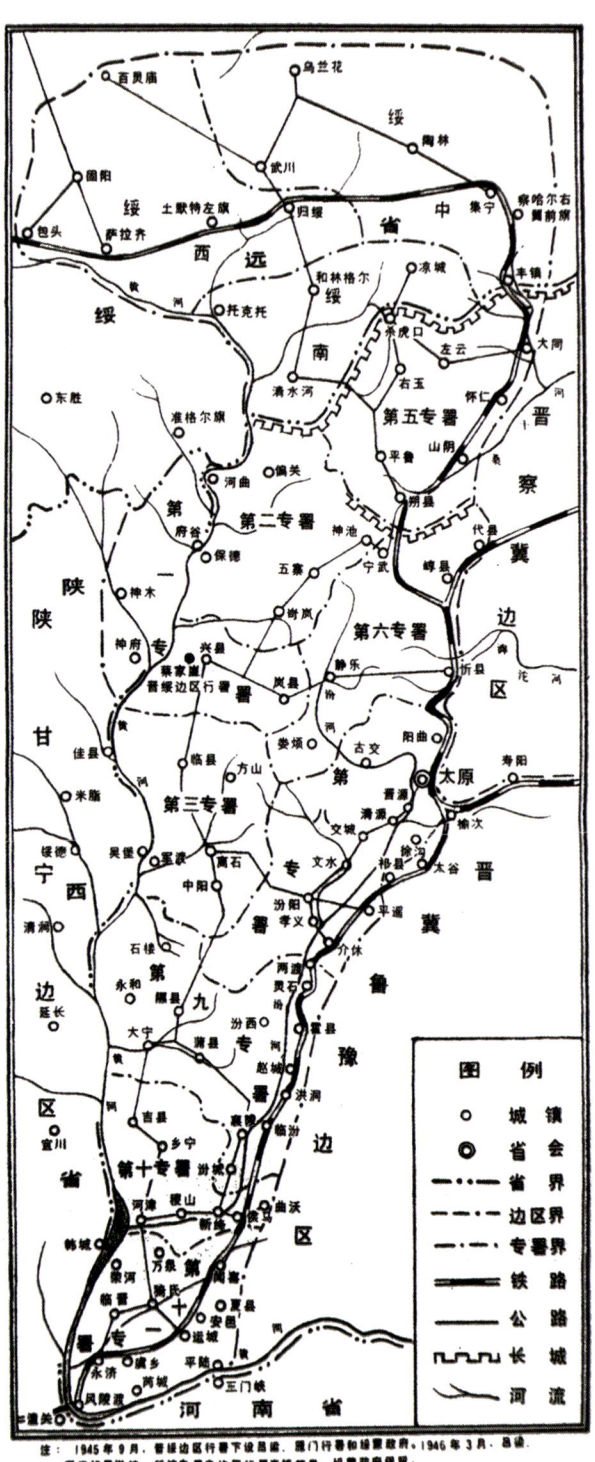

晋绥边区示意图
（一九四八年七月）

吉县牺盟会和地下党组织办公地点

八路军驻吉县办事处旧址

吉县抗日游击支队总部砚凹台

二十世纪七十年代县城旧貌

二十世纪九十年代县城旧貌

县城新貌

壶口瀑布

克难坡

人祖山

苹果采摘园

层林绿染管头山

林草丰茂牧业兴

烤烟栽种"短平快"

苹果富民"达小康"

老区人民在革命战争年代为革命事业做出了巨大贡献,也为我们留下了宝贵的精神财富,没有老区人民的牺牲和贡献就不可能有人民共和国的诞生,就不可能有今天的社会主义事业,我们绝不能忘记历史,忘记老区的开发建设。

——摘习近平总书记关于革命老区建设的论述

丙申九月振梓书

总 序

在举国欢庆中华人民共和国成立 70 周年前夕，中国老区建设促进会王健会长请我为"全国革命老区县发展史丛书"作序，作为一名在老区战斗过并得到老区人民生死相助的老兵，回首往事，心潮澎湃，感慨万千，深感义不容辞。

中国革命老区，是以毛泽东为代表的中国共产党人在领导人民推翻帝国主义、封建主义和官僚资本主义三座大山，争取民族独立和人民解放伟大斗争中建立的革命根据地。在这片红色的土地上，诞生了无数可歌可泣的革命英雄儿女，为后人立起了一座座不朽的丰碑，她是中华人民共和国的摇篮，是党和军队的根。

在艰苦卓绝的战争年代，老区人民把自己的命运与中华民族的命运紧紧地联系在一起，与中国共产党和人民军队的命运紧紧地联系在一起，他们生死相依，患难与共。我亲历过战争年代，并得到过老区红哥红嫂的救助，切身感受到发生在身边的一幕幕感天动地的革命故事。在那极其艰难的条件下，老区人民倾其所有、破家支前，不怕艰难困苦，不怕流血牺牲。"最后一碗米送去做军粮，最后一尺布送去做军装，最后一件老棉袄盖在担架上，最后一个亲骨肉送去上战场"，这是当时伟大的老区人民为建立中华人民共和国做出巨大牺牲的真实写照，它将永远镌刻在中国共产党、中国人民解放军、中华人民共和国的历史丰碑上。他们的光辉业绩永载史册，他们的革命精神必将影响一代又一代的革命新人，造就一代又一代的民族脊梁。

在社会主义革命和建设时期，革命老区和老区人民响应党的号召，面对落后的面貌、脆弱的经济、恶劣的生态环境，他们本色不变，精神不丢，自力更生，艰苦奋斗，干一行爱一行。始终坚持"革命理想高于天"，自觉做共产主义远大理想的坚定信仰者和忠实实践者，勇于向恶劣的自然环境和贫穷落后宣战，他们在各条战线上为国建功立业，用平凡的双手创造了一个又一个不平凡的奇迹，彰显了老区人的崇高精神和人格力量。

在改革开放的伟大进程中，老区人民解放思想，勇于创新，发奋图强，攻坚克难，老区的经济和社会发展取得了辉煌成就。特别是在改变中国的面貌、中华民族的面貌、中国人民的面貌、中国共产党的面貌的伟大实践中发挥了至关重要的作用。老区人民既是改革开放的参与者，也是改革开放的推动者。

艰苦练意志，危难见精神。老区人民在近百年的革命战争、社会主义建设和改革开放的伟大实践中，孕育形成了伟大的老区精神：爱党信党、坚定不移的理想信念；舍生忘死、无私奉献的博大胸怀；不屈不挠、敢于胜利的英雄气概；自强不息、艰苦奋斗的顽强斗志；求真务实、开拓创新的科学态度；鱼水情深、生死相依的光荣传统。这是党和人民宝贵的精神财富、丰厚的政治资源，是凝心聚力、振奋民族精神的重要法宝，也是社会主义核心价值观的重要内容。

中国老区建设促进会怀着强烈的政治责任感和历史使命感，组织全国各地老促会人员克服困难，尽心竭力编纂"全国革命老区县发展史丛书",记录老区的光辉历史和辉煌成就,传承红色基因,弘扬老区精神,是功在当代、利及千秋的一件大事。手捧这部丛书的部分书稿,读着书中的故事,倍感亲切,深感这部丛书具有资政、育人、存史的社会功能,有着重要的时代和历史价值。它是不忘初心、牢记使命的源头活水,是赞颂共产党、讴歌老区人民的一部精品力作,是弘扬老区精神、传承红色记忆的丰厚载体,是一项继承优秀传统文化、弘扬革命文化、发展社会主义先进文化,坚定"四个自信"的宏大文化工程。它必将成为一种文化品牌,为各界人士了解老区宣传老区支持老区提供一部有价值的研究史料。

希望读者朋友们能从中了解并牢记这些为党和民族的利益不断奉献的老区人民,从中得到教益,汲取人生奋斗的精神动力。新时代赋予新使命,新起点开启新征程。让我们更加紧密地团结在以习近平同志为核心的党中央周围,坚持以习近平新时代中国特色社会主义思想为指导,增强"四个意识",坚定"四个自信",做到"两个维护",弘扬老区精神,铭记苦难辉煌,为实现"两个一百年"奋斗目标,实现中华民族伟大复兴的中国梦做出新的更大的贡献!

迟浩田

2019年4月11日

写在前面的话

吉县革命老区，有着辉煌的革命历史。

早在1927年，来自陕北的共产党人赵方就受党组织派遣，到吉县秘密传播共产主义思想。1933年，吉县第一位共产党员王耿人回乡开展党的革命思想宣传；1934年，早期共产党员王成章开始向吉县进步青年寄送进步书刊；1936年红军东征攻克吉县县城，点燃了吉县的革命火焰；同年，牺盟会在吉县的抗日救亡活动进一步唤醒了民众的民族觉悟。

1937年，抗日战争全面爆发，在中华民族生死存亡的紧要关头，中国共产党吉县地方党组织秘密成立，从此吉县人民有了革命活动的主心骨。在烽火连天的抗战期间，吉县地方党组织领导全县人民不畏强敌，在日军、蒋阎交错的复杂环境中顽强斗争，建立了党的组织，组建了游击队，革命力量不断发展壮大。

1947年10月，西北野战军解放吉县，开启了吉县人民当家做主的新纪元。

吉县人民具有坚韧不拔的革命意志。在战争年代，毛泽东指挥红军东征，转战晋西，对吉县战局谋划在胸，多次电令指示；刘少奇、朱德、杨尚昆、贺龙、王震等老一辈无产阶级革命家都曾亲临吉县并做重要指示；李公朴、丁玲、光未然、萧军等文化文艺名人也来到吉县宣传抗日，开展救亡活动。在这些革命领袖的指导和先驱志士的影响下，吉县人民积极投入抗日战争和解放战争的洪流,涌现了井圪塔寨子浴血抗击日军、抗日游击支队英勇斗敌、地下党员在白色恐怖中坚持斗争、担架队踊跃支援前线等永载史册的英雄事迹。

吉县人民具有光荣的革命传统。红军东征回师路过吉县,有30多名贫苦农民当即参加红军走上了革命道路。随后,一批进步青年告别家乡亲友,奔赴延安、太原等地加入了党组织,成为民族解放和革命事业的忠诚战士。在战争年代,广大群众主动组织起来筹粮筹款、烧水做饭、搜集情报、站岗放哨、救护伤员、运送物资、送子参军,以实际行动支援革命,展示出勇敢顽强、不屈不挠和追求光明的精神风貌。

吉县人民具有艰苦奋斗、奋发图强的创新精神。解放以后,吉县人民翻身当家做了主人,在历届县委、县政府的领导下,励精图治,开拓进取,使吉县的各项事业和人民的生活水平都发生了翻天覆地的变化。特别是改革开放以来,吉县老区人民抓住机遇,找准突破口,沐浴着改革开放的春风,发挥优势,谋划发展,全力优化产业结构,把壶口旅游和苹果生产发展成为支柱产业,不断推进全县经济社会的协调发展,人民群众逐步走上富裕之路。

党的十八大以来,县委、县政府遵照习近平总书记"加快老区发展步伐,做好老区扶贫开发工作,让老区农村贫困人口尽快脱贫致富,确保老区人民和全国人民一道全面进入小康社会,是我们党和政府义不容辞的责任"的指示,坚持以人民为中心的发展思想,把脱贫攻坚作为头等大事,全力推进转型、跨越、快速、争先"四个发展",强力做好苹果转型、旅游开发、工业崛起、城市建设、民生改善五篇文章,实施"1236"战略,加速推动经济社会全面协调发展,取得了令人瞩目的成就。财政收入增速和增幅连续三年居全市首位,先后获得全国农业(苹果)标准化示范县、全省林业生态县、全省"一县一业"(苹果)先进县、全省文化建设示范县等殊荣,并于2018年8月率先在全省实现了整体脱贫。

进入2020年,新一届县委、县政府立足吉县实际,谋划强县大业,统筹落实以打造红色苹果、黄色瀑布、绿色生态"三色品牌",实施全国优质苹果生产基地、全国知名旅游目的地、全省重要的新能源基地"三地创建",推进精准扶贫、污染防治、防范化解重大风险"三大攻坚",补齐工业经济、城市建设、民生改善"三块短板",锤炼有情怀、有担当、有作为"三有干部"为主要内容的"五个三"发展思路,苹果提质增效全力推动,全域旅游开发势头强劲,工业经济加速崛起,县城建设日新月异,民生改善统筹推进,必将引领吉县老区实现跨越式的新发展。

我们以习近平新时代中国特色社会主义思想为指导,本着"尊重历史、广征精编"的原则,采用编年体和纪事本末体相结合体例,实事求是地按照历史脉络,完成了《吉县革命老区发展史》。

该书比较全面系统、客观翔实地记述吉县革命老区从新民主主义革命时期到中国特色社会主义新时代的历史,展现了广大党员和人民群众在党组织带领下进行革命、建设、改革开放,推进中国特色社会主义事业的光辉历程及取得的重大成就,反映了全县人民群众为追求翻身解放、建设社会主义而表现出的自强不息、勇担使命、百折不挠、拼搏向前的革命精神,是了解、学习和研究吉县党的奋斗历史的新编史料，是革命传统教育、爱国主义教育的乡土教材，必将为吉县经济社会发展提供有益借鉴，增添新的正能量。

吉县老区建设促进会

编写说明

2017年6月,中国老区建设促进会组织全国各地老促会启动编纂"全国革命老区县发展史丛书",按照"建立中国共产党、成立中华人民共和国、推进改革开放和中国特色社会主义事业"三大里程碑的历史脉络,系统书写革命老区百年历史,深入挖掘革命老区红色文化资源,这对于充实丰富中国革命史籍宝库、在新时代的历史条件下夺取中国特色社会主义伟大胜利,实现中华民族伟大复兴的中国梦具有重要意义。

丛书编纂以习近平新时代中国特色社会主义思想为指导,以《中国共产党历史》《中国共产党的九十年》等重要文献为基本依据,以党的领导为核心,以老区人民为主体,以老区发展为主线,体现历史进程特征,突出时代发展特色,坚持辩证唯物主义和历史唯物主义相统一、历史真实性与内容可读性相统一的原则,书写革命老区从站起来、富起来到强起来的光荣革命史、不懈奋斗史、辉煌成就史,把老区人民的伟大贡献、伟大创造、伟大成就、伟大精神充分展示出来,形成一部具有厚重历史特征和鲜明时代特色的精品力作。这是一部培根铸魂、守正创新,既为历史立言,为又时代服务,字里行间流淌着红色血脉、催生着革命激情的传世之作。丛书的编纂出版将成为讴歌党讴歌人民讴歌时代、传播红色文化、为革命老区和老区人民树碑立传的重要载体。

丛书按照编年体与纪事本末体相结合、以编年体为主的编写体例确定框架结构；运用时经事纬、点面结合的方式记述史实；坚持人事结合、以事带人的原则处理人与事的关系；采取夹叙夹议、叙论结合以叙为主的方法展开内容，做到了史料与史论、历史与现实、政治与学术相统一，文献性、学术性、知识性相兼容。

为编纂好"全国革命老区县发展史丛书"，打造红色文化品牌，中国老区建设促进会认真组织积极协调，提出政治立场鲜明、史料真实准确、思想论述深刻、历史维度厚重、时代特色突出、编写体例规范、篇目布局合理、审读把关严格、出版制作精良的编纂出版总要求，力求达到革命史籍精品的精神高度、思想深度、知识广度、语言力度，增强丛书的权威性和社会影响力。

各省（区、市）市（州、盟）县（市、区、旗）老促会的同志，以强烈的使命感、责任感和紧迫感，勇于担当，积极作为，认真实施，组织由老促会成员、专家学者等参加的10余万人编写队伍。编纂工作主体责任在县，省、市组织协调、有力指导、审读把关。各方面人员以高度负责的精神和科学严谨的态度，满腔热情地投入工作，为丛书编纂出版作出了重要贡献。

丛书编纂工作还得到了党和国家有关部委、地方各级党委政府及有关部门的大力支持和积极参与，社会各界也给予了热情帮助。中共中央政治局原委员、中央军委原副主席、原国务委员兼国防部部长迟浩田上将，对老区人民怀有深厚感情，对革命老区建设发展十分关注，欣然为"全国革命老区县发展史丛书"作总序。

丛书由总册和1599分册（每个革命老区县编纂1分册）组成，共1600册。鉴于丛书所记述的史实内容多、时间跨度长和编纂时间紧，不妥之处，敬请批评指正。

中国老区建设促进会

目　　录

吉县概览 / 1

第一编　新民主主义革命时期
（1921年7月—1949年10月）

第一章　红军东征来到吉县 / 6

第一节　红军攻克县城点燃了革命火焰 / 6

第二节　热血青年踊跃投身革命 / 12

第三节　吉县老区革命先驱 / 13

第二章　创建革命组织 / 17

第一节　牺盟会在吉县的创建与拓展 / 18

第二节　党组织在斗争中创建发展 / 22

第三节　吉县老区革命志士 / 26

第三章　抗日救亡的峥嵘岁月 / 31

第一节　抗日救亡团体奋起斗争 / 32

第二节　中共吉县县委的成立 / 40
第三节　吉县抗日游击队 / 46

第四章　抗日统战工作的开展 / 50

第一节　开辟与延安的贸易通道 / 50
第二节　抗战文化在吉县的传播 / 51
第三节　八路军吉县办事处 / 65

第五章　浴血抗战保家园 / 67

第一节　军民英勇抗击日军 / 67
第二节　日军侵占吉县犯下滔天罪行 / 71
第三节　阎锡山白色恐怖下的对敌斗争 / 73
第四节　打入阎锡山心脏的樊耕农 / 78

第六章　解放战争时期 / 80

第一节　中共吉县县委的重新组建 / 80
第二节　奔袭炸毁壶口铁索桥 / 84
第三节　两次攻城　吉县获解放 / 85
第四节　土地改革人民翻了身 / 86
第五节　调集干部　随军南下西进 / 90
第六节　担架队远征西北支前 / 92

第二编 社会主义革命和建设时期
（1949年10—1978年12月）

第一章 健全党的组织 巩固人民政权 / 94

第二章 掀起抗美援朝运动 / 96

第三章 组织起来 发展农业生产 / 99

 第一节 掀起农业互助合作化热潮 / 99
 第二节 大办粮食抓生产 / 101
 第三节 兴修水利 拉开"大跃进"序幕 / 103
 第四节 "大炼钢铁"和人民公社化运动 / 105
 第五节 大搞植树造林绿化荒山 / 107

第四章 改造发展工商业 / 109

 第一节 顺利完成工商业社会主义改造 / 109
 第二节 "大跃进"加快工业建设 / 110
 第三节 商业供销系统覆盖城乡 / 114

第五章 公益事业蓬勃发展 / 116

 第一节 文化广播事业逐渐繁荣 / 116
 第二节 教育卫生事业快速发展 / 117

第三节 交通邮电事业接连上台阶 / 119

第六章 "文化大革命"期间的曲折历程 / 121

第一节 农牧生产在"动乱"中徘徊 / 122

第二节 "学大寨"大办林业搞水保 / 124

第三节 工商业在发展 / 126

第四节 文教卫生事业在艰难前行 / 128

第五节 北京知青在吉县 / 131

第三编 改革开放和社会主义现代化建设时期
（1978年12月—2012年11月）

第一章 发展苹果产业圆了富民梦 / 136

第一节 艰辛探索中选栽苹果 / 136

第二节 科技助推产业发展 / 144

第三节 推介开拓销售市场 / 149

第四节 品牌打造成果骄人 / 152

第五节 培育龙头引领产业化 / 158

第二章 栽种烤烟一度富民又创税 / 163

第一节 引进试点艰难起步 / 163

第二节 "三管齐下"推动发展 / 167

第三节 "区域化、重点村、专业户"种植 / 174

第四节　困境中推行合同种植模式 / 179

第三章　旅游开发打造朝阳产业 / 183

第一节　旅游资源赋予了开发优势 / 183

第二节　探险活动开启壶口宣传 / 192

第三节　"漂流月"叫响壶口品牌 / 196

第四节　壶口推介表演活动惊险奇特 / 200

第五节　启动全域旅游示范县创建 / 207

第六节　综合效益在开拓进取中攀升 / 211

第四章　工业崛起谱新篇 / 214

第一节　国有企业在改革中深度发展 / 215

第二节　乡镇企业异军突起 / 217

第三节　招引项目加速工业新型化 / 222

第五章　县城建设展新貌 / 228

第六章　民生改善成绩显著 / 247

第一节　东庄经验引路全县农村改革 / 247

第二节　发展特色产业全县基本达小康 / 248

第三节　农村经营管理卓有成效 / 251

第四节　生态环境综合治理全国领先 / 255

第五节　财政持续增收支撑民生改善 / 264

第六节　公共基础设施快速完善 / 268

第七节　教育事业不断进步 / 274

第八节　文化事业欣欣向荣 / 283

第九节 医疗卫生水平大幅提升 / 293

第四编　中国特色社会主义新时代
（2012年11月— ）

第一章　新理念引领新征程 / 300

第二章　全面推进新农村建设 / 301

第三章　新能源撑起工业新天地 / 303

第四章　文化建设提升软实力 / 304

第五章　脱贫攻坚率先摘帽奏凯歌 / 307

　　第一节　脱贫攻坚　如期完成 / 307
　　第二节　脱贫攻坚的三大经验 / 311

附　录 / 320

编后语 / 365

吉县概览

地理位置

吉县,位于黄河中游,山西省吕梁山南麓,东以石头山、金岗岭、姑射山为界与蒲县、尧都区、乡宁县接壤,西濒黄河与陕西宜川县相望,南以上张尖为界与乡宁县昌宁镇毗邻,北以处鹤沟为界与大宁县相连。地理位标,北纬 35°53'10"~36°21'02",东经 110°27'30"~111°07'20"。东西最长 62 千米,南北宽度 48 千米,总面积 1780 平方千米,占临汾市总面积的 8.8%。

气候特点

吉县属于温带大陆性气候,四季分明,春季干旱而多风,十年九旱;夏季气温较高,降水集中;秋季多连阴雨;冬季寒冷干燥。年日照 2074.9~2775.6 小时,年平均气温 6.5℃~11.4℃,年均无霜期 172 天,降水量在 470~600 毫米之间。

历史沿革

吉县历史悠久,柿子滩文化遗址的发现(中石器时代),证明在万年以前就有人类在这里活动;传说中的人祖伏羲氏，就曾居住于城北人祖山。2600多年前始有建制，春秋时称屈邑，历代又有北屈县、定阳郡、南汾州、耿州、慈州、吉州等名。民国元年改为吉县，划归晋绥吕梁十专区，1940年10月又隶属山西晋南专区，1958年并入乡宁，降县为镇，1960年复置吉县，1970年晋南专区分置临汾与运城时，划归临汾地区（2000年8月改临汾市）。

行政区划

全县人口11.0693万人，现辖3镇（吉昌、屯里、壶口）5乡（中垛、文城、柏山寺、车城、东城）6个社区、67个村民委员会、377个自然村。

产业现状

吉县是新能源开发基地县。全县遍布深层优质煤炭，面积238平方千米，储量达100亿吨以上。煤层气储量1000亿立方米以上，为煤电转化、煤层气综合开发利用奠定了雄厚的资源基础。吉县地处西风带，有屯里、王家垣、柏山寺三大山地风场，密度高于200瓦/平方米，风速累积时数达5000～7000小时。屯里200兆瓦风电场项目，一期项目已于2020年8月建成并网发电。吉县年日照2698.3小时，太阳能直接辐射强度大于4708.33兆焦/年/平方米，是光伏发电的理想之地，已建成并网屯里、东赵村两个大型光伏发电场。

吉县是全国生态建设示范县。新中国成立后，在历届县委、县政府的不断努力下，尤其是1980年国家将吉县列入"三北"防护林建设体系后，经过前后50多年的封、护、抚、育，全县林木绿化率达62.5%，森林覆盖率达到47.2%。

吉县是一个旅游名县。境内有"世界第一大黄色瀑布"黄河壶口瀑布，现存最完整的抗日战区司令部旧址克难坡，国内唯一以"人祖"命名的女娲伏羲祭祀地、中华婚育文化主源地人祖山，位列2001年全国"十大考古发现"之首的中石器时代古人类生活遗址柿子滩，享誉"生态氧吧""红叶胜境"的管头山、高祖山，高入云天、古迹众多的道教祖庭之一的高天山，兼具体验、观光、采摘、游乐的苹果观光园区，以及北齐造像碑、隋铸大铁佛、唐代大铁钟、宋建坤柔圣母庙、清代内长城、古贤朱德槐等。

吉县是全国优质苹果生产基地县。现有苹果种植面积28万亩，年产苹果20万吨，果业收入3亿元。其中富士苹果以果型高桩、色泽红润、口感脆爽、回味清香，先后获得首届中国农业博览会水果类唯一"金奖"及"中华名果""最佳畅销产品"等20多项国内外大奖和认证。产品销往全国各地，出口东南亚各国和美国、俄罗斯等。

交通通信

吉县交通通信便捷。国道209线和309线、呼北高速和青兰高速均在境内交汇，东西可以沟通秦晋，连接陇鲁；南北可以纵越三晋，通达蒙桂。全县公路通车里程1385.4千米，其中三级路117.8千米，四级路988.5千米，乡乡通油路，村村通公路。邮电通信事业快速发展，本地话网、交换网、移动通信网等多功能多手段的现代先进通信网络已形成。固定电话用户8416部，移动电话用户71413

户，固定电话和移动电话普及率达到每百人74.1部，宽带用户5734户，互联网上网人数7.1万人次。

第一编　新民主主义革命时期

（1921年7月—1949年10月）

吉县老区的革命史，发端于中国共产党吉县地方组织的建立。中共吉县地方组织，始建于1937年7月上旬，成立于1937年11月，恢复于1946年11月，公开于1947年10月，是山西省较早建立党组织的县之一。1936年红军东征攻克吉县，在县城驻留一天，点燃了吉县革命的火焰。抗日战争时期，中共中央确定山西为坚持华北敌后抗战的支点，吉县成为我党建立统一战线，联通延安与东部抗日根据地的通道。中共吉县地方组织组建抗日游击队，带领全县人民奋起抗击日军，配合驻军打响了人祖山保卫战、三堠和白额阻击战，在井圪塔寨子与日军浴血拼杀，为保卫延安、保卫华北、保卫党中央，建立山西抗日根据地作出了重大贡献。解放战争时期，吉县党组织在各区发动人民群众，实行新民主主义各项政策，锄奸除霸、土地改革、支前参战，历经革命风雨的洗礼，于1947年10月公开建党，领导全县党组织开展工作，开启了吉县老区建设和发展的新纪元。

第一章　红军东征来到吉县

第一节　红军攻克县城点燃了革命火焰

一、抗日反蒋　渡河东征

1935年冬，中央红军长征胜利到达陕北。

12月17日至25日中共中央于在瓦窑堡召开政治局会议，决定把红军行动与苏区发展的主要方向，放在东边的山西和北边的绥远等省，提出的口号是"抗日反蒋，渡河东征"。

1936年2月20日，为开赴抗日前线及在发展中巩固陕北革命根据地，"中国工农红军抗日先锋军"东渡黄河，一日之内突破了黄河天险，两个月内驰骋于三晋腹地。

阎锡山惶惶不可终日，只好向蒋介石呼救。蒋早已觊觎山西，趁此机会，派陈

红军渡河东征

诚坐镇太原，急调关麟征、汤恩伯、商震等 10 个师由西、南各方入晋，阎也派出 5 个师、2 个旅由晋中向南压来。同时，驻黄河以西的中央军也受蒋策动，沿河北上，包抄后路，企图一举剿灭红军抗日武装。

二、闪进闪出　影响广泛

为争取国民党政府一致抗日，同时避免双方因决战而损失中国的国防力量，中国共产党深明大义，发表了"东征回师通电"，再次向国民党南京政府提出停止内战、一致抗日的建议。据此，红军主力便有计划地回师陕北。这时，活动于晋南稷山一带的红一师为了甩掉尾追的商震等部敌军，师长陈赓、政委杨成武，决定抄近路绕过乡宁县城向总部驻地永和县集结，而敌占据的吉县县城是挡在前进路上的一颗钉子，必须用很短的时间拔掉。

吉县地处黄河东岸，隔河便是陕北苏区，沿河有小船窝、冯家碛、平渡关、马粪滩与龙王辿等渡口，是晋陕通衢。因此，国民党吉县军政官员对红军的东征早已焦虑不安，特别是得知红军攻克襄陵、侯马后，

吉县小船窝渡口

红军攻克吉县县城时的东城门

更如惊弓之鸟、谈共色变。他们一面搜捕所谓共产党嫌疑,凡操外籍口音的行商小贩一律拘审,甚至连扎皮带、带有红色物品的人也不放过;一面充实城防力量,除驻守城内的80多名警察外,还调集河防禁烟稽查队30多名队员及驻守城外的防共保卫团两个大队,同时调集分散在全县各地的9个团丁中队,使县城内兵力达500多人。在这些守备兵力中,战斗力量强的是警察和禁烟稽查队,这帮人多为异乡当兵多年的老兵痞,其中不少人随阎军参加过中原大战,有一定的实战经验,布置在易受攻击的东城门楼上;防共保卫团的300人中,30%是来自本地游手好闲的富户子弟,40%是被雇佣、顶替当兵的老实农民,战斗力较差,另外20%左右是从正规军中抽来担任班、排长及分队长的晋军骨干。从4月13日开始,用麻袋装沙土封闭了各个城门。

红军攻打吉县县城,是5月4日早晨开始的。原计划用奇袭的办法,由红一师侦察参谋肖思明带领30多名从各连队抽调来的精干战士,着阎军服骑自行车从勒马垣坡经水洞沟,出其不意地奔袭县城。早8时许,突袭部队尚未下勒马垣坡,即被敌潜伏在城南挂甲山顶的阻击队发现,遭到敌人开枪射击。城内守敌闻警后立即进入阵地，以密集火力封锁了通往东城门的扶风桥，将突袭部队拦阻于大桥以南，无法接近东门。

突袭不成，改用强攻。攻城前，由红一团以少量精锐部队消灭了埋伏在挂甲山制高点上的守敌，占据了有利地形，可居高临下俯瞰全城并掩护部队攻城，突破口选在挂甲山下河对面的南城墙。但接近城根要经过90米宽的河滩，当部队运动到开阔地时，遭到敌火力阻击造成伤亡。几经强攻，均未成功。下午3时许，红三团及师指挥部由乡宁赶到吉县，经过周密研究，将主攻任务仍交红一团，红三团除抽调一个加强连配合一团攻城外，其余都布置在城南、城西佯攻。红一团是仅有4个步兵连和1个机枪连的小团，但战士都是经过二万五千里长征锻炼的精兵，战斗力很强。团长陈正湘、政委罗元发都是能征善战的年轻指挥员，加上红三团配合，如虎添翼。

红一团把攻城突破口选在敌人防备森严的东城门。城上堆满沙袋掩体，守敌在掩体内密切监视着城外动态，特别是由城南接近城门必经之地的扶风桥，一旦发现红军行动，便以密集火力封锁，给部队接近东门进攻带来很大威胁。红一团指战员在进入阵地前，经过详细侦察和认真研究，预料敌人必然重点封锁这座跨度70米的大桥。于是，进攻前以巧妙的方法，出其不意地将进攻部队运动到东门外大街内，经过紧张作业，挖通街旁商店之间的隔墙，并在向城一面的屋壁上挖好射孔和突击口。下午4时总攻发起后，四面八方一齐开火，打得敌人晕头转向，驻在崇安门内的敌指挥所还没有弄清情况，登城部队已以迅雷不及掩耳之势，将登城云梯竖在东城墙上。东门失守，全城大乱。进入东门的红军紧衔敌尾，像一把尖刀直插县城指挥中心崇安门内，迅速占领城内制高点程家圪塔，全歼衙门守敌，直捣县衙，俘虏了伪县长璩象咸、大队长王福元及500余士兵，缴获各种枪支300余支。

战斗仅用1个多小时即告结束。红军收缴了县衙内的钱财和大烟土，筹集了一笔抗日军费；把没收官仓的粮食和食盐分给了贫苦人民，打开监狱释放了全部被关押的犯人；处理了全部俘虏，并向广大群众宣传了中国共产党的抗日主张。第二天，红军踏上了归途，按时与总部会合。

红军攻克吉县一事，在漫长的中国革命斗争过程中只能算作一次很小的军事接触。红军在吉县停留的时间也仅一天多，但它对吉县却具有特殊的影响和深远的意义。

三、攻克县城　彰显意义

显示了红军的实力　经过5次反"围剿"和二万五千里长征，红军不可避免地受到了很大损失，蒋介石也曾借此向中外大肆宣扬红军主力"已不复存在"。但红军东征在山西境内纵横驰骋，经过兑九峪、蓬门、关上等战役，重创了阎锡山自诩训练有素、装备精良的晋军，使他无可奈何地承认"红军力量雄厚"。红军在东征前阶段，出于战略的考虑，没有攻打过县城，这样又使一些人错误地认为红军实力不足，只能打村劫寨，不敢攻打城池。不料红军在回师陕北途中，先克襄陵，再下侯马，不几天又攻克吉县，这一连串的消息不胫而走，使阎锡山的军政要人哗然。红军不但可以在运动战中消灭整团整旅的敌人,也能攻克防守较强的县城,消灭红军,只能是幻想。

用事实戳穿谎言 阎锡山为了达到他反共的阴谋,曾编了一首反共歌曲,说什么"共产党杀人如割草,无论穷富皆难逃"。但红军攻克吉县县城后,成群的敌兵挤在很窄的街道一起跑,红军为避免群众伤亡,只是力追,只喊缴枪不杀,并不开枪。守城的500余人除10余人死亡,其余全部做了俘虏。

红军攻入吉县县城,没有一个人去动商店货架上的货物,大受商界赞誉。有一个姓杜的染坊掌柜的老婆,在攻城时不幸被流弹击中而死亡,红军入城得知后,便给其发了丧葬费和抚恤费。

政策感召赢得了人心 在对待俘虏上,红军因人而异。对县长、团长这些官僚另行看管;对团丁中的有钱人家子弟,每人发给2元路费和烧饼释放回家;对衣着破旧、赤脚露背的穷苦百姓,则给饭吃、给衣穿,动员他们帮助红军抬担架,每天付5角钱工资。当时,给地主放羊一年才挣6块钱。加上红军宣传的共产党土地政策和抗日主张深得人心,当即就有几十人报名抬担架,有30多名青年报名参加了红军。

伪县长璩象咸被俘后,在红军回师的路上,经过事实教育,对共产党的认识已经有了初步转变。到延安后,又参加了正式学习,觉悟大有提高,对自己的过去有幡然悔改之意,并热情地投入抗日洪流,参加了边区教育部工作。后不久,担任了边区和阎占区的交通联络工作,对革命工作作出了较大的贡献。

附：红军东征在吉县的线路

1936年红军东征南下后北上进军线路：一路由稷山至吉县，一路由襄陵至吉县。

4月15日歼灭吉县伪县政府保安团，然后由吉县经窑渠一部分至大宁，一部分至午城。

（摘自北京军事博物馆《红军东征路线图》）

第二节　热血青年踊跃投身革命

1936年5月14日至15日，中共中央在延川县大相寺召开政治局扩大会议，毛泽东同志对红军东征胜利的意义做了高度概括和评价：打了胜仗，唤起了民众，筹备了财物，扩大了红军。事实确实如此。5月，红军攻克吉县县城，直接打击了反动顽固势力，更重要的是点燃了革命的火焰。红军进城后向广大人民群众宣传了中国共产党的抗日主张，揭穿了国民党和阎锡山的反共宣传。

吉县人民群众知道了共产党的政策，又目睹了共产党领导的工农红军对敌人英勇斗争的事实，加之对群众秋毫无犯的严明军纪，共产党红军给吉县人民留下了深刻的正面印象。一部分热血青年听了红军的宣传，认识到只有共产党才是挽救祖国于危亡的力量，极短时间内，张海禄、牛德山、毛招才等30多名贫苦农民报名参加了红军。红军回师陕北后不久，又有洛洪章、白子煌、张秀成、张广钦等进步青年告别亲人，告别家乡奔赴陕北、太原等地寻找共产党，追求光明和进步。后来这些进步青年都先后加入了共产党，为革命事业奉献了自己的一生。

1936年冬，山西牺盟会（简称牺盟会）派共产党员陈捷弟为牺盟联络员，亢书林等7人为村政协助员，深入农村，发动群众，宣传抗日，唤起了山区农民的觉悟。

深深埋藏于人民心中的革命火种，愈燃愈旺，不少有志青年在本地加入了中国共产党，吉县的革命力量不断壮大。1937年全面抗日战争爆发后，吉县党组织很快发展到各区，到1939年12月"晋西事变"前，已发展到200多人。后虽然受到阎锡山特务的破坏和叛徒的出卖，但多数党员不改初心，团结斗争，勇敢地开展地下革命活动，成长为革命的骨干力量。

第三节　吉县老区革命先驱

一、第一个到吉县传播革命思想的共产党员赵方

赵方，原名赵正化，化名张超，1908年出生于陕西省宜川县云岩镇二里半村一个普通的农民家庭。1926年在延安四中读书时加入了中国共产党。1927年到吉县传播共产主义思想。1929年冬，赵方受陕北特委的派遣回家乡开展工作，担任中共宜川县委宣传委员，二里半村党支部书记。1938年春，赵方从中央党校毕业后，被晋西南区党委分配在隰县地委组织部工作，同年9月调晋西南区党委社会工作部工作，后任副部长。1949年随军南下

到四川成都，赵方先后担任成都市公安局第一任局长，川西公安厅、四川省公安厅副厅长和四川省高级人民法院院长。

1927年深秋，年方19岁的陕北共产党员赵方秘密到吉县，住在县城侯家沟的一孔土窑洞里，广泛接触吉县县城内青年人，传播共产主义思想，播撒革命的种子，给沉闷的吉县带来一丝春意。不久，赵方的活动引起了当局和旧势力的警觉，赵方被迫离开吉县。

二、吉县籍第一位共产党员王耿人

王耿人

王耿人又名王闻绍，1907年出生于吉县西关一个贫寒的书香门第。他天资聪慧，勤奋好学，尤其热爱文学。王耿人1931年加入中国共产党，1939年12月"晋西事变"时，任中共晋西南区党委委员兼区党校副校长。1939年，在随同党委机关向北转移中，于离石区鸦儿崖（现方山新明村）突遭日军包围。为掩护党委机关安全转移，他与武永祥等3位同志献出了宝贵的生命，时年31岁。

王耿人幼年好学，但苦于家境贫寒，高小毕业即到本县西掌村担任小学教师。后考取公费的太原国民师范，却因书籍、食宿等费用无处筹措，又改考阎锡山举办的辎重教练所。1928年毕业，分配到晋军任见习排长，1930年

4月至10月，随晋军参加了阎（锡山）冯（玉祥）讨蒋的中原大战。1931年脱离晋军，在太原加入中国共产党。

1933年5月26日，王耿人参加冯玉祥、吉鸿昌领导的"察哈尔民众抗日同盟军"，开赴张家口反击日军。7月，"同盟军"一举收复被日军占领的保康、宝昌两县，攻克了日军重兵防守的多伦重镇，后在蒋介石、汪精卫与日军勾结夹击下失败。王耿人在一位老大娘的掩护下，躲过了敌人搜捕，经太原辗转回到了故乡吉县。

在亲友的帮助下，他以吉县模范小学教师职业为掩护，组织学生开展体育活动、出壁报，发动学生上街演讲、编演进步话剧来传播和宣传革命道理；同时组织读书会，订阅《世界知识》《读书生活》等进步书刊，向学生介绍艾思奇的哲学讲话、鲁迅的杂文、茅盾的《子夜》等名著。通过谈心，不断向青年们灌输进步思想，宣传抗日道理。他还撰写了一篇揭露吉县当地黑暗、愚昧的文章，刊登在太原一家杂志上，引起反动绅士、顽固官僚的注意，阎军驻吉县部队营长董学武搜查了模范小学，并扬言王耿人是赤党，要抓捕严办。由于同情革命的县长张步瀛暗示，王耿人连夜奔赴陕北。

1934年年初，王耿人来到陕北榆林，借原汾阳军校同学的帮助，现场考试后被招录到安边小学担任高级小学校长，重新开展革命宣传活动。

1936年，山西形势好转，王耿人经包头等地辗转回到太原，与组织接上了关系。他先在晋军石友三部队里做兵运工作，同年秋调回太原，到山西牺盟会搞组织工作。

王耿人被迫离开吉县后,不断给妹妹和其他青年邮寄进步杂志,鼓励他们加强学习,提高认识。红军东征攻克吉县前,他又写信给父亲、妹妹,让他们利用当地武装中的熟人,动员那些人策应红军东征,在红军攻城时,不加抵抗或对空放枪。1937年春,山西牺盟会派员巡视晋西12县的抗日救亡运动时,他又回到了吉县。除了向亲属、同学做宣传外,在吉县女子高小召开的群众大会上,他深入浅出生动讲解了共产党抗日民族统一战线的主张,揭露了日本帝国主义惨无人道的罪行,大讲只有开展抗日救亡运动才能求得民族生存的道理。1937年7月,王耿人在太原得知共产党地下党员郑方到吉县担任县牺盟特派员时,主动找郑方介绍吉县的情况,并推荐了不少进步青年,为建立吉县党组织打下了良好的基础。

1938年,党组织派王耿人任陵川县抗日民主县长。他积极按照党的指示,支持牺盟会的工作,组织抗日游击队,试行减租减息,很快把陵川的抗日救亡运动推向了高潮。后来,根据党组织安排,到延安马列学院学习。

王耿人同志短暂的一生,是为革命事业艰苦奋斗的一生。他曾以"介夫""晓屏""王昔"等笔名,在进步报纸杂志发表了很多作品。在晋西南工作期间,又为"七月剧社"编导了不少歌颂共产党、歌颂抗战的剧目,曾被聘为晋西剧社成员。

三、吉县籍早期共产党员王成章

王成章,1918年出生于山西省吉县柏村。1934年夏在太原省立国民师范学校秘密加入中国共产党,积极从事革命活动。在山西省委成员武永祥的领导下，王成章担任学生党支部书记，在太原以及铁路沿线发动群众，进行抗日救亡工作。1935年前后，王成章曾多次向吉县进步青年张秀成、洛洪章、洛洪源、张铁民等人寄送进步书刊，并动员进步青年张秀成去学生思想比较活跃、设在蒲县的山西省第七贫民高小上学。这些对吉县青年认识社会、接受共产主义启蒙教育以至加入中国共产党，都起到了积极的作用。1938年王成章回吉县后，任民族革命小学主任兼抗日游击支队政治部副主任。中华人民共和国成立后，一直在省教干校从事教学工作，后任临汾地委党校副校长、副书记。

王成章

第二章　创建革命组织

1937年七七事变拉开全面抗战序幕。7月上旬，山西牺盟会派共产党员郑方到吉县任牺盟特派员，合法发动群众开展抗日救亡工作。同时，还肩负中共山西省工委交给的在吉县建立共产党组织的重要任务。经过培养和考验，郑方于同年11月发展了思想进步、在抗日救亡工作中表现突出的两名先进分子入党，中共曲沃特委当即在吉县县城秘密成立了中共吉县临时工委。吉县临时工委成立以后，以牺盟会为掩护开展抗日救亡工作，发展党员，建立党组织。经过积极慎重的培养发展，党员人数迅速增加。为适应形势需要，中共晋西南省委于1938年6月决定，成立中共吉县县委，由中共乡吉特委直接领导。

第一节　牺盟会在吉县的创建与拓展

1937年七七事变后的第三天，共产党员郑方以山西牺盟会吉县特派员身份到吉县开展抗日救亡工作。他还根据中共山西省工委的指示，秘密开展建党工作。郑方是吉县地方党组织的创始人。

牺盟会在吉县的活动，为吉县党组织的创建奠定了基础。吉县牺盟会的活动，始于1936年年底。当时，牺盟会没有县区组织，只是由牺盟村政协助员来进行一般的宣传和发动工作。1937年7月省里派来牺盟特派员，于同年8月正式建立起县区牺盟会，从此，牺盟会走上了健康发展的道路。1939年12月"晋西事变"后，牺盟会的活动被迫停止，牺盟干部除少部分就地隐蔽外，大部分转移到延安和敌后根据地，前后存在了3年多时间。

吉县牺盟会和地下党组织办公地

吉县牺盟会为吉县党组织开展工作带来了极大的方便。吉县地方党组织充分利用了这个组织形式，在吉县地区广泛深入地开展了群众性的抗日救亡活动，大力开展党的组织工作，培养和锻炼了一大批革命干部，从而有力地推动了吉县抗日救亡运动的发展。

1937年7月，牺盟特派员郑方通过考察找到吉县进步青年张秀成、张铁民，动员他们担任牺盟协助员。张铁民当时在县邮局当邮差，每月工资30块银圆，是个难得的差事，但他毅然放弃邮差工作转到牺盟会。随后又动员张广钦、张秀升、冯佐尧、狄飞（原名狄鸿文）、刘振锡等男同志，白玲、南林等女同志出来一道工作。

有了一批骨干干部之后，吉县牺盟会于1937年8月正式挂牌，主要负责人是牺盟特派员郑方。接着，各区分会相继建立。全县共3个区，由吉县牺盟会指派了负责人：一区张秀升，二区张铁民，三区冯佐尧。

刘振锡

为了开辟三区工作，经郑方同志与三区完小联系，张秀成以该校教员身份，到三区帮助冯佐尧同志工作。

1937年9月下旬，在太原召开了山西牺盟代表大会，吉县派出参加大会的代表是张秀成。代表大会结束不久，山西牺盟会于10月中旬派来梁维凯（后改名梁秋）、董长凯、何戈等8名东北学生到吉县牺盟会工作。随后，乡宁牺盟中心区又派来袁逸田、刘振尧、陈香元等同志。吉县牺盟会又将这些同志大部分分配到各区分会工作。11月底，山西牺盟会派来王耀辰（任县长），县里给三区派去区长姜瑞元（牺盟会员），有几个编村村长也由牺盟干部担任。这样，吉县政权从上到下基本上由牺盟会掌握，说话办事都比较权威。

吉县牺盟会的全盛时期，是从1937年8月到1938年年底。县牺盟会有近30名干部，其中妇女干部五六人。从1937年10月起，县区"公道团"的负责人都换成牺盟干部，自卫总队正副队长也都是牺盟干部。

吉县牺盟会的工作，大体可分为三个阶段：

第一阶段，1936年12月到1937年2月，由牺盟村政协助员出面，进行抗日宣传，发展牺盟会员，动员一批知识青年到太原参加"国民兵军官教导团""民众干部训练团"，没有建立各级牺盟组织。

第二阶段，1937年7月到1939年上半年，牺盟会进行了大量工作。由于抗战初期政治形势比较好，牺盟干部掌握军政群大权，能放手大刀阔斧地开展工作，广大群众也扬眉吐气，热烈响应牺盟会的号召，积极参加牺盟会的工作，局面很快打开，并取得了多方面的收获。但进入1939年后形势逆转，牺盟会把工作重点转到农村开展深入细致的群众工作，着重壮大农救会。

第三阶段，是从1939年下半年起至12月"晋西事变"前。这段时间内，由于山西已出现剑拔弩张的反动逆流形势，牺盟会将工作重点完全转移到农村，着重在各组织的积极分子中进行工作，同时进行应变教育和应变准备工作。县里只保留少数几个人，做些一般联系工作。

在1939年下半年，形势进一步恶化，由于"精建会"（同志会）吉县分会、"敌工团"相继建立，"突击团"后亦到来，吉县上空笼罩着恐怖气氛。牺盟会采取外松内紧、提高警惕、加紧工作、准备应变的策略，一方面以农村为重点，在基层干部、党员、积极分子中进行应变教育和准备工作，同时也做了一些上层工作，通过有关同志搞好与新到任的伪县长沈恭、文化站站长王维明、"精建会"县分会主任特派员王某，以及八十三军军长杜春沂与其所属某旅旅长孙福麟的关系。

正当县工委培训干部、部署全县工作的时候，以阎锡山为代表的反动顽固分子不断制造摩擦，寻衅闹事，以毁灭革命组织而后快。伪县长燕华栋公然指示其部下，将优待抗属的对象，只限于蒋、阎军官兵，不包括山西新军和八路军，牺盟会与之做过针锋相对的斗争。1939年春，阎锡山反动集团高干邱仰濬领导的"公务员战地服务团"，不去战地服务，却进驻吉县，很快分布到区村。该团成员大部分是邱仰濬从阎管区和敌占区收罗的旧官吏和汉奸等，他们思想反动，背景复杂，视革命干部为眼中钉、肉中刺，到区村专与我区村干部唱反调、闹摩擦。在鲁家河和我军事教官闹纠纷，因与圪鲁村基层干部闹事，被积极分子刘平山教训殴打。牺盟会派张铁民同志前往处理，并向该团领导人曹振汉等提出警告。1939年夏，阎锡山及其部属更进一步暴露反共面目，公然迫害牺盟干部。阎锡山某旅驻东石泉部队一连长竟于一天傍晚率武装人员，闯进我牺盟会一区负责人张秀升办公室，不问青红皂白，对张滥施吊打。牺盟会得知后，一面接张秀升同志回县治疗；

一面向伪旅长孙福麟申明情况，提出抗议。孙福麟怕事态扩大，向我方赔礼道歉，并带上礼品和军医到牺盟会慰问医治，还表示要严惩肇事的连长。实际上那个连长的行动，就是受孙的指派。这年秋天，随着"精建会""敌工团"的建立与"突击团"的到来，情势更加严峻。张秀升同志这年8月去区党委党校学习，入冬后从党校返回途中不幸牺牲。此后，狄飞、张秀成、刘振锡等同志亦相继离开吉县，回到特委。此时，根据上级指示，牺盟会特派员薛一平等主要干部，曾向敌伪流露颓废情绪，以麻痹他们，实则积极准备撤退转移工作。由于对应变工作做了充分准备，"晋西事变"前夕，绝大部分牺盟干部已安全转移；同时，对新形势下党的地下工作，也做了充分的安排。

综上所述，吉县牺盟会自1937年8月成立，到1939年11月停止活动，在全县普遍建立了牺盟会组织，建立了农救会、妇救会、青救会、儿童团等群众组织，进行了大量的群众发动和组织工作，建立了一支近400人的革命武装。此外还开展了许多有意义的活动，在群众中造成很好的影响。"晋西事变"前夕，吉县党员发展到300多人，都是牺盟会各群众组织的优秀分子、骨干力量。吉县牺盟会对吉县革命进程起到了很大的推动作用。

第二节　党组织在斗争中创建发展

1937年7月上旬，共产党员郑方以山西牺盟会吉县特派员的身份，到吉县开展抗日救亡工作，并根据中共山西工委的指示,秘密进行建党工作。经过郑方积极、慎重的培养,同年11月吸收张秀成、张铁民加入中国共产党。他们入党后,中共曲沃特委宣传部部长武光即来到吉县,秘密组建了中国共产党吉县临时工作委员会。中共吉县临时工委由张国华、张秀成、张铁民3人组成,张国华任工委书记,工委未设工作机构,实行委员会分工负责制(工委于1937年11月至12月属中共曲沃特委领导,1937年12月至1938年6月属中共乡吉特委领导)。

中共吉县临时工委成立后,在大力开展抗日救亡工作的同时,还有一项主要任务就是物色、培养、发展党员,建立基层党组织。工委的同志经常研究、确定重点对象,分工负责培养,然后定期研究培养对象的情况,确定是否发展。发展党员的方法,主要是通过个人工作关系、同学关系、朋友关系、亲属关系等渠道。按当时的规定,发展党员都要经特委同意认可,所以有关发展党员的一系列具体工作,都随时向特委做汇报。工委时期先后发展了20多名党员,这些党员大部分是当时牺盟会或农救会、妇救会、青救会等组织中的负责人、先进人物或积极分子。如张广钦、张秀升、冯佐尧、狄飞、刘振锡、赵守义、石峰(原名史宗文)等。这些同志入党后不久,就成为县区党组织或群众团体的负责人。

随着党员数量的增加,相应地建立了党小组、党支部。发展的第一批党员有两个:张秀成、张铁民。第一批党支部两个:社堤村党支部、凤凰寺村党支部。第一批区委两个:一区、二区。到县委成立前全县共有党员20余人,3

个区委和 8 个党支部。从此，在吉县有了中国共产党的组织，人民有了主心骨。

1938 年 6 月，中共晋西南省委书记林枫在省委举办的党员干部训练班结束之前，审查了吉县临时工委建党情况报告。鉴于吉县党组织发展较快，党员逐步增加，各方面工作进展顺利，建立县委的条件已经具备，林枫同志代表省委批准，成立中国共产党吉县委员会。根据省委指示，由中共乡吉特委书记武光主持了吉县县委的组建工作。县委由张秀成、张铁民、张广钦 3 人组成，张秀成任书记，委员实行分工负责制。县委于 1938 年 6 月至 1939 年 1 月属中共乡吉特委领导，1939 年 2 月至 1940 年 2 月属中共乡吉地委领导，1940 年 3 月至 1941 年 8 月属中共晋西南（乡吉）工委领导，1941 年 8 月至 1945 年 8 月属中共乡吉地委领导。县委驻地开始在吉县县城，1939 年 12 月"晋西事变"前撤出，随后无固定地址。

中共吉县县委成立后，党组织进一步扩大，党的工作和其他工作进一步活跃。截至 1938 年 11 月，全县党员已发展到 106 名，其中多数系青年知识分子和县、区两级牺盟会工作人员，农救会、青救会、妇救会、儿童团等群众团体的负责人和积极分子。在吉县民族革命小学和农村的贫雇农中，也有部分共产党员。

1938 年 12 月，晋西南区党委调张秀成学习，县委书记由王玉文（后名彭德）接任。这时，中共吉县县委在党员发展工作中严格按照《党章》和上级党组织的指示办事。发展党员的工作由县委掌握，区委进行。对有社会影响的发展对象，由县委领导成员直接吸收；对高级知识分子和担任区县领导职务的人员要求入党,由县委报上一级党组织审查批准。吉县县委还以吉县牺盟会的名义,多次举办农民训练班,对农民运动中的骨干进行教育和训练,吸收其中的优秀分子入党。此外,县委要求党员负责干部在深入农村开展群众工作时,以个别培养、个别发展的方式,扩大党的队伍。到 1939 年,全县党员已发展到 299 人,县委下辖 3 个区委和 18 个支部。

这个时期,党的工作主要有五个方面:

一是发展党员。在党小组会上,经常研究物色、培养对象的情况。条件成熟的,经区委批准随时发展。

二是教育党员。在党小组会上,经常对党员进行党的基本知识教育、时事政治教育,开展批评与自我批评。

三是在党支部、党小组会上经常研究当地出现的新情况和群众的思想动态,并制订工作计划和措施。

四是发动党员积极参加牺盟会和群众组织的各项活动,但以不暴露党员身份为原则。有了党员的模范带头,牺盟会和各群众组织的工作就活跃起来了,这些群众组织成为党联系群众的纽带。

五是带领群众在一些村里开展减租减息、反封建斗争,使群众认识到自己的力量。

根据山西的特点,党组织、牺盟会、群众团体,虽然各有各的独立工作,但是许多工作活动是"三位一体"进行的,初期由牺盟会执行领导,后来随着吉县党组织力量壮大,党统一领导起各项工作。

吉县党的组织是有凝聚力的,党员同志都保持了很强的党性,一切以党的利益为重,一切听从党的指挥。如在

1939 年吉县政治形势日益逆转的情况下，有些党员同志毫不犹豫地服从党的决定，迅速转赴新区工作。有的同志为了执行党的重要任务，不顾个人安危，千方百计地去完成任务。有不少同志还在革命斗争中献出了生命。

第三节　吉县老区革命志士

一、中共吉县临时工委第一任书记张国华

张国华，生卒年月不详。1937 年卢沟桥事变前夕，张国华受山西省第六专署派遣来到吉县，任吉县自卫总队副总队长。张国华是中共党员，担任副总队长就是要把这支武装掌握在共产党手中。自卫总队属阎锡山的地方武装序列，原吉县自卫总队总队长系旧军官，抗日战争爆发后，张国华就通过各种办法将旧军官调离吉县。1937 年 11 月，中共曲沃特委宣传部部长武光到吉县，宣布成立中国共产党吉县临时工作委员会，由张国华任工委书记，张秀成任组织委员，张铁民任宣传委员。县工委在张国华领导下，大力开展抗日救亡工作，到 1938 年 6 月县委成立，短短半年时间发展党员 20 余人，先后成立了 3 个区委和 8 个党支部。1938 年年初，中共中央北方局书记刘少奇和副书记杨尚昆等来到吉县，指示临时工委要迅速建立吉县游击支队。吉县临时工委很快组建了由县长王耀辰、牺盟特派员郑方、工委书记张国华为领导的筹备组。吉县抗日游

击支队建立后，张国华任副支队长。1938年10月由于形势恶化，吉县抗日游击支队撤离，张国华也随之离开吉县。

二、中共吉县临时工委组织委员张秀成

张秀成（1919—2003），山西省吉县吉昌镇兰家圪塔人。1936年11月参加革命工作，曾担任稷山县牺盟村政协助员（工作团性质），后返回太原军政训练班学习。抗战开始后，受派回吉县工作。1937年9月下旬，代表吉县牺盟会到太原参加省牺盟代表大会，听取了周恩来同

张秀成

志关于抗战形势及开展抗日斗争的报告。1937年11月，张秀成加入中国共产党，任中共吉县临时工作委员会组织委员。1937年12月下旬，刘少奇、杨尚昆、张友清等北方局和山西省委负责同志到吉县时，张秀成汇报了工作，并听取了刘少奇同志的重要指示。张秀成于1938年6月担任中共吉县县委书记，同年冬以吉县牺盟会名义，邀请到吉县视察的朱德总司令向牺盟干部及附近阎方进步人士作形势报告。1938年12月下旬至1939年2月初，代表吉县县委参加晋西南区党委赴延安代表团，向毛主席、党中央汇报工作，受到毛泽东、刘少奇、陈云、王若飞等中央领导同志多次接见和教导。1939年12月"晋西事变"后，随山西新军二一三旅转赴太岳区，在屯留、沁县、安北、稷麓等县工作，参加县委领导，并具体从事地方武装、群众武装工作。1947年4月调任晋绥稷山县县长，同时

主持县委工作。1947年9月调任中共新绛县委书记，1948年7月调赴中共马列主义学院学习三年（大学本科学历）。1951年8月，分配至内蒙古自治区工作，先后担任内蒙古自治区党委宣传处、学校教育处处长，自治区政府建设委员会副主任兼秘书长，第二毛纺织厂（厅级）、农牧业机械厂（厅级）党委书记，自治区石油化工局、出版局党组副书记、副局长，在内蒙古工作近30年。1980年经中组部同意调回山西工作，担任太原市城建委副主任兼市政工程局党委书记、局长。1983年10月，经本人申请被批准离休（正厅级待遇）。

三、中共吉县临时工委宣传委员张铁民

张铁民

张铁民（1920—1985），曾化名徐向民，吉县吉昌镇背崖村人。幼年丧父，高小毕业后即挑起家务重担。1935年考取邮政信差，终日翻山越岭，为群众传递书信。1936年冬加入牺盟会。1937年11月加入中国共产党，即任中共吉县临时工委宣传委员，后历任中共吉县县委组织委员，吉县、襄陵、新绛县委书记、汾南中心县委书记。这一时期，他以开粉坊、开杂货铺、当农民为掩护，跋山涉水，走村串户，发展壮大党的组织。后任汾南工委书记、太岳五地委宣传部部长。1948年，晋南地区解放后，任晋绥边区新绛地委副书记，兼任乡宁、河津县委书记。1949年，调任晋绥分局党校七部

主任。同年南下后历任西康区党委委员、秘书长、组织部部长兼监委书记、党校副校长、工业交通部干部处长、中共中央西北局经计委副主任兼第二机关党委书记、铜川市委书记兼铜川矿务局党委书记、陕西省经委主任、党组书记，西安市委副书记、市长。

张铁民同志忠诚党的事业，全心全意为人民服务。在革命战争年代，他不怕艰苦，不怕牺牲，勇于斗争，善于斗争，为人民的解放事业做出了突出贡献。在社会主义建设中，他坚决贯彻执行党的路线、方针、政策，兢兢业业地工作。每到一处，他都是深入基层，调查研究，坚持原则，廉洁奉公，体恤民情，励精图治。在每个岗位上都做出了显著成绩。特别是在任西安市市长期间，狠抓市容整顿和市政建设，经常走访吃水、住房、交通和孩子就学等群众关心的热点问题，想方设法为市民排忧解难，深受群众敬佩，被誉为"铁市长"。

1977年以后，张铁民同志先后被选为陕西省第五届、第六届人民代表大会代表和陕西省人大常委会副主任。1981年被选为中国共产党第十二届全国代表大会代表。1985年9月17日因病逝世，终年65岁。

四、吉县游击第二大队政治工作员张广钦

张广钦原名张广金，曾化名徐钢民，1919年7月1日出生于吉县吉昌镇背崖村。16岁以前在吉县读过私塾、小学、高小。1936年10月至1937年2月参加绥东抗战；1937年参加牺盟会，回吉县从事自卫队、农会、游击队等抗日救亡工作；1938年2月，经张铁民、张秀成介绍

张广钦

加入中国共产党，先后担任吉县牺盟会巡视员、吉县游击第二大队政治工作员、中共吉县县委宣传委员和吉县县委组织委员、吉县县委书记等职；1939年8月至1940年5月，在延安中央党校（39）班毕业；1940年5月任延安自然科学院干部处干事、政治教研室副主任、支部书记兼初中部指导员；1942年1月至1943年，曾担任绥察区党委组织科长、教工支部书记等；1944年5月至1946年12月，任襄陵县县委书记。

抗战及解放战争期间，张广钦同志曾先后参加过内蒙古大青山、雁北地区及晋南地区的对敌战斗和绥远、大同、临汾等重大战役共计10次。

1949年随军南下四川后，曾任灌县（现都江堰市）县委书记、中共四川省委组织部副部长、四川省水电厅厅长（兼党委书记）、温江地委第一书记、四川省供销社主任（兼党组书记）、四川省进出口管理委员会主任（兼党组书记），并兼任四川省对外经济联合办公室主任及中国四川国际经济技术合作公司副董事长兼总经理。中共四川省委委员，四川省人民政府委员。

1985年4月任四川省政协副主席兼经济建设组组长、提案审查委员会主任，对四川省的扶贫开发、"老、少、边、穷"地区开发、长江中上游水源涵养、四川省水资源开发利用、长江三峡工程考察都倾心关注，取得了显著的成绩。主编了《论开发长江上游》（共三集，约60万字）一书，论文多篇被省及国家级刊物采用。

1995年离休。2002年1月，经中共中央组织部批准，享受省部级待遇。

第三章 抗日救亡的峥嵘岁月

1937年8月吉县牺盟会成立后，为进一步发动群众，8月在县城成立了农救会。到1939年3月，先后成立了农救会、妇救会、青救会、商救会、儿童团等救亡团体。这些抗日团体为吉县的抗日救亡做了大量工作，也为吉县党组织培养、锻炼出一批后备力量。"晋西事变"发生后，随着白色恐怖日渐加剧，各救亡团体骨干力量相继转移到外地才停止了活动。

中共吉县县委成立后，党组织进一步扩大，党的工作更加活跃，截至1938年11月，全县党员已发展到106名，多是青年知识分子和县区两级牺盟会工作人员。到1939年，全县党员已发展到299人，县委下辖3个区委和18个支部。"晋西事变"后，县委和基层党组织遭到严重破坏。1940年2月。晋西南（乡吉）工委调整整顿了吉县县委领导班子。新的县委遵循"隐蔽精干，长期埋伏，积蓄力量，以待时机"方针，坚持在阎锡山直接统治的吉县开展工作。

1938年年初，中共吉县临时工委创办机关报《曙光报》，以牺盟会名义出版发行，宣传党的抗日主张及政策、纲领，报道抗日武装斗争的消息。后因"晋西事变"停刊。

1938年3月，根据刘少奇同志的指示，吉县抗日游击支队在吉县自卫队的基础上组建。吉县抗日游击支队在中共吉县县委的直接领导下，经过近一年活动，维护了吉县的社会治安，先后向八路军、新军输送了300多名战士。

第一节　抗日救亡团体奋起斗争

一、农民抗日救国会组织"借粮抗差"

1937年，吉县就建立了农民抗日救国会（简称农救会），通过宣传抗日救国、借粮运动（由农会向地主借粮）等方式广泛发动群众。1938年8月，反动县长燕华栋到吉县后，千方百计与牺盟会作对，破坏牺盟会的工作。最典型的一件事就是他支持地主逼农会还粮，若不还就到县政府控告农会负责人，并逼得很紧。农救会就想办法，用吉县原县长王耀辰（地下党员）给牺盟会留下的空白公文纸（上有县政府和县长的印鉴）来应付。说粮食是王县长叫农会借的，在空白公文纸上写了一份政府指令农会借粮的公文。11月，反动县长提审农会干部，农会负责人当堂拿出王县长的"指令"，县长没办法，只好不了了之。

牺盟会利用阎锡山的"合理负担"主张，公开而有节制地开展减租减息群众运动。同时，采取借粮的办法，解决贫苦农民的燃眉之急。1938年年初，党组织在瓦原一带发动贫苦农民向政府请愿借粮，得到县长王耀辰、秘书李玉纯的公开支持。经过激烈的斗争，借了地主操纵的"源泉社"仓谷几十石。又在只金耀、李文光、伊

只金耀

永福（原任吉县档案馆馆长）等人带领下到瓦原五间孙先德、十三间任耀宗等几户地主家借到粮食几十石。这在吉县来说是破天荒的革命运动。一传十、十传百，全县为之震动。广大群众认为王县长和牺盟会是为穷人办事的，从而推动了牺盟会工作，党组织在瓦原一带也打下了较好的群众基础。接着三堠村一带的农民在曹文炜和曹振芳的带领下，也先后两次向"源泉社"借了仓谷30余石（约合10000斤）。县城周边的农民也向县政府借了不少仓谷。

日军撤退后，在县工委的领导下，县政府恢复和整顿机关学校，组织难民回乡生产。游击支队政治部支持砚凹台农民向王姓地主借了几十石粮食。县农救会负责人白德胜带领曹井村民向地主刘文盛也借了几十石粮食。

县农会白德胜带领农民在曹井村找大地主刘文盛借粮，后来，白德胜又带着农民在曹井编村一带，一个间一个间地找中、小地主借粮。瓦原村的村长葛秋普是牺盟村长，他带领农民进城游行，宣传抗日救国，有钱的出钱，有力的出力。

在农救会的活动中,党组织从中发现积极分子,对他们进行培养,逐步发展,使吉县党组织不断发展壮大。

二、妇女抗日救国会开展妇运斗争

吉县妇女抗日救国会(简称妇救会)成立于1938年8月。在妇救会筹备期间,县长王耀辰、秘书李玉纯及田风来、梁维凯(均系地下党员)等同志因受阎锡山的打击迫害,或因暴露身份不便继续工作而陆续调到延安学习或外县工作,接王耀辰同志任吉县县长的是狄承青(即狄景襄,地下党员)。此时,阎锡山的大本营已进驻吉县,错综复杂的政治斗争使牺盟会的抗日救亡工作更加困难。狄承青同志社会经验丰富,工作稳健老练,他坚持党的团结斗争和公开隐蔽工作相结合的方针,一方面灵活地应付阎锡山的各种政务和繁重的差事,一方面团结各方面的爱国人士,通过上层关系营救被阎锡山拘捕的同志,并在蒋介石、阎锡山高喊的"守土抗战"高调下,积极支持抗日群众组织的成立。妇救会正是在他即将调离前于县政府备案取得合法手续而开始活动的。

白 玲

吉县妇救会成立之后,恰逢吉县的形势日趋恶化。1938年6月,袁逸田指示妇救会的同志到群众条件好、牺盟会和农救会工作都有基础的二区去工作。当时在区分会工作的有狄飞、陈香元同志。

吉县妇救会在同反动政府斗争的过程中,不仅做了大量的抗日工作,还培养出了一批妇女干部。在当时的斗争中,最突出的要数李佩莲与封建家庭的斗争了。在"九一八"纪念大会上,妇救会干部李佩莲同志代表妇救会做了大会发言,动员吉县妇女行动起来。许多妇女参加了抗日救亡工作,局面迅速打开。对此,反动势力深感不安,企图以李佩莲为突破口,用阴谋手段分化、瓦解妇救会。反动县长燕华栋有意识地在李佩莲的哥哥(阎中校军官)面前挖苦、指责,千方百计阻止李佩莲参加牺盟会工作。牺盟会领导鼓励李佩莲,要革命就要与封建家庭划清界限。经过斗争,家庭终于同意她参加牺盟会工作。谭克强(白玲)等年轻的女干部也在革命斗争中锻炼成长起来。

"晋西事变"前,女共产党员吉少茹从牺盟乡宁中心区调任吉县妇委书记,并动员结子原村史良贤、史秀芳和小府村的李雁(原名李秀玉)等出来工作,随后送她们到乡宁中心区学习。学习归来,李雁担任吉县妇救会秘书,其他大部分人都去做发动群众工作,给青年妇女讲抗日救亡和男女平等的道理,很受妇女们欢迎。尤其是那些受男人压制、家庭贫困的妇女,更愿意和她们在一起,干起工作也特别认真积极。她们每到一处,先串联发动,后办培训班,每期十几天。训练中通过讲抗日、讲家史、教唱抗日歌曲等活动,把一些出身好、思想进步、工作劲头大的同志发展为党员。然后对其加强党的基本知识、白区工作纪律的教育。这一批妇女党员的质量是比较高的。

"晋西事变"后,党组织动员李雁、史秀芳、史良贤等几个女同志到外地工作。杨步齐(吉县县委书记)和周竞(女)往来于乡、吉两县,做转移工作。当时成立了一个公开组织,叫敌后文化站,让王伟明在乡宁负责。1939年腊月三十日情况突变,阎锡山的六十一军军长下命令,通缉薛子谦(吉少茹爱人,吉县牺盟特派员)。吉少茹等同志连夜过黄河,找好关系后又回到吉县接应其他同志。回到吉县后找到杨步齐和周竞同志,然后又找到八路军办事处王世英同志的爱人开了路条,马不停蹄地赶到陕西临镇。安全转移出去后,已是1940年的2月。

三、青年抗日救国会传播爱国思想

青年抗敌决死队

吉县青年抗日救国会(简称青救会)成立于1938年8月。青救会成立之初,就在二区曹井的乔家湾村办过一次青训班。青训班的主要领导是李富成,参训的大约有十四五人,县底、窑头等村都有人参加。以后,又办了一次"村青救会秘书"训练班,都对吉县青年积极投入抗日救亡运动起了一定的推动作用。

吉县青救会的主要力量集中在县城的民族革命两级小学校。这所学校是在吉县老一高、女高和文庙模范小学基础上成立的,是全县最大的学校,而且青年占一定的比例。民族革命两级小学,是抗日战争开始后山西学校的新名称。抗战前,吉县城区共有五所学校。日军侵犯之后,所有校舍全被烧毁，仅文庙旁边、女子高小后面留存了两个教室、两间办公室。当时的吉县民族革命两级小学校就设立在这个简陋的地方。校长由县长狄景襄（共产党员）兼任，主任由王成章（共产党员）担任，队长先后由兰泽甫、张一清担任，教员由一人逐渐增加到四五人，先后任教的有葛香祖（共产党员）、王毓章（共产党员）等。课程设置有语文、算术、中国与世界形势概论、军事训练，等等。一共办了两期，高、初级学生各100余人。这是一所适应革命需要的官办学校，领导权掌握在共产党人手里，成立有中共党支部。教学内容虽多，但重点放在政治思想教育、基础知识教学和军事训练方面，在加强爱国主义教育的同时，重视传播共产主义思想。

为适应抗战需要，学校给学生开讲步兵操典、游击战术，组织各种军事训练。1938年冬，日军二次侵犯吉县时，学校师生王成章、马如龙、刘景学、陈国英、王国栋、王佩章、李俊英、白德兴、谭克厚等12人，带枪9支组成游击队，由马如龙任指导员、李俊英任队长，跟随县政府、牺盟会到曹井川的朱家堡一带打游击。

为提高学生工作能力，学校经常组织学生讲演、歌舞、街头宣传，并推行"小先生"制，增强学生的组织、领导能力。1938年冬，全县小学教员训练时，曾选派数十名学生分赴各村任代课教师，颇得群众好评。1938年冬，经党组织决定，在学生中秘密发展共产党员，最初入党的是马如龙、刘景学，之后李俊英、王毓章、王国栋也入了党，建立了中共两级民族小学党支部，王成章任书记，马如龙、刘景学分任组织、宣传委员，稍后由马如龙任书记。

比较进步的学生多数被吸收入党,他们毕业后有的到县牺盟会、青救会、两级学校工作,有的经党组织决定奔赴前线战斗,在抗日战争、解放战争、社会主义建设中都为党的事业贡献了自己的力量,有的甚至献出了宝贵生命。"晋西事变"前后,民族革命两级小学改为高小二年、初小四年毕业,先后任专职校长的有王成章、刘恒德、刘学海,主要教员有刘英(共产党员)、葛香祖(共产党员)等,学生经常有二三百人。由于阎锡山反动派的白色恐怖,吉县地下党组织处于艰难困苦阶段。根据党组织的指示,停止发展党员,在学校的活动更需隐蔽。为了争夺这块阵地,国民党和"同志会""敌工团"等反动团体百般插足学校,地下党组织则利用敌人的内部矛盾来进行反击。较有成效的是抵制了国民党在学校的活动破坏,挤走了敌工团的特务分子,限制了反动教员的人事渗透。学校坚持在学生中宣传以抗日救国为主要内容的革命思想,培育出了不少青年干部。

四、商人抗日救国会团结起来跟党走

吉县商人抗日救国会(商救会)成立于1938年8月。吉县当时有小商小贩数百人,针对他们的特点,党组织专门派了一位同志做他们的工作,主要抓两件事:一是教育他们爱国,二是防止汉奸搞情报。商救会经常分小组学习和活动,工作搞得很活跃。三十四军被日军袭击,战斗后县城送来不少伤员,伪县政府竟无人过问。牺盟会得知后就把伤员抬到牺盟会大院加以护理,并组织商人前往慰问,伤员们很受感动。

商救会对商人进行爱国抗日的教育工作很有起色,一直未发现有人从事汉奸活动,社会治安情况很好,对稳定全县抗日救亡秩序起了积极作用。后来还组织代表参加了欢迎朱总司令的大会,动员不少人参加了牺盟会。

五、抗日救国儿童团排演节目搞宣传

吉县抗日救国儿童团(简称儿童团)成立于1938年4月。除了站岗放哨、传递情报外,儿童团更重要的是组织起来,宣传抗日。

抗战时期,在中共地下党组织努力下,吉县牺盟会与抗日民主政府于1937年12月成立了吉县儿童救亡工作团。为了使学生们能顺利地走出家门参加抗日救亡,吉县县长王耀辰同志(地下党员)亲自出面动员,抗日救亡儿童工作团达到六七十人。

王耀辰同志的夫人张瑞祥同志为"抗日救亡流动工作团"团长,指导员是中共吉县工委书记张国华。张国华当时的公开身份是吉县抗日自卫队总队副总队长。团长年老多病,主要是张国华负责组织这个流动工作团。县牺盟会派梁维凯同志到儿童团教歌、排演节目。主演的节目是街头戏《放下你的鞭子》。由白玲扮演街头卖唱的香姑娘,刘文茂演父亲。逃亡生活的悲惨,剧中女孩所唱的悲情之歌《九一八小调》,感染了太多的观众,激发起民众的抗日热情。

《放下你的鞭子》于1938年正月十五在桥南关帝庙进行第一次演出,就产生了很大的反响,数千观众看到东北沦陷区人民背井离乡的悲惨遭遇后悲愤交加,激发起了不当亡国奴、拥护抗日、积极参加抗日运动的热潮。然而，吉县的阎锡山驻军对于宣传演出的成功嫉恨不已，伺机捣乱。"流工团"并没被困难吓倒，仍坚持到川庄、窑头一带演节目、写标语、散传单、开会讲演，宣传抗日救国的道理。广大群众经过初步发动，抗日救亡情绪很高。一天，八路军某部路经吉县东川，"流工团"在县牺盟会领导下，参加了对八路军的欢迎演出。

"流工团"从成立到解散虽然只有3个月时间，但它不仅在宣传动员群众抗日工作方面做了一定的工作，而且对以后开展群众救亡工作，起到了宣传发动和短期培训的作用。吉县地下党通过牺盟会这一合法组织，对这一批首先踏上救亡道路的青少年进行了革命基本道理教育，为党组织培养了一批干部。

"流工团"解散后，抗日救国儿童团随即成立，这些儿童团员继续投入抗日救亡的大潮中。在党组织的领导下，儿童团和各种黑恶势力展开了灵活巧妙的斗争，在吉县的抗日救亡运动中发挥了独特的作用。

第二节　中共吉县县委的成立

"晋西事变"前，晋西南区党委在孝义召开党代会，乡吉工委和一部分县委委员参加。在赴会路上发生了"晋西事变"，到区党委时，党代会已提前结束。区党委书记林枫指示，在乡吉地区建立晋西南工委，由彭德、廉怀德、郭达负责。工委建立后，立即派事变前的县委书记张铁民同志回吉县，并在大庙沟伊永福家传达了工委指示，宣布县委领导班子：李守仁任县委书记，只金耀任组织委员，贾文会任宣传委员。同时整顿基层党组织，决定党员以社会职业做掩护开展工作，建立起吉县至晋西南工委的交通线：大庙沟至汾城万宁庄。

大庙沟会议后，李守仁在寺沟又开了二区支部书记会议，传达县委会议精神，宣布秦晏平为区委书记，着重研究党员如何以社会职业做掩护开展党的工作，决定以打入政权的最基层（闾长）为重点。因为当闾长最便于发动群众，便于和敌上层人物接触，便于从敌人征粮、

秦晏平

要款、要布、要马料和派差中了解敌情。只金耀当了瓦原编村的五闾闾长，陈玉科（云台山支部书记）当了十三闾闾长，秦晏平当了曹井编村第十闾闾长，刘开明当了曹井政卫团副团长，白德清当了村警。

"晋西事变"后，由于斗争环境恶劣，党组织贯彻执行"隐蔽精干，长期埋伏，积蓄力量，以待时机"的方针，活动完全转入地下。为了加强对晋西南工作的领导，经晋西南区党委决定成立晋西南工委（乡吉工委改为地委），由龚子荣任工委书记，解学恭任组织部部长，甘一飞任宣传部部长，驻扎在太岳区。于是，工委由汾阳三道川移到了沁源石台村。由洪赵支队掩护工委，对外工委叫洪赵支队政治部。1941年10月，工委通知区委以上的干部到工委开会。到沁源要经过阎匪和日军统治区，吉县前往的有

组织委员只金耀、区委书记曹振芳、区委委员刘启运和秦晏平。他们化装成小商贩，每个人挑着扁担和两个筐子，第一天住在洪洞杜戌村秦晏平妹妹家，第二天在公孙村过汾河。时已初冬，河面结了浮冰，他们不顾河水刺骨，蹚水过河后，绕过日本人的据点，向游击区马头镇行进。到马头镇后在一家饭铺吃饭，借机向店主打问赵城公安局的地址，打算找到公安局局长刘乾同志护送。正吃饭时，从门口忽然进来五六个人，手持长短枪，不由分说把他们带到了弯里村，交给了洪洞县县长郭思敬。问明来历后，郭思敬安排把他们带到道觉村，再转送到兴华峪才找到刘乾同志。当时，正值日军大扫荡，他们在苑川村住了十来天，等到扫荡过后天气也变冷了。因秦晏平会医术，在村里看了几个病人，人家给了几斤棉花，絮到夹衣里才上了山，沿途经过安泽的大峪、窑头，到沁源石台村找到了工委。工委让他们给地委带了两份文件，纸很薄字也写得很小。由其他同志用蜡纸密封后，藏在了一块猪肉里，带到洪洞西池村后才交给他们，再缝在棉衣里带回吉县，终于安全地送交地委委员马平定同志。

回到吉县后，县委根据"晋西事变"后吉县的敌我斗争态势，贯彻"十六字"方针，采取合法的形式团结群众，开展对敌斗争，争取敌人内部的中间势力，孤立和打击顽固分子。曹井编村指导员芦宝玉（中校），是阎锡山宪兵司令张荣繁的外甥，思想反动。打入编村当村警的党员白德清收集其贪污腐化、欺压群众、与曹井村一富农的小老婆鬼混等事实材料后，联络全编村12个闾长，3个编村政卫副团长，以群众的名义于1942年春向阎锡山长官部侍从室状告芦宝玉，依靠群众力量迫使阎部不得不撤了芦宝玉的职。这次斗争锻炼了党的基层组织，团结了中间势力，孤立打击了顽固势力，为党组织继续隐蔽下去打下了可靠的群众基础。

在组织群众合法斗争中，还搞了抗粮、抗兵、抗差、抗捐斗争。当时阎匪强加在群众头上的负担十分沉重，一两粮银的土地就要"征一购二附加五，马料四斗，村摊粮五"。阎对下乡征粮的官员要求十分苛刻，每个下乡的官员事先要写"自裁状"，完不成任务就要"自裁"：给一根绳子，一两大烟土，一支手枪内有一颗子弹，完不成任务者自选一种"自裁"方式。因此，凡是征粮的阎匪军政人员，一到乡下就黑了心，如狼似虎，挖地三尺，逼得群众无活路。马家河村东南岭上的一个农民就因逼粮而上吊自杀。鉴于这种情况，中共吉县地下党组织领导群众同阎匪展开抗粮斗争，减轻了一些贫苦农民的负担，这些负担加到了财主身上。抗兵、抗差就是针对阎锡山频繁的差役和抓兵，发动群众卖掉牲口，抵制差役。1942年秋天，阎匪派差到稷山、汾城一带往吉县运粮。地下党员只金耀以瓦原五间间长的名义，联络桃村、柏凡头两个间长，发动群众抗差，向伪县长周忠请愿，要求减少运粮牲口的头数，被周忠扣押一天后获释。

"晋西事变"前，吉县党组织与上级联系的任务是由大庙沟党员李文光负责。李曾护送过秦晏平去特委训练班学习。"晋西事变"后，1940年春张铁民到吉县时确定的交通线是大庙沟至汾城万宁庄。只金耀、刘波和秦晏平3人跑过一次交通，万宁庄交通员以卖牲口做掩护来吉两次。

1940年10月，彭德同志调到太岳区，地委马平定同志分管吉县工作，这时联络站转移到稷山县南阳村，主要是李文光和他的妻子江秋叶跑交通。有一次，江秋叶往稷山送情报，走到黄华峪口时遭敌人盘查。情急之下，她将信揉成纸蛋吞下，机智地保护了党的机密。地委在乡宁南章村设立联络点，沟通吉县与地委的联系，这一段主要是伊永福跑交通。

1941年8月，晋西南工委成立后，为了加强对吉县工作的领导，工委于1942年春派马太龙（工委交通副科长）到吉县，负责建立工委至吉县的交通线。当时马参加县委，住在窑渠杂货铺党组织的联络站。交通线建立后，工委直接领导吉县的工作多了，同地委的联系少了。这个联络站负责吉县到赵城的马牧村，由许仰堂护送过河至南王村，转由李国栋与秦晏平护送到后河头村，再由段武松送至安泽县新府村王志锐处，然后由王派员送至工委所在地沁源，这条线主要是秦晏平跑交通。1943年6月，秦晏平路过马牧村时，村里住着警备队，到许仰堂家后得知许仰堂出了问题。为了继续打通这条线，秦晏平就利用辛村一些亲戚关系设法过到河东。有一次，要过汾河时，桥头有警备队把守，秦晏平便让辛村的一个表兄带上酒到桥头"慰问"警备队，掩护自己过了河，后在表姐的引导下终于与抗日民主政府接上了头，同晋西南工委取得了联系。

交通经费问题，主要靠做生意赚钱。由于敌人封锁严密，不得不舍近求远，撇开河津、稷山从韩城往吉县贩棉花，从赵城县马牧村贩盐，秦晏平、刘开明与阎八十三军迫击炮连（住乔家湾）合伙贩盐。经费不够时，家里稍宽裕的党员朱汉成从家里拿钱资助。路条是由打入敌县政府、后在十四专署秘书室工作的李德宽（党员）开的。

1943年形势逆转，敌人在各县抓人，吉县党组织一度遭到破坏。敌人在四区抓走魏善金、宁庆培，在二区抓走任过县农救会秘书的白德胜。这年秋天，顽固派在吉县洪炉台召开"兵农合一"会议，只金耀以瓦原五间间长的身份参加了会议。会上，只金耀的发言被敌人看出他不像间长，加上只金耀曾在二区农救会工作过，引起了敌人注意，怀疑有政治背景，决定逮捕审查。紧急情况下，只金耀经过组织批准转移到陕西黄龙山（游击区）。只金耀到黄龙山后，把早先撤过去的马保安等5名党员组成了一个支部，刘敬庆任支部书记。1944年初回吉县向县委做了汇报。只金耀同志撤到黄龙山后，朱家堡地主吕传胜（伪曹井编村政卫副团长）在一次群众会上旁敲侧击地说："伪装分子就是共产党，大庙沟、三皇峪一带就有。"区委委员刘开明立即向组织做了汇报，组织决定除掉吕传胜！刘开明以自己的老家新绛县北苏村人的名义给吕传胜写了一封信，从乡宁县邮出，内加纸条，施以离间计。曹井编村指导员张向仁（中校）"发现"信中纸条，看后抄下来，跑到二区"精建会"向督进组做了汇报，又进县城向特务头子杨贞吉做了汇报，批准交由县政卫团办理。曹井村政卫团长王治华（党员）将吕扣捕到县城审讯。吕传胜讨保出狱后，不久死在家中，为二区党组织除了祸患。

1938年年初，中共吉县临时工委创办了自己的机关报《曙光报》，以牺盟会的名义出版发行。该报宣传党的抗日主张及政策、纲领，报道抗日武装斗争的消息。

《曙光报》的发展，经过两个阶段。第一阶段：1938年年初至1938年年底，由吉县党组织创建人郑方主编，张铁民刻蜡版及印刷，为八开一版，发行100多份。第二阶段：从1939年年初至当年冬，在张铁民推荐下，开始由陈香元（又名陈涛）主编，李德宽刻印。后来陈香元调走，就由张铁民、薛子谦共同编辑，由李德宽负责刻印（均为共产党员）。该刊由爱国人士李公朴题写了《曙光报》报名，定为双日刊，并由开始的八开小张逐步过渡到四开一大张，每期除发给本县的机关、团体、学校及各区、村外，还寄往乡宁牺盟会、牺盟总部，并与中共晋西南省委机关报《五日时事》等报纸相交换。每次印刷百份以上，在不到一年的时间里，共出刊190期左右。即使在日军侵占吉县上云台山打游击时，报纸也照出不误。后因"晋西事变"停刊。

第三节 吉县抗日游击队

吉县抗日游击支队，是在原来不脱产的吉县自卫队的基础上发展起来的。自卫队原属阎锡山的地方军事序列，但自1938年改建为吉县抗日游击支队后，实际成为一支由共产党绝对领导的抗日武装。原吉县自卫总队总队长系旧军官，抗日战争爆发不久，就被调离吉县。山西省第六专署派来张国华（共产党员）任吉县自卫总队副总队长。

1937年12月底,刘少奇、杨尚昆、张友清等北方局和山西省委负责同志从前方回延安时路经吉县,住在兰村,

刘少奇、杨尚昆兰村旧居

同行的还有北方局工作人员赵守政、李伯钊等同志。在兰村刘少奇同志亲切地接见了县工委的同志,并着重就武装斗争问题做了重要指示。在询问了吉县党的工作情况、自卫总队组织情况和是否成立游击队后,刘少奇给县工委的同志生动讲解了抗战形势和毛泽东游击战争的"十六字诀"。他鼓励县工委的同志要大胆实践,回去后赶快把游击队建立起来。

县工委的同志把刘少奇同志的指示转告乡吉特委和牺盟特派员郑方同志,郑方又转告县长王耀辰。不久,特委和牺盟中心区通知县里成立游击队。县里研究决定分两步走:第一步,先把各村自卫队整顿一下,挑选思想好的队员组成三个区自卫队;第二步,将区自卫队集中起来,组成县游击队。在各区自卫队中,二区人数最多,有七八十人;一区次之,四五十人;三区最少,30多人。区自卫队与村自卫队不同,完全脱产,发给武器,除了管饭,其他待遇一概没有。武器各区原来有一些,只是数量太少,共有二三十支步枪。县长王耀辰出面向警察局借了一部分枪支,这样就有百十支步枪。

1938年3月下旬，日军进攻吉县前夕，县工委、县政府把区自卫队集中起来，组成吉县游击支队，把警察局的警察大队也编入。游击支队下分3个大队：警察大队为第一大队，二区为第二大队，一、三区合编为第三大队。每一大队下分3个中队，中队下分3个分队。游击支队成立后，又从村自卫队动员一批自卫队员参加进来，还收容了不少散兵游勇，这样游击支队总人数达到400多人。游击支队支队长由县长担任，副支队长2人，由自卫队正、副总队长担任，县公道团团长、牺盟特派员担任政治部主任。东北来的学生和牺盟干部分别担任大队长、中队长、分队长和教导员、指导员、工作员。游击支队还设立了后勤部，有20多人，负责全部后勤供应，负责人是政府秘书李玉纯、牺盟干部张秀升、刘自更（原名刘绍华）等，其中一部分是中共党员。由于大敌当前，又是在本县坚持斗争，各级领导干部多数是牺盟干部和共产党员，思想作风与旧军队完全不同，组建游击支队的工作比较顺利。

游击支队成立后，因为军事指挥员大都缺乏实战经验，便从八路军一一五师第一游击支队派来两名老红军，一人担任游击支队副队长，一人担任参谋，指挥和配合游击支队工作。

3月上旬，日军向吉县进攻时，游击支队拉到二区云台山一带与日军周旋。

日军在吉县县城20多天中，烧杀抢掠，无恶不作。游击支队和日军没有大的接火。由于游击支队的存在，阎锡山的一些"空头"司令（只有军衔番号而无兵员的空头司令）及散兵游勇不敢胡作非为，从而保护了群众的财产不受侵害；游击支队也收编了一些小股武装，壮大了力量。

1938年6月，因阎锡山排挤和旧军的诬陷，共产党员王耀辰、李玉纯被调离。狄景襄接任吉县县长后，对游击支队加以扩充与整顿，派人到各大队加强领导，亲自到各中队检查安排工作，游击支队重振士气。1938年10月，由于形势恶化，根据晋西南区党委及乡吉特委的紧急通知，县委决定由共产党员刘振尧、赵华青带领游击支队百余人星夜赶赴汾城县，编入政卫二支队四大队十一中队。1939年6月，政卫二支队改编为新军二一三旅，吉县中队编为二一三旅五十八团一营二连，刘振尧任五十八团一营营长，原吉县牺盟特派员、游击支队教导员何晓光任二营营长，吉县游击支队干部张克（又名张毅）任三营营长，赵华青任一营二连（原吉县游击队）连长、梁超任政治指导员。吉县游击支队在阎锡山旧军重围中，前后多次向新军、八路军输送了300多名战士。

此间，县委还给黄骅支队和驻在吉县王家原的八路军警备四团输送了一批战士和干部。贺成山、张本生、张俊、张文钦等青年参加了警备四团。从1937年冬至1938年曾介绍刘宽恕（又名刘育良）、王云英（女）、陈萍剑、冯国径（后改名张秀生）、文耿光、谭克敏、白忍全、王佩章、李芳国、陈国英、谭克煜、王国栋、袁星光等20多人到延安抗大和党校学习，或到上级机关工作。

第四章　抗日统战工作的开展

在抗日战争时期，吉县作为延安根据地通往东部抗日前线的通道，战略地位显得尤为重要。阎锡山率部退避克难坡期间，共产党对二战区的统战工作也达到高潮。

这一时期，不仅八路军驻二战区办事处驻扎在吉县，社会名流也经常光顾吉县，各地流亡的大学生或经过吉县奔赴延安，或就地参加抗日救亡，吉县一时成为全民抗战的一方热土。

第一节　开辟与延安的贸易通道

1936年，阎锡山面对共产党、国民党、日本人三种势力进入山西的复杂局面，为保全实力而畏首畏尾，举棋不定。对此，毛泽东主席审时度势，认真分析复杂的国际形势和国内各方势力的倾向、社会各界抗日动态等因素后，果断决定挥师东征进军山西，5月5日毛泽东、朱德发出《停战议和一致抗日通电》，宣示了中国共产党建立抗日民族

黄河商贸渡口

统一战线的主张。

12月22日,被俘的原吉县县长璩象咸,带着毛泽东的亲笔信从延安前往太原,与阎锡山交涉延安根据地与二战区在壶口瀑布以北渡口开辟交通线

通商后的黄河岸边

和物资贸易通道事宜。经过多次交涉,吉县与延安根据地的贸易通道口岸终于得以开放,两岸可以直接互通有无,打破了敌人对陕甘宁边区的经济封锁,缓解了延安根据地的物资紧缺,更重要的是为八路军顺利进入山西抗日前线开辟了通道。

第二节 抗战文化在吉县的传播

一、光未然写就《黄河大合唱》

"风在吼,马在叫,黄河在咆哮,黄河在咆哮,河西山冈万丈高,河东河北高粱熟了,万山丛中,抗日英雄真不少,青纱帐里,游击健儿逞英豪……"慷慨激昂的歌词,倾诉着中华儿女对祖国的热爱和眷恋,对侵略者义愤填膺的仇恨和愤慨,更流淌出人民群众

光未然

决心聚集在中国共产党的伟大旗帜下，与日军战斗到底，最终将侵略者逐出国门的坚强信念和不屈意志。《黄河大合唱》是一曲民族精神的颂歌，是一首经久不衰的史诗，而它的诞生与壶口瀑布天然不可分割。

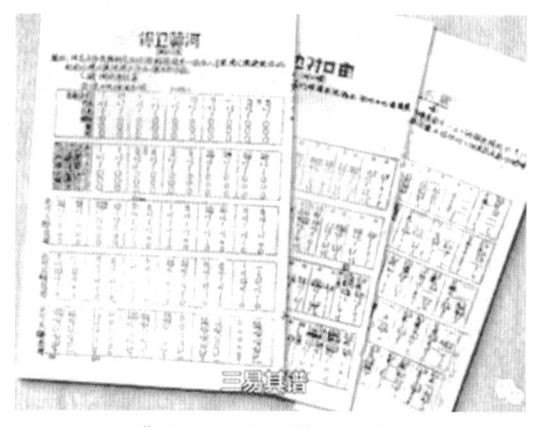

《黄河大合唱》原稿

《黄河大合唱》词作者是著名作家张光年（笔名光未然）。1938年正是第二次国共合作时期，他受周恩来、郭沫若的派遣，率领抗宣三队从武汉出发一路跋涉，又经西安、洛川、宜川，于10月从壶口下游的小船窝渡口乘小木船东渡黄河，来到壶口瀑布岸边的克难坡，到第二战区考察文化工作，住在黄河壶口东岸二战区政治部驻地的一个山村。

站在黄河岸边的山头上，张光年遥望黄河浮想联翩。黄河孕育了华夏五千年文明，黄河养育了四万万炎黄子孙，而今黄河遭受日军铁蹄蹂躏。然而黄河绝不会屈服，壶口瀑布排山倒海的气势，龙槽洪流义无反顾、勇往直前的形象，不正是保家卫国壮士们的生动写照吗？联想横渡黄河的情景，10多米长的木船，在波涛汹涌中颠簸起伏，浪花飞溅浸湿了衣衫，大家的信念凝聚成一个共同的心声："嗨哟！划哟……乌云啊，遮满天！波涛啊，高如山！冷风啊，扑上脸！浪花哪，打进船……"经历了生死与共、同舟共济的意志锻炼，光未然以人民诗人的敏感领悟了壶口神韵,把握了黄河魂魄,在延安一气呵成写就了气贯长虹的《黄河大合唱》,被世人誉为弘扬中华民族拼搏精神和大无畏革命精神的旷世佳作。

冼星海

光未然的公开身份是国民党中央军委政治部西北战地宣传工作视察员、抗宣三队(后改为二队)特派员,实为该队中共党支部书记。他率三队转战西北各地区,于1939年初春,借赴陕北榆林慰问傅作义部之机,从晋西南永和县渡过黄河,回到革命圣地延安。光未然因在晋西坠马受伤,在边区医院接受治疗。2月26日,鲁艺学院音乐系系主任冼星海看望他,老友重逢,冼星海建议再来一次联手创作,光未然欣然应诺。

二人是革命意志坚如磐石的老战友。1938年在武汉时,曾合作创作《新中国》《新时代歌手》《剧团抗战》《拓荒歌》等抗日救亡佳作。但这次联袂创作什么呢?光未然同志把注意力集中到壮阔雄浑的黄河壶口瀑布上。因为他两渡黄河,并驻足壶口瀑布,灵感早已在他脑海里萦绕着、酝酿着,豪情激荡正欲喷发。经冼星海的提议,他决意以黄河为象征,以人民英勇抗日为主题,歌颂中华民族不畏强暴、英勇抗敌的坚强形象,用歌曲唤醒中华民族的抗日斗志。歌词共分《黄河船夫曲》《黄河颂》《黄河之水天上来》《河边对口曲》《怒吼吧!黄河》等8个篇章。

3月1日晚,延安西北旅社一个窑洞里,著名作曲家冼星海全神贯注地倾听着光未然的诗朗诵。听完光未然的写作动机和诗歌主旨介绍后,他一把将歌词稿抢到手里,兴奋地说:"我有把握把它谱好!"此后的6天时间里,冼星海激情飞扬,昼夜突击,8个乐章的《黄河大合唱》曲谱几乎是一气呵成。

一个星期后,全部伴奏乐谱也写了出来。早春的延安,夜里很冷,爱人钱韵玲给冼星海用木炭取暖,桌上放了点白糖(延安当时缺糖),有时再煮点红枣。冼星海创作起来,全神贯注,激情比火焰还要炽热。顾不得寒冷,忘记了饥饿,他把对祖国命运的关注,对民族灾难的忧愤,对革命战士的颂扬,对抗战胜利的信心,全部倾注在这部音乐巨作之中!

初稿出手后,冼星海又以异常严谨、认真的工作作风,亲自到西北旅社邀请搞音乐的同志们到自己住处,请大家介绍渡黄河的惊险情景和壶口瀑布惊天动地的震撼,并请大伙模仿船夫呼喊的号子和姿态。为了体现歌词的中心思想,将黄河壶口不畏强暴的东方巨人形象搬上舞台,表现出黄河壶口雄壮气魄和中华民族威武不屈、英勇抗敌的意志,有的乐章曾三易其稿。正如冼星海自己所说,这是中国首部新形式的大合唱,必须富有民族风格与特色,必须进行新的艺术探索。排练过程中,冼星海一直亲临指导。

4月13日,抗宣三队在陕北公学大礼堂首次演出了《黄河大合唱》,邬析零指挥,合唱队和乐队各有30人左右。由于全体同志都熟悉抗战生活与创作过程,准确地表达出作品的主题思想和爱国情感,首场演出大获成功,轰动了延安各界，普遍认为是抗战以来最好的一部歌曲，在政治上和艺术上均达到高峰。冼星海在日记里写道："演出除个别地方不足外，对整个演出感到满意。"此后，接连又演出了好几场，除《黄河大合唱》外，还有其他抗日话剧、歌曲等。一次，光未然还带伤登台朗诵了《黄河大合唱》中《黄河之水天上来》一章。

5月11日，在庆祝鲁艺成立一周年晚会上，毛主席观看了由冼星海亲自指挥的《黄河大合唱》，频频颔首称好！7月，延安各界以《黄河大合唱》欢迎周副主席回延安，周恩来挥笔题词："为抗战发出怒吼，为大众谱出呼声！"

二、李公朴考察吉县撰写歌颂抗战力作

李公朴，江苏省武进县人，少时自名公朴，号朴如。朴者，仆也，寓意像公仆一样为人民服务。1924年入沪江大学学习，1926年赴广州参加国民革命军，1927年随东路军转战上海。"四一二"蒋介石叛变革命，激起李公朴的极大愤慨，毅然脱离了国民党军队。

李公朴

1928年，经沪江大学青年会推荐，赴美国雷德大学政治系学习。1930年8月于雷德大学毕业，赴欧洲考察。途经日内瓦时，应邀参加各国人民促进国际和平大会，同年11月回国。1931年"九一八"事变后，他与文化界一些知名人士发起组织"中国国际合作协会"。1932年8月，上海成立"废止内战大同盟"，李公

朴出席大会并发言："蒋介石不配做孙中山的继承人。"同年12月与《申报》总经理史量才合作创办了《申报》流动图书馆，任馆长。

1935年12月9日，北平爆发学生抗日救亡运动，上海文化界马相伯、李公朴、沈钧儒、邹韬奋、钱俊瑞等280余人于12日联合发表《上海文化界救国运动宣言》。12月27日，上海文化界救国会成立，李公朴等35人被推为执行委员。1936年5月，全国各界救国联合会在上海成立，李公朴与宋庆龄等15人当选为常务委员。同年6月10日，赴南京与蒋介石谈判，未达成任何协议。同年11月23日凌晨，李公朴和沈钧儒、章乃器、邹韬奋、史良、王造时、沙千里等七人被国民党以"危害民国罪"逮捕，史称"七君子事件"。1937年7月7日抗日战争爆发，7月31日国民党迫于全国人民的压力不得不对"七君子"取保释放。上海抗战爆发后，李公朴到太原、大同、徐州、济南、德州等战区考察。在太原，李公朴参加第二战区民族革命战争战地总动员委员会，任委员兼宣传部部长。1938年1月，李公朴在临汾任民族革命大学副校长、教授，同年11月24日到达延安，翌日会见了毛泽东；12月下旬到山西吉县等晋西南地区考察。1939年6月，李公朴率"抗战建国教学团"到晋西北、晋东北、晋东南从事抗日教育和民众动员工作。1940年11月，李公朴由晋冀鲁豫边区回到大后方重庆。1945年任中国民主同盟中央执行委员。1946年7月11日，在昆明被国民党特务杀害，时年44岁。

1938年12月下旬，李公朴从革命圣地延安出发，经陕西宜川县秋林镇东渡黄河进入吉县。时值日军第二次扫荡吉县之际，日军飞机轮番轰炸县城。大革命时代的共产党员、民族革命大学教授、后为二战区政治部宣传科科长的温健公在吉县西关火神庙旁被敌机炸死的惨状，令李公朴肝胆俱裂，他奋笔疾书《追悼温健公同志》一文刊登在《政治周刊》上。日军在晋绥军抗击下退往河津后，李公朴亲自到井圪塔村考察抗战烈士遇难情况。李公朴赞赏吉县牺盟会出版的《曙光报》，亲笔题书了《曙光报》报名。李公朴经常前往南教堂参加在此办公的县牺盟会的各种活动，还应邀到县民族革命两级小学对全校教职员工和县级、省级机关干部、县城居民演讲。

李公朴以吉县牺盟会为依托，到乡宁、襄陵、汾城、河津、临汾各县视察，为二一三旅写了旅歌。李公朴还随决死纵队、游击队转战各地，与日军周旋于山梁沟壑之间，亲身体验指战员们奋勇杀敌、可歌可泣的壮烈场面。他发自肺腑地说"春在前线"，意思是中华民族不会屈服，炎黄子孙不可辱。李公朴在吉县与汾河下游腹地视察期间，收集到许多山西战地的第一手资料，加上在延安的耳闻目睹，他的认识在深化，意识在升华，思想在飞跃，萌发了写作《走上胜利之路的山西》一书的念头。

1939年5月，《走上胜利之路的山西》面世，共编入李公朴8篇大作，约12万字。这本书用大量的篇幅、翔实的素材、数据，热情奔放地歌颂了牺盟会的发展与壮大，决死纵队的产生、发展和作用，颂扬了蓬勃发展的群众运动和人民战争的伟大意义，肯定了统一战线政策的巨大成果,盛赞了山西军民坚决与山西共存亡,誓死不过黄河的坚强意志和信念。在列举大量战绩之后,李公朴盛赞决死纵队、山西新军,他把山西风起云涌的工人运动、农民运动、妇女运动、少儿运动统称为"民众运动",大加褒赞。

李公朴在吉县还撰写了《革命的摇篮延安》《两渡黄河》等文章,先后发表在《战地通讯》上。他认为延安象征着人类的希望,人民的愿望。

1939年晚春初夏,在五月鲜花盛开之际,李公朴离开吉县回归延安。

三、萧军把《吉县》写入《从临汾到延安》

萧军

1938年3月8日上午10点半,吉县县城内突然出现了众多陌生的知识分子模样的人。他们衣鞋破旧,三五成群地在沿街商铺门前的石阶上坐着或站着。早春二月,寒风袭人。这些刚从沦陷区临汾撤退到吉县,一个个冻得瑟瑟发抖的人,正是民族革命大学的教授们。大名鼎鼎的作家萧军,就在其中。他以抗战小说《八月的乡村》,蜚声文坛。

为了随学校转移,萧军已和妻子萧红闹翻,各走各的路。萧军随学校一道同行,他并不是为了到吉县躲避战乱,而是暗自盘算着先借道吉县奔赴延安,而后想上前线去打日军。

萧军是个仗义疏财之人，脾气不太好，为了减轻随行担行李的勤务员的负担，他和同行的留学法国回来的蒋教授在吉县大街上大打出手，用枣木棒把蒋教授打得头破血流。晚上在大家的调解下，才算和解。

3月9日，萧军无所事事，先是到了西关水磨坊同两个管水磨的人聊了一阵，然后又蹦过清水河上了锦屏山。在山顶，他坐在"晋文公庙"前的石座上，晒着太阳默想，不由得牵挂起萧红和丁玲她们，似乎听到了远处传来时断时续的炮声，便下定决心要离开吉县。

3月10日，萧军找到有关人员，说要去五台打仗，要求开一张路条，但没被准许。

3月11日，萧军在吉县的大街上转悠了一天。夜间，由于心里闷，便站在院外山坡上大声地唱了一支歌。接着就有了回声，从遥远的山坡下面有一缕尖细的女人的歌声传来，竟是"我的家在东北松花江上"。这愈发勾起了他这位东北汉子想离开的情绪。

当时，他的老师鲁迅已逝，他的妻子萧红出走了，他身背褡裢，手拄木棍，薄衣单袜，神情落寞地沦为精神流浪汉。3月12日，他独自从吉县出发，翻山越岭徒步20天来到了中国最有活力、最有气节的革命圣地延安。

此后，萧军把他的这段经历写成《侧面：从临汾到延安》，书中第二篇第八章为《吉县》。

四、"南洋慰问团"考察吉县

1940年春，著名爱国华侨领袖、"南洋华侨筹赈祖国难民总会"主席陈嘉庚先生，亲率"南洋慰问团"回国考

陈嘉庚

察慰问,第一站到了蒋介石的"陪都"重庆。蒋介石一方面对慰问团的食宿"倍加优厚",每餐都是高等级的宴会,每晚都要举行专场舞会,另一方面却向慰问团哭穷叫苦,要求慰问团给予更多支持。蒋介石本人则官架子十足。陈嘉庚对蒋管区灯红酒绿、纸醉金迷而绝口不提抗战救国,十分失望。

5月下旬,南洋慰问团一行经西安过壶口来到第二战区驻地克难坡,受到第二战区司令长官阎锡山的接待。慰问团在克难坡看到阎锡山和他的部下都住在十分简陋的窑洞内,生活比重庆简朴得多,对阎顿生好感。陈嘉庚坐在阎锡山窑洞的土炕上,与阎促膝相谈。他痛斥了重庆的花天酒地和官场腐败,对蒋介石的"抗战"能力深表失望。阎锡山对陈嘉庚的感慨表示认同,并在交谈快结束时说,要论把国家治理好,那边(延安)还是大有希望的。

就在陈嘉庚率团刚到重庆时,毛泽东主席即电邀陈嘉庚访问延安。到克难坡访问阎锡山后,南洋慰问团一行便渡过黄河,6月1日下午抵达延安杨家岭。9天中,慰问团深感延安风气之好,克难坡难比,延安与重庆,有天壤之别。根据地延安百姓勤劳质朴、社会安定,行政上廉洁奉公,政治上一片清明,处处都是新气象。毛泽东、朱德等待人都十分随和,朱德常与战士同桌吃饭,与军校学生一起打篮球。领袖与群众打成一片,军队与人民血肉相连,令陈嘉庚叹为观止,敬佩不已,认为"这种事世界上没有过"。

五、"中外记者西北参观团"到克难坡采访抗战

1943年5月,福尔曼与在重庆的外国记者发起成立了"驻华外国记者协会",向国民党提出放宽新闻检查标准的要求。1943年11月,福尔曼率先向国民党当局提出要去延安采访,各国记者纷纷响应。当时正是世界反法西斯战争的重大转折时期,苏军已取得了伏尔加格勒战役、库尔茨克战役的辉煌胜利,美军在太平洋战区多次重挫日军,并在中国战区组织了由盟国协同作战的缅北、滇西反攻战,并提出国民党必须允许美军参观走访延安。福尔曼等趁此良机,再次向国民党当局和蒋介石强烈要求访问延安。迫于内外重压,1944年4月10日,国民党中宣部部长梁寒操正式表示可组团访问延安。为了干扰外国记者顺利采访,硬将外国记者访问团改为"中外记者参观团",并委派国民党官方人员带队监视整个采访。

"中外记者西北参观团"共21人,其中外国记者6名,国内记者9名。参观团由国民政府法院谢保樵、国民党中央宣传部邓友德领队,1944年5月17日从重庆乘飞机抵宝鸡,然后坐火车至西安。5月21日乘汽车离开西安,经合阳、韩城、洛川到宜川。1944年5月27日,由宜川东渡黄河进入吉县克难坡阎锡山防区作为期4天的访问。

中外记者西北参观团到克难坡后参观了大食堂、发电厂、小学、办公窑洞、经济合作社和军事训练。记者们还观赏了离司令部不远处"黄河九曲孟门深"的壶口瀑布。

六、文艺团体在吉县宣传抗日救亡

抗日宣传演出

由于共产党抗日民族统一战线政策的灵活运用，促成了八路军和阎锡山联合抗日的局面。吉县作为二战区的首脑机关所在地，在抗战早期也曾呈现出团结抗战的局面。加之吉县地方党组织和牺盟会的宣传发动，广大群众对抗日民族统一战线都有了明确的认识，抗日救亡热情空前高涨。在此形势下，各文艺团体纷纷来到吉县，通过文艺活动进行抗日救亡宣传。县牺盟会也抓住时机，顺势而为，组织了"抗日救亡活动工作团"，深入农村开展宣传。

1. 八路军西北战地服务团

"西战团"是抗日战争爆发后，根据党中央指示以抗日军政大学二期四大队部分学员为主在延安组成的特殊的抗战队伍，毛泽东亲自点将著名作家丁玲任主任，吴奚如任副主任。"西战团"用戏曲、歌声、快板等文艺形式宣传抗日主张，激励广大军民的斗志。1933年9月20日，"西战团"从延安东渡黄河来到阎锡山的二战区，途经16个县60多个村庄。巡演历时6个多月，走到哪里就把抗日的主张宣传到哪里。在吉县演出的节目，有丁玲编剧的独幕话剧《重逢》《河内一郎》，有戏曲《母亲》《回春之曲》，有根据秧歌剧改编的《打倒日本升平舞》，还有歌曲、快板、舞蹈等。这些寓教于乐的文艺节目，以多样的艺术形式，对吉县民众进行了生动的抗日宣传教育，激发了全县军民的抗日斗志。

2. 吉县抗日救亡流动工作团

1937年12月，吉县抗日县长王耀辰以县牺盟会名义组成"抗日救亡流动工作团"。团长是王耀辰的妻子张瑞芳，指导员梁维凯，宣传队员由吉县第一高小学生组成，共有刘维茂、吕鲁人、白玲（女）、李雁（女）等30余人。

第一场演出是1938年正月十五，演出节目是广场剧《放下你的鞭子》，由刘维茂扮演老汉，谭克智、杨生森扮演群众，白玲领唱。表演逼真生动，激发起无数群众的抗日救亡热情。之后，"流动工作团"深入川庄、窑头、桑峨一带，对东川一带群众作抗日宣传演出。恰遇我八路军总部从洪洞、赵城、临汾一带吸收的新战士开赴延安路经吉县，"流动工作团"在县牺盟特派员袁逸田带领下，配合当地农、妇、青救会和群众到五龙宫组织了欢迎大会。当天晚上"流动工作团"和八路军战士联合举行晚会，并向战士们学唱了《游击队之歌》。后"流动工作团"在日军进犯吉县时解散。

1939年3月，李昆山、刘维茂等人重新恢复组建了"抗日救亡流动工作团"，主要成员有陈金荣、李克忠、豆殿龙、豆殿奎、刘佩良、兰鸿钧、葛庭棋等20余人。经过短期排练，到雷家庄、窑渠、曹井等地进行演出。节目有反映沦陷区介休县张兰镇夫妇俩巧捉日本兵的《张兰镇的鸡蛋》，歌曲《洪波曲》《青年进行曲》《太行山上》《到敌人后方去》《做棉衣》《流亡三部曲》《八杯茶》《骂汪小调》等。该团到 1939 年 8 月,因"晋西事变"而被迫解散。"流动工作团"向广大群众宣传了我党的统一战线和抗日救国主张,播下了革命的红色种子,工作团不少成员也因此走上了革命征途,成长为党的领导干部,为民族解放立下卓越功勋。

3. 抗敌演剧第三队

1938 年,周恩来、郭沫若让阳翰笙、田汉等一批文化界进步人士把大批爱国青年组织起来,以国民政府军事委员会的名义,组成了 10 个抗敌演剧队,奔赴全国各地宣传演出。张光年率领"抗敌演剧第三队"1938 年 10 月从小船窝渡口过黄河来到吉县,在县城桥南关帝庙和文城等地演出 6 场。演出的剧目有《军民合作》《三江好》等,每场演出前来观看的群众都有上千人。

1941 年 3 月,"抗敌演剧第三队"在队长王负图、副队长赵寻带领下重返二战区。7 月,接上级指令,改名为

抗敌演剧第三队在吉县演出大合唱

"抗敌演剧宣传队第二队",简称"剧宣二队"。更名后首先排练了老舍、宋之的的多幕话剧《国家至上》到克难坡演出,引发了观众的广泛共鸣。"剧宣二队"还从八路军办事处获得延安《解放日报》及一些共产党的政治及文艺学习材料,稍加改动,搬上舞台,演出了《农村曲》《黄花曲》《新小上坟》《九一八大合唱》等节目,收到很好的宣传效果。同时,还指导吉县女子学校学生和部分知识青年深入农村,演唱抗日歌曲、戏剧,刷写标语,发动群众抗日救亡。

第三节　八路军吉县办事处

1938年8月,经朱德总司令与阎锡山协商,决定在吉县设立八路军办事处,王世英任办事处处长。

此后,随着战事变化,办事处多次转移:1938年夏到1939年春,驻吉县县城内葛家沟陈亮德院;1939年春到1940年11月底驻陕西宜川秋林卓家庄村;1940年12月,搬到吉县

王世英

文城乡小圪塔村,与阎宪兵司令部为邻;1942年年初,又回到卓家庄村;1943年春,搬到秋林镇;1944年秋,搬到宜川桑柏镇直至撤回。

八路军办事处葛家沟旧址

办事处是当时共产党同二战区联络沟通的重要窗口。办事处的工作人员都经过严格审查,是从延安挑选出的综合素质过硬的可靠同志,常驻办事处人员10名,加上内线关系不到20人。主任王世英,副主任曹言行,译电员张万才,电务员鄢良子,还配有炊事员、警卫员、饲养员、勤务员等,他们久经考验,意志坚定,对党忠心耿耿,政治觉悟、文化水平、业务能力都比较高,在办事处岗位为党的事业做出了不朽功绩。

当时国民党封锁陕甘宁边区,共产党面对困难组织开

八路军办事处小圪塔旧址

展大生产运动,自己动手,丰衣足食。与此同时,办事处与阎商谈,以物易物,互通有无,谈判进展顺利。当时,胡宗南把延安边区封锁得很死,为陕甘宁边区在东南角打开贸易通道,至关重要。为了避开国民党的监视,两岸贸易通道选定在壶口上游的马头关、凉水源等偏僻渡口。

第五章 浴血抗战保家园

第一节 军民英勇抗击日军

1937年7月7日,日军悍然发动了全面侵华战争,迅速占领北平、天津,并兵分三路扩大侵略范围。其一路沿京绥线西进,于9月初侵入山西。经过天镇战役、平型关战役、娘子关战役、忻口战役,省城太原于11月8日失守,第二战区司令长官阎锡山南撤临汾。1938年2月,日军大举南犯,2月28日占领临汾,阎锡山西撤到

人祖山阻击战烈士纪念碑

蒲县，再经大宁撤至吉县。此后的7年抗战时期，吉县便成了国民政府第二战区司令长官部和山西省政府的驻地。日军为了逼迫阎锡山妥协投降，三次进犯吉县，均受到驻军的阻击和吉县民众的英勇反击。

人祖山阻击战工事

日军第一次进犯时，驻军打响了人祖山阻击战。1938年3月18日，晋绥军六十六师二〇六旅四三一团在人祖山设伏，迎头痛击日军十八师团谷口原二郎部。

日军从临汾经蒲县、大宁沿昕水河经蔡家川向人祖山一线扑来，阴谋与吉县南部进犯之敌策应，席卷晋西南河东一线。晋绥军五连连长王纪勋率部与敌在人祖山上展开昼夜血战，以牺牲126人的代价，成功阻击了日军步、骑、炮联队五千余众，粉碎了日军占据黄河一带的企图。3月19日，从人祖山败退的日军与另一路由河津至乡宁进犯的日军侵入吉县县城。后在吉县军民英勇反击下4月8日撤离。

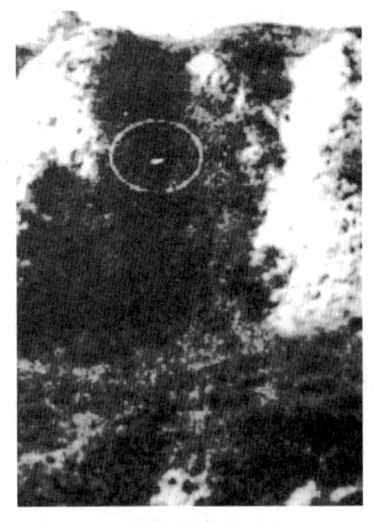
井圪塔寨子

第二次进犯时发生了悲壮的井圪塔惨案。1938年12月26日,日军飞机轰炸吉县县城。第二战区政治部宣传科长温健公(共产党员,国共合作时在二战区任职)一行4人在西门外火神庙附近被炸牺牲。

12月30日,日军再次侵占吉县县城,杀人放火,奸淫掳掠。县城居民惊慌失措,四处逃命。离县城不远的井圪塔村人听到日军进城的消息后,30名百姓老幼相携躲到村外深沟陡崖的"寨子"里,被日军发现。1939年元旦至1月4日,谷口原二郎指挥的日军二一八师团由汉奸带路围攻乡亲们避难的"寨子"。

手无寸铁的老百姓,用石头、土块、灶具、钢铣、镢头等居高临下与企图攀崖而上的100多日军对战三天,打死打伤了六七个日军。最终,日军改变策略,从山上往下攻"寨子",30名乡亲除两名幼儿外全部惨遭屠杀。井圪塔惨案中,乡亲们面对日军的屠刀,同仇敌忾、视死如归,用鲜血彰显了中国人民誓死抗日的决心。

1939年9月16日,日军1000多人沿乡宁至平垣方向,经石三湾、三堠向吉县进犯,遭驻军迎头阻击。阎第八十三军六十六师二〇六旅旅长孙福麟率部在三堠村东的屯圪塔塬西头山顶挖战壕、修暗堡,构筑

井圪塔惨案纪念碑

防御阵地。16日拂晓，日军进入一、二道防线时，晋军且打且退诱敌深入。日军进入第三道防线屯圪塔壕伏击圈后，战斗力很强的第四三一团三营九连机关枪、步枪、手榴弹疾风暴雨般落下，经两个多小时战斗，击毙击伤日军数百人。残敌退到乡宁，而后退回河津、稷山。

在打响三堠阻击战的同时，另一路日军大部队从河津经留太、宽井村，分头沿盘角梁、张尖和进尖塬面而上。晋绥军利用进尖崾子沟深路窄的有利地形，打退敌人5次进攻，日军损失100多人。后来，日军绕道从西沟井坡到白额村，抄了晋军的后路。晋军腹背受敌，营部在一个连掩护下突围撤离，其余两个连全部阵亡。与此同时，从盘角梁上来的日军，在盘角崾子处也遭遇晋绥军的迎头阻击。从早上一直打到午后，敌人从盘角梁翻沟爬到君堤岭上绕背后夹击，晋绥军被迫在弹尽粮绝的情况下跳崖。

日军占领白额村后，大肆烧杀掳掠，折腾了整整一夜。第二天中午撤出白额村时，捅死了带路的残疾老人，枪杀了中垛垣一位正在地里锄地的村民，割掉另一个故意带错路村民的耳朵。

抗战期间，吉县党组织虽遭到破坏，抗日游击队也被迫撤进大山，但共产党员在腥风血雨中仍坚持组织对敌斗争，成为城乡群众的主心骨。在塬面狭窄处断路阻敌，在深沟陡崖的隐蔽处挖掘"寨子"，转移牲口和粮食，坚壁清野，等等，直到抗战最后胜利。

第二节 日军侵占吉县犯下滔天罪行

抗战期间，日军曾三次侵占吉县。第一次侵占是1938年3月18日，4月8日撤出；第二次侵占是1938年12月30日至1939年1月8日；第三次侵占是1939年9月。日军侵占期间，疯狂烧杀淫掠，老区军民共伤亡430人，其中平民伤亡304人、阎军伤亡126人。在伤亡的平民中，直接死亡281人（男206人，女36人，幼童39人），直接受伤18人（男16人，女1人，幼童1人），失踪4人，被俘捕后间接伤亡1人。由于县城是日军侵占的主要目标，并在城内滞留时间较长，因而县城伤亡平民62人，占全县平民伤亡总数的20.4%；中垛乡是日军自河津、稷山来犯回撤的路经之地，伤亡平民达27人（其中遭枪击、刀砍、活埋的群众22人），占全县平民伤亡总数的8.9%。

一、灭绝人性屠杀无辜百姓

1938年1月，日军将西关泰山庙等6座庙宇烧毁，并将看庙和尚打死。

1938年3月4日，日军将桥南烟里村1名群众枪杀。

1938年，祖师庙村民柴老大等2人被日军用刀杀害；西关村民王永生等9人被手榴弹炸伤、枪击而死。

1938年，兰村陈汪子等4名村民在本村老爷庙被日军刀剐而死，曹印娃等两名群众被日军枪击致死。

1938年12月26日，日军飞机轰炸县城，伤亡6人。

1938年至1939的4月,日军数次侵掠中垛乡,枪击、刀砍、活埋群众22人。

1939年1月1日至5日,井圪塔村躲藏在土寨的30名群众,奋起反击妄图登寨的日军,28人惨遭杀害。

1939年3月,日军在行军时将路旁干活的山阳村民张狗小枪杀,进村抢掠时将该村教师白彦康枪杀。

1939年4月1日,日军侵入吉县城关镇桥南村抢掠,将烟里村民刘栓子、贾狗娃2人枪杀。另有兰古庄贺胜子等14名村民被日军杀害。

二、出动飞机滥炸城乡

1938年12月26日,日军侵入吉县前出动飞机大轰炸。在西关村造成4名军人、8名群众身亡,大量房屋被毁。

1939年秋天,日军飞机轰炸屯里镇桑峨村,致雷泽全等3名村民死亡。

日军轰炸壶口镇陈家岭村造成5人死亡、10人受伤。

除此以外,日军还对文城、屯里等地实施轰炸,造成多名群众伤亡。

三、日军侵略使吉县财产损失惨重

1938年3月,日军第一次入侵吉县后,大部分校舍被焚,学校普遍停办。到1939年9月,日军先后三次进犯吉县,虽然总共停留不到两个月时间,但吉县人民蒙受了惨重的灾难。全县古寺庙、古建筑、古宅等文物被毁损严重，焚毁民房 1455 间，县城大量房屋被日军焚毁，损失粮食 181700 千克。黄河码头停运，县城商店大部分被焚停业，商业一蹶不振，市场萧条，物价暴涨，百姓失去生产资料和再生产能力，流离失所，无家可归，社会财产直接损失就达 63.4 亿元法币。

第三节 阎锡山白色恐怖下的对敌斗争

1939 年秋，由于国民党顽固派故意制造摩擦，进而掀起反共逆流，阎锡山也对共产党的统战工作发生了动摇，准备进攻山西境内的八路军和山西新军，吉县大地的革命形势日趋恶化。为了应变，中共晋西南区党委指示吉县县委，停止发展党员，整顿党的组织，巩固党的队伍，对党员进行应对突发事变的教育。据此，县委很快把已经暴露的共产党员转移到延安和其他抗日根据地。10 月，在中共晋西南区第一次代表大会召开期间，区党委派杨步齐（又名肖扬）接替张铁民任中共吉县县委书记。杨步齐同志到吉县任职时，已是中离地委书记，在形势危急时刻，对吉县的党组织进行高级别配备干部，充分说明吉县的地位重要和上级领导对吉县的重视。杨担任县委书记后，进一步贯彻执行区党委和中共乡吉地委规定的应变措施，向各区委和支部传达上级指示，销毁党的文件，通知未暴露的共产党员做好长期隐蔽的思想准备，同时确定，把用党的经费在县城东关创建的"同盛德"杂货铺秘密联络站交由县委宣传委员赵守义负责。县委和各区委、各支部，全部转入更加隐蔽的地下工作。

"晋西事变"后不久，中共中央以团结抗日为重，于1940年春派萧劲光、王若飞持毛泽东亲笔信，到陕西秋林和阎锡山谈判。4月初达成协议，把吉县等十几个县划归阎锡山的活动范围。阎锡山为达到长久盘踞吉县的目的，指派其特务头子杨贞吉出任吉县县长，专对吉县地下党组织展开血腥的镇压。从此，吉县地下党组织在特务遍布的腥风血雨中，进入非常艰苦的阶段。

1940年2月，吉县县委书记杨步齐和县牺盟特派员薛子谦等人撤退到延安。至此，牺盟会由于"晋西事变"，已完成了它的历史使命而解散。会员们加入山西新军，或到延安根据地。1940年3月，张铁民秘密回到吉县大庙沟，代表新组建的晋西南工委，整顿调整吉县县委领导班子，由李守仁任县委书记，只金耀任组织委员，贾文会任宣传委员。

调整后的中共吉县县委，立即着手整顿下辖党组织。三区区委及其下辖的5个支部，因地处阎锡山第二战区司令长官部和其他军政机关驻地而不便联系，县委决定暂停和他们的接触。全县其他不可靠的少数支部和个别党员，也暂时中止了党的工作联系。为了便于联络，县委重新规划区委，加上原一区区委，县委仍辖3个区委和8个支部，党员总计100人左右。整顿后的各个区委和支部，在县委领导下，遵循"隐蔽精干，长期埋伏，积蓄力量，以待时机"的方针，坚持在阎锡山统治的吉县开展地下斗争。此间，县委无固定驻地。

1940年后，阎锡山以"清白阵营、肃清伪装分子"等口号，千方百计企图围剿吉县地下党员。1942年至1944年三年间，先后抓捕地下党员10余人，但因被捕党员和群众坚贞不屈，敌特破坏地下党组织的企图始终未能得逞。

1943年，白色恐怖依然笼罩着晋西各县，中共吉县县委一度和上级党组织失去联系，县委派只金耀离开吉县，到襄陵、稷山一带寻找上级党组织，终于在汾城县万宁庄找到了乡吉地委负责人彭德，并经彭德安排辗转到达稷山与地委委员马平定取得直接联系。中共吉县县委又和上级党组织接上了联系，并重建了和乡吉地委的地下交通线。

1939年爆发了"晋西事变"，阎锡山大肆屠杀共产党员、牺盟干部和进步人士。在此严峻形势下，吉县的地下党员狄鸿文、吕效信、张秀成、刘振锡等同志由于身份暴露，经特委批准首先转移出去。在区党委开会和学习的张铁民、张秀升等同志则决定暂不回县。除张秀升同志在转移途中不幸牺牲外，县委主要领导均安全转移。乡吉特委派肖扬同志到吉县负责应变工作，对吉县地下党和牺盟会的工作做了新的部署。首先让身份明显的史宗文（石峰）、刘巨波、王志强（女，原在内务部工作）等100多名地下党员迅速转移；对具备隐蔽条件的党员，则安排长期潜伏。并派党员干部分头向各基层党支部负责人传达。肖扬隐蔽在结子院史秀英（共产党员，又名白莹）家里，秘密联络，日夜奔波，完成任务后安全撤离吉县。从此，吉县党组织停止发展党员，进入长期艰苦斗争的阶段。

"晋西事变"时，由于党组织对应变工作做得较为周密，因此，吉县地下党员和牺盟会干部在转移过程中，没有遭到损害。

曹振芳

1940年春天，张铁民回到吉县大庙沟，在伊永福家召开了党的秘密会议，决定李守仁为地下党的县委书记，分管老一区地下党的工作；只金耀为组织部部长，分管老二区的南区地下党的工作；贾文会为老二区的北区区委书记参加县委工作（稍后即为宣传部部长），分管北区地下党的工作；赵守义为县委委员，负责"同盛德"的经费筹集，分管老三区地下党的工作；伊永福仍为县委的政治交通员。新县委建立后，即着手整顿农村党支部。先后整顿起3个区委，8个农村支部，联系党员百人以上（吉县原有党员300多人）。三个区委书记是：一区曹振芳，二区中北区先是酒高才，后是魏善金，南区秦晏平。以后又建立了吉县至晋西南工委联络的交通线和吉县至稷山县党组织（地委所在处）联络的交通线，并在乡宁县南章村建立联络站，畅通了同上级党委的联系。

1941年秋天，只金耀带领秦晏平、刘启运、曹振芳、曹振华（曹茂才）等7个党员干部，到晋西南工委（即沁源山上的洪赵支队政治部）参加为期7天的短期训练，听取了国际国内反法西斯战争的大好形势，进一步明确了在白区工作应坚持"十六字方针"，团结基本群众，在可能的条件下同敌人进行合法斗争。学习结束后，除留下曹振华在工委工作外，其余6人都返回原岗位。这次学习，增强了大家对敌斗争的必胜信心。接着，伊永福、刘开明也到晋西南工委参加了短期学习，县委在1941年和1942年又将不能留在白区的地下党员刘景学（刘波）与马如龙等送到晋西南工委。

根据晋西南工委的指示，同志们在艰险的环境里，因地制宜开展了对敌斗争。史秀英当时是吉县至乡宁的地下交通员，曾从乡宁城送出手枪、文件、书籍等；文教系统党的地下负责人王成章，利用民教馆长的合法身份，团结进步知识分子刘学海、贺其中、王钟秀、陈嘉章等，利用蒋、阎之间的矛盾，曾搞垮"三青团"在吉县的全部组织，挤走敌工团以分配教员为名派来的3个特务分子；与地下党员白德兴合作发动群众和学生，鞭挞并赶走民愤极大的敌工团太古编村指导员张万奎，搞垮了国民党吉县县党部办的小学。1942年春，阎锡山强征民调粮，地下党员只金耀、秦晏平、伊永福等发动群众抗粮，要求将民调粮摊派给地主富农，又发动群众抵抗运粮差役。1943年，只金耀还发动贫困群众，向富农贾来有等借粮十几石；贾文会和刘启运发动群众抵抗征兵支差，秦晏平和张星照发动群众，告倒了敌工团曹井编村的指导员芦宝玉。曹振芳和群众兰栋梁发动3个村100余人，告倒了敌工团三堠编村的指导员梁思耀。在这些斗争中，群众的支持掩护起了很大的作用。

"晋西事变"后，阎锡山在各县通过扣捕原在牺盟会工作过的"红头"人员，追查共产党。1943年秋天，乡吉地委决定吉县地下党的领导李守仁、只金耀、贾文会3人（都在牺盟会工作过）离开吉县，另行安排工作。此后，只金耀离开吉县,李守仁到新绛县旧政府(当时在乡宁县下川庄)担任县消费社主任。过了一段时间,地委又通知贾文会负责吉县地下党的工作。1944年以前,敌人扣捕过白德胜、魏善金、伊永福、曹振芳等人,虽多次吊打,并锁镣坐牢,但他们都没有暴露共产党员的身份。

"晋西事变"后,形势变得十分紧张,全县党员分头隐蔽疏散,党组织和党员暂时停止工作。县委组织委员只金耀就地隐蔽,在瓦原村五间当了间长。在一次阎锡山方面召集的会议上,只金耀发了言,敌人从他发言的语气和动作看,发现他不像普通农民,要逮捕审查他。只金耀知道后迅速撤离,并带领5个党员经河津过黄河,到了陕西黄龙山。在黄龙山,只金耀把刘敬庆、马保安等共产党员组织起来,组建了黄龙山党支部,由刘敬庆任党支部书记,坚持在黄龙山地区开展抗日斗争。直到1943年4月,刘敬庆秘密回到吉县,先是找到了二区区委书记秦晏平,后找到县委宣传委员贾文会,恢复与党组织的联系。

第四节　打入阎锡山心脏的樊耕农

樊耕农,1915年出生于山西省运城市盐湖区(原安邑县)寺北村,1932年9月,在运城第二师范读书时加入中国共产党。抗日战争前,创办并编辑运城地下党秘密刊物《晨光》及公开发行的《河东日报》,后因躲避敌人追捕而远走西安,与党组织失去联系。

1938年冬，樊耕农赴延安陕北公学学习。1939年夏，樊耕农由党组织派回山西二战区杜任之为组长的"中共二战区总部特别小组"，1940年经王世英、杜任之介绍樊耕农重新入党，从事党的地下工作。1940年夏初，二战区司令长官部移住山西吉县克难坡，由于樊耕农沉着干练，擅长文字，在杜任之运作下，樊耕农以秘书身份专门负责阎军高干会议记录和撰写重要文稿，为情报工作提供了特殊便利。

樊耕农

樊耕农同志短暂的一生，是奉献革命的一生，艰苦奋斗的一生。原八路军二战区吉县办事处副处长曹言行说："樊耕农是个好同志，他忠诚无畏，出色地完成了党交办的任务。"

1983年，山西省人民政府追认樊耕农为"革命烈士"。

杜任之

第六章 解放战争时期

抗日战争胜利后，蒋介石调兵遣将阴谋发动全面内战，阎锡山紧步其后尘，疯狂反扑。中国历史进入到解放战争时期。中共吉县县委在党组织遭到严重破坏的情况下，坚持斗争，恢复重建，同时成立了吉县人民政府。从此，形成了县委、县政府和县大队"三位一体"的领导体制，领导全县人民一方面坚持以游击战为主的武装斗争，不断捣毁伪村公所，壮大武装力量，打击反动势力；另一方面发动群众备粮备草，参军参战，配合中国人民解放军一举解放了吉县全境。随后又抽调干部南下西进，组织民工担架队支援解放大西北，开展土地改革运动，巩固工农联盟和新生的革命政权。

第一节 中共吉县县委的重新组建

抗日战争胜利后的 1945 年，吉县地下党组织因遭到破坏，县委工作处于停顿状态。遵照中共中央军委命令，为牵制国民党军队西渡黄河突袭根据地延安，1946 年 11 月晋冀鲁豫人民解放军第四纵队，计划在山西省西南部向国民党军队阎锡山、胡宗南等部发起一次进攻性的战役，史称晋西南战役。战役开始，四纵队司令员陈赓率部越过南同蒲铁路，挺进晋西南山区。在纵队第十一旅包围吉县县城以前，中共晋绥第十地委书记廉怀德率领地委游击支队抵达吉县参战。为了配合支援人民解放军晋西南战役，经中共吕梁区党委批准，由十地委重新组建了中共吉县县委。新成立的中共吉县县委在已经获得解放的一区、二区、三区内，分别建立了区委或政府机构。配备了部分干部，并立即投入筹集粮秣，支援前方战斗的工作。战役结束后，县委即着手设立工作机构，在继续充实加强各区干部的同时，于1946年11月成立了县委组织部，1947年11月又设立县委宣传部，1948年6月增设县委秘书，9月增设了妇委。这一时期内，中共吉县县委先后隶属于中共晋绥十地委、中共新绛地委、中共新绛中心县委领导。

中共吉县县委成立后，根据当时吉县和晋西南敌我斗争形势变化，实行县委、人民政府、县大队"三位一体"的领导体制，在县委领导下，统一指挥，有分有合，采取了机动灵活的战斗行动。县委书记兼任县大队政委，县长也是县委领导成员和县大队的大队长，县委机关经常处于流动战斗状态。

日军投降前后，只金耀在大宁马头关，黄德勋、曹振芳等在汾北游击支队，都在吉县周边打游击。1946年11月随着吕梁解放的大好形势，他们重新打回吉县闹革命。以吉县县委书记张广钦、县长只金耀、公安局局长马如龙以及参加县委的区委书记曹振芳等为首，成立了县游击大队和各区区干队，公开同敌人进行武装斗争。

黄德勋

当时吉县县区干部的配备是：县游击大队大队长只金耀，政委张广钦；直属连长曹立刚，副连长冯西贵，政治指导员王一清；窑渠区长贾文会，副区长魏善金，区干队长朱汉成；曹井区长刘开明，副区长李芳园，区委伊永福，区干队长柴启明；中垛区委书记曹振芳，区长黄德勋，区干队长曹振华；文城区长冯国刚。

陈赓率领二野四纵第十旅、第十一旅和第十三旅，在解放吕梁后由北向南，所向披靡，解放了吕梁大片地区。但部署包围吉县时，因奉命参加井沟战役而转移。上级交给吉县游击队的任务是：配合井沟战役，牵制敌后兵力。当时，吉县境内驻有胡宗南部一个团和县爱乡团、警察队、国民兵团，各区有区营长领导的区武装组，各编村、各乡公所有村连长领导的先锋队。根据敌情，只金耀所领导的县大队以及窑渠、文城等区干队在吉县东北部打游击；曹振芳领导的中垛区干队，在吉县南部和乡宁西北部打游击。

以只金耀为首的县大队骨干，有曾在大宁马头关一带经历战斗锻炼的老游击队员曹立刚、冯西贵、王一清等，以及坚持在吉县继续斗争的贾文会、魏善金、伊永福、刘开明、张星照等。他们在上级党委的正确领导和广大群众的积极支持下，广泛开展"缴枪不杀、优待俘虏"的政治宣传，在战术上避强打弱，专打编村公所、乡公所和带枪出来的小股敌人，历经孟家山战斗，袭击东赵村、麦城、东城村、王家垣村公所，积小胜为大胜，打击了敌人，壮大了队伍。

经过一年多的艰险战斗，吉县游击队发展到130多人，有长短枪120多支，成为吉县境内令敌人闻风丧胆的革命力量。其中，县北游击队由开始的20多人发展壮大到80多人，70多支枪，有机枪两挺；曹井区干队有20多个队员，20多支枪；窑渠区干队、文城区干队各有10多个队员，10多支枪。

县南主力是中垛区干队，其骨干有从乡吉地委廉怀德领导的汾北游击支队重返吉县的黄德勋、曹广立、曹茂才等共产党员，还有杨鸿温、曹三才等基本群众。他们同吉县县城以南、乡宁城以西的敌人进行了一年多的艰苦斗争。

1946年11月至1947年年初，中垛区干队配合曹井区干队，深入县南作战。第一次，曹振芳和杨鸿温、范宜生等4个人黑夜袭击三堠编村，打伤编村村长张子良，迫使先锋队员崔金来跳崖跌死，缴获1支步枪和几十颗手榴弹，使敌人清醒地认识到，虽然八路军的正规部队走了，但革命游击队还在。第二次是为了除掉作恶多端、民愤极大的三堠运输站长冯某，中垛区干队与曹井区干队配合，不仅为民除掉了祸害，而且还组织15名精干队员，奔袭与中垛相邻的乡宁县西廒编村，活捉了村连长王三生，俘虏了先锋队员10余人，缴获步枪7支、手榴弹若干，震动了乡吉两县，威慑和牵制了白区敌人。

在将近一年的严酷斗争中，县大队也付出了相当的代价。在曹井村战斗中，机枪手贾文汉不幸身负重伤。在战友们的交替掩护下，终于把贾文汉同志抢救出来。在五龙宫战斗中，那天恩不幸中弹牺牲；在县底村突围战斗中，朱文汉、李文光等4名队员不幸被俘。1947年10月27日，王震将军率西北野战军第二纵队东渡黄河攻克县城。年底，吉县县委率领县游击大队解放吉县全境。

第二节 奔袭炸毁壶口铁索桥

壶口铁索桥

搭建在壶口龙槽两岸的铁索桥具有重大战略价值。解放战争时期,阎锡山常利用此桥,运送人员物资与解放军对抗。

为切断两岸交通,阻击敌军袭击延安,二十三旅六十八团二连与工兵班和团部侦察排部分人员组成突击队,于1947年5月31日黄昏化装成伪保安队从乡宁城出发,抵近铁索桥侦察,收到团部迅速炸桥的命令后,突击队于6月2日按预先侦察好的路线迅速控制了桥东制高点,二班长李保正首先登上桥头,指挥全班占据有利地形,掩护工兵班实施爆破,工兵李自然排除桥头障碍快速向铁索根部安装炸药。

敌人拼命射击,李自然中弹负伤,班长任小娃立即冲上去,迅速将250千克炸药装完。这时,桥西敌军在火力掩护下,向桥东发起冲锋,企图夺回桥东阵地。爆破队边抗击敌人,边点燃了导火索,刹那间,冲在桥上的敌人连同铁索桥在剧烈的爆炸声中坠入黄河激流,成功地斩断了敌人进攻延安的通道。

第三节　两次攻城　吉县获解放

第一次解放吉县是1946年11月至12月间。太岳部队十、十一、十三、二十四旅号称十万大军从霍县过汾河经汾西、隰县、大宁，兵锋直指吉县。

当时十旅旅长是周希汉，十一旅旅长是李成芳，十三旅旅长是陈康。为便于工作，还配备了吉县的领导班子，确定冬青担任县委书记，张广钦任副书记，只金耀任县长，公安局局长是马如龙，县大队长由只金耀兼任，张广钦兼任政委。各区也配备了领导干部，贾文会任窑渠区长，曹振芳任中垛区委书记、黄德勋任区长，刘开明任曹井区长，柴启明任区干队长，冯国刚任文城区长。

当时的军事部署是二十四旅包围乡宁，增援攻打吉县的部队，其余部队攻打吉县。由于对敌情侦察了解不透，原以为驻守吉县县城的只是阎锡山地方军，两天三夜久攻不下，抓住几个俘虏一审，才得知守城的是胡宗南部队，敌人从地道秘密进入县城，且还在继续调兵增援吉县。

鉴于吉县县城一时难以攻克，同时又接到命令调部队转战蒲县参加井沟战役，遂留下十三旅的一个营在和尚岭打阻击，指定营教导员袁增禄联系吉县游击大队配合，坚决阻击由吉北上的敌军。一直到三天后，蒲县井沟战役取得歼敌一个整编旅的重大胜利，该营接到纵队命令才撤出战斗转移，随四纵队返回太岳根据地。

之后，晋绥任命陈外欧同志为十分区司令员，两个营来到吉县，廉怀德任政委。半个月后，接上级命令调陈外欧同志率两个营归队野战军，吉县的解放斗争就由吉县游击大队负责。只金耀同志带领县大队在吉县东北的五龙宫、曹井、桃园、窑渠一带活动；曹振芳在县南活动；廉怀德在临汾西山豹子岭、乡宁口子河和牛王庙、吉县安乐和武庄及蒲县一带活动。1947年10月王震部攻克河西的韩城、宜川等4县，东渡黄河休整，10月27日路过吉县赴河津时（二次）解放了吉县。

第四节　土地改革人民翻了身

土地改革分田地

新中国成立前，阎锡山盘踞吉县8年。为了稳固山西仅晋西南一隅未沦陷的残局，阎锡山在吉县成立10多种反动组织，并在吉县首先试点推行"兵农合一"统治，吉县受害特别深重。1947年10月27日吉县解放后，晋南盆地的临汾仍未解放，中共吉县县委在干部非常缺乏的情况下，一方面要支援全国解放战争，同时又要领导全县人民打击残存敌人的反攻倒算等破坏活动，巩固新生政权，面临的社会环境非常复杂，斗争形势异常严峻，工作任务也十分艰巨。为此，根据晋绥边区十地委（即新绛地委）的指示，于11月全面开展了清剿散匪、收缴敌伪物资工作，随后又开展了"三查"运动、反奸霸斗争。

1947年冬开始了土地改革运动，历经两年多时间，到新中国成立以后的1950年才基本结束，先后于1952年至1953年分两批全部发放了土地证和房窑证。

解放初期，吉县分为5个行政区，40个行政村，1300多个自然村，总人口39308人，总面积约1700余平方千米。当时，一区所辖地区即现在的吉昌镇和东城乡10个行政村；二区所辖地区即现在的车城乡，共7个行政村；三区所辖地区即现在的中垛、柏山寺两个乡共9个行政村；四区所辖地区即现在的屯里镇，共6个行政村；五区所辖地区即现在的文城乡、壶口镇部分村及1954年划归大宁县的太古乡，共8个行政村。

全县的土地改革运动，是先后分三期进行的。

第一期土地改革运动

从1947年12月开始到1948年4月，历时5个月。这期土地改革运动是和稍前开始的反奸霸斗争结合进行的。由于吉县刚刚解放，残存的反动势力妄图复辟，不时有造谣、暗杀和破坏活动，群众有怕变天的思想顾虑。为了巩固新生的革命政权，树立人民群众的革命必胜信心，首先在全县开展了打击反动封建势力的"反奸霸斗争"。在中共吉县县委的领导下，11月27日统一行动，各区先后扣捕了地主奸霸分子和顽伪骨干分子391人。在基本扫清封建残余势力的基础上，12月7日，县委召开全县干部会议，部署了全县的土地改革运动。

第二期土地改革

从1948年11月15日开始到1949年5月4日，历时5个多月。

这期土改工作，是在毛泽东主席《关于目前党的政策中的几个重要问题》的报告，任弼时关于《土地改革中的几个问题》讲话及《晋绥日报》关于纠正前段分配土地中出现的"左"倾偏向的社论等文件发表后进行的。启动之前，为了使工作队员深刻理解并正确执行党的土改政策，县委先用一个月的时间，组织工作队员集中学习讨论，针对文件精神回顾总结了第一期土改工作的经验教训。

县上下派的土改工作团共由114人组成，除有少数县、区干部外，大部分是从农村吸收来的贫雇农骨干分子，编队后分配在一、二、四区。一区土改工作队共48人，其中县区干部10人，由曾梁同志（又名路达）和公安局局长贾培荣同志负责；二区土改工作队25人，其中县、区干部7人，由县委书记只金耀同志和宣传部部长秦晏平同志负责；四区土改工作队39人，其中县、区干部7人，由县委组织部部长薛占才同志负责。二、四区先用两个月的时间，根据中共中央新的政策规定，对第一期土改工作进行了全面复查补课。

第三期土改

从1949年10月开始，到1950年4月结束。除有少数村未启动外，基本完成了三、五区的土改任务。

县上共组织了两个工作团,三区土改工作团由县委委员、县长李荣和县委宣传部部长秦晏平同志领导,共有队员72人;五区土改工作团由县委书记焦存刚、组织部部长曹振芳、县委委员李世让等同志领导,共有队员66人。

这期土改在继续贯彻第二期土改文件精神基础上,执行"中间不动两头平"的政策。由于工作团的同志加强学习党的土改政策,借鉴第一、二期土改工作的经验,采取了先发动群众组织农会,再划分阶级成分,然后向地主富农开展说理斗争,没收或征收土地、浮财,最后通过行政村的"人代会"进行分配,因而工作开展得既扎实又稳妥。

丰收农民赶毛驴驮运麦捆

总体说,这一期土改运动比较端正地执行了党的政策,运动发展始终是健康的。但由于对"左"的倾向肃清不彻底,仍有违背政策的个别现象发生。

全县经过土改,定为贫雇农成分的6266户,占总户数的62%;定为中农成分的2830户,占总户数的28%;定为富农成分的505户,占总户数的5%;定为地主成分的253户,占总户数的2.5%;定为其他成分的250户,占总户数的2.5%。

1950年以后，县委、县人民政府根据中央1950年6月发布的《土地改革法》以及各地土改运动经验，组织对土地改革运动再次复查。对误斗中农除在政治上改正其成分外，在经济上也给予一定的补偿；对抽动中农的土地适当调剂，尽量做到地归原主，对分出的羊只归还或补偿。到1951年，全县共改正误斗中农成分103户，并给因误斗而损失较大的25户中农补偿了小米28170斤。至此，吉县的土地改革运动基本结束。

第五节 调集干部 随军南下西进

辽沈、淮海、平津三大战役之后，解放战争已取得了决定性胜利。为了迎接全国解放胜利，西南、西北解放新区急需大批党政干部组建人民政权，领导人民群众恢复生产，建设新中国。为此，中共中央于1949年3月5日至15日，在河北省平山县西柏坡村召开了具有伟大历史意义的七届二中全会。毛泽东同志做报告，明确提出在全国胜利即将到来的新形势下，党的工作重心必须由乡村转移到城市。会议还就干部问题加以研究，指出当时准备随军南下的53000名干部，对于很快将要解放的广阔新区城乡来说是很不够的，要求全党干部加强学习，戒骄戒躁，继续保持艰苦奋斗等优良传统和作风。

在党的七届二中全会以后，根据中共晋南工委指示，吉县县委从全县干部队伍中先后抽调两批干部奔赴大西北和西南地区。这些派出干部都是在革命老区久经锻炼和考验的纪律作风好、政治素质高的县区领导骨干。1949年3月被调集的第一批干部有：中共吉县县委书记只金耀，县委组织部部长薛占才，公安局局长贾培荣，区长贾文会、曹茂才，一般干部史生燕（女）、江文弟等7人。他们随军经西安到甘肃，分配在定西地区工作。同年7月，被抽调的第二批干部有：县人民政府财粮科长高航，建设科长文自立，税务局长陈军，区委书记桑良、林朋及区长曹振华等6人。他们随军南下到四川，分配到了川北、川西和西康省工作。

这些干部调集后，都分别在晋绥十地委党校和中共晋绥分局党校七部进行了一至两个月的学习集训。学习内容以党的七届二中全会报告和决议为重点，还学习了城市工作、经济政策及土改政策、划分阶级成分等文件，干部政策水平都有了很大提高。到新区后，立足当地实际，认真贯彻党的各项政策，均出色地完成了土改、"镇反"、抗美援朝、"三反""五反"、互助合作、粮食统购统销等工作任务。后来都分别成长为省、地、县、区各级机关的领导骨干，在各条战线上做出了突出贡献。

两批干部南下后，地委又迅速组建起吉县新的领导班子，由焦存刚同志任县委书记，李荣同志任县长，曹振芳同志任组织部部长，秦宴平同志任宣传部部长，张剑英同志任公安局局长，吕世让同志任武装部部长。这时，全县党员已由解放初的22人发展到61人，并建立起5个区委和县直党支部，肩负起了党领导全县人民建设家园的历史重任。

第六节　担架队远征西北支前

1948年2月10日,根据上级安排部署,吉县组织了300人的担架队,西渡黄河到宜川县支援瓦子街战斗。1949年4月,奉西北局的指示,吉县组建了850多人的民工支前担架大队,跟随解放大军开赴西北战场支前。担架队由县政府秘书黄德勋(又名黄拴锁)任总支书记兼大队长,县武装部部长吕世让任担架队教导员。担架队下设5个中队,每个中队的中队长、指导员由各区抽调副区级干部担任,各中队下设5个班。为了便于对担架队的领导,部队又给每个中队配备了副连长、副指导员各1人。

1949年7月,担架队编配给解放军十九兵团六十三军一八七师参战,跟随部队转战甘肃、宁夏,参加了著名的兰州战役及宁夏和平解放,历时7个月,当年11月完成任务后胜利返回吉县。在这次担架队的支前工作中,共有60余名优秀分子被吸收为中国共产党党员,他们后来都成为吉县社会主义建设各方面的骨干分子。

在此期间,为了稳定支前民工情绪,激发他们奋勇支前的积极性,县政府安排各区村政府及民工家属给支前民工写慰问信,鼓舞民工满怀热情地投入支前战斗。

第二编　社会主义革命和建设时期

（1949年10月—1978年12月）

1949年中华人民共和国成立后，吉县老区人民紧跟中国共产党，走过了社会主义革命和建设的艰辛探索、不懈奋斗历程。特别是经过"文化大革命"的严峻考验、拨乱反正的历史转折，老区人民对中国共产党更加敬仰和忠诚，对社会主义信念更加坚定。历史证明，勤劳勇敢、质朴上进的吉县老区人民，将永远跟着中国共产党为建设社会主义现代化国家勇往直前。

第一章 健全党的组织 巩固人民政权

一、迅速健全党的组织

新中国成立初期,吉县民生凋敝,百废待兴,人民渴望休养生息。当时全县总人口39308人,总面积1700平方千米,有耕地341930亩;有中共党员428名,占全县总人口的1.1%。全县仍保持解放前的行政区划,县委下辖5个区委,到1950年秋后,撤销了二区区委(即曹井区委)。

1955年1月以前,因召开全县党的代表大会的条件还不具备,由党内选举县委及其领导人的条件尚未成熟,吉县县委的领导机构成员均由上级党组织任命。1955年1月开始,吉县县委领导机构成员改由党的代表大会选举产生,报上级党组织批准。在此期间,吉县县委分别于1955年1月、1957年8月、1965年11月召开了吉县党的第一次、第二次、第三次代表大会。在代表大会闭会期间,县委领导机构成员的调整和任免由上级党组织决定。

1956年3月,全县撤销区委,11月改设乡党总支或分党支部,县委下辖13个乡党支部、8个分党支部。1958年11月,吉县并入乡宁县,撤销乡的建制及相应乡党总支和分党支部,在原吉县境内成立了4个政社合一的人民公社,在这4个公社设立党的公社委员会。1961年恢复吉县建制,县委下辖9个人民公社党委和1个国营红旗林场直属党支部。到1965年年底，全县基层党组织为9个人民公社党委，124个党支部。

二、人民民主政权日益得到巩固

1947年10月吉县解放，县人民政府配备县长、秘书各1人，下设民政、财粮、建设、司法4科和公安局、邮政局、地方粮库、贸易公司；1948年设生产部；1949年增设供销合作社、文教科；1950年增设税务局、人民银行吉县支行，撤销贸易公司；1952年设监察委员会、爱国卫生运动委员会，改建设科为农林科；1953年增设卫生科、监察科、粮食局、工商科，改财粮科为财政局，撤销地方粮库。

1954年，县人民政府改称县人民委员会，设县长1人，副县长2人，秘书1人。下属办事机构有爱国卫生运动委员会、财政经济委员会、农业建设、民政、人事、财政、文教、卫生、公安、粮食、邮电等局和工商、监察各科以及人民检察院、人民法院、人民银行吉县支行等；1955年增设手工业、商业、劳动、交通、统计等科（局），撤销工商科、监察科；1956年设计划委员会、工业科、农牧科、林业科、水利水保科，撤销农业建设局；1958年设临时机构物价委员会。

1958年11月，乡宁、吉县合并为乡宁县，撤销吉县人民委员会及其所属机构；1961年6月30日两县分治，吉县人民委员会下设办公室、监察委员会、计划委员会、科技委员会及民政、劳动、人事、统计、文化、教育、卫生、财政、粮食、商业、农牧、林业水保、工业、手管、交通、邮电、公安等局，人民法院、人民检察院，人民银行吉县支行、县供销合作社；1963年增设生产领导组办公室、"四清"领导办公室等临时机构；1966年设农业发展规划办公室临时机构。

第二章　掀起抗美援朝运动

正当吉县人民以高昂的政治热情和奋进的姿态，为巩固新生的人民民主政权而斗争的时候，1950年6月25日，朝鲜半岛爆发了大规模战争。9月，以美国为首纠集的所谓联合国军在朝鲜仁川登陆。10月17日美军越过三八线，悍然扩大侵朝战争，不顾中国政府的一再警告，出动飞机轰炸中国东北边境的城市和乡村，将战火烧到家门口。"抗美援朝、保家卫国"成为全民的心声，中国人民志愿军入朝作战。吉县老区人民同全国人民一起，掀起了抗美援朝运动。

吉县的抗美援朝运动是从和平签名运动开始的。从1950年8月下旬起，针对美国重新武装日本，公然宣布派兵武装干涉朝鲜内政，并命令其海军第七舰队侵入中国台湾海峡，悍然阻挠中国人民解放军解放台湾的强盗行径，吉县人民开展了规模空前的反对侵略战争、保卫世界和平的签名运动。和平签名运动的开展，使广大人民群众认识到保家卫国人人有责，消除了对抗美援朝战争的疑虑和恐惧心理,激发出了强烈的爱国主义和维护世界和平的激情,增强了战胜侵略者的信心。这一运动,实际上是全县抗美援朝运动展开前的一次思想总动员,对之后全县抗美援朝运动的蓬勃开展起到了积极的促进作用。

抗美援朝运动的掀起,经历了一个不断加强宣传教育、不断深入的过程。从1950年10月下旬开始,吉县老区的干部群众、学校师生等纷纷自发地举行声讨集会、座谈会或在党报党刊上发表文章,愤怒声讨美帝国主义的侵略暴行。有的学校还组织了学生宣传队,奔赴农村开展宣传活动,许多热血青年决心志愿参军,赴朝参战。

在开展学习、宣传和教育过程中,中共吉县县委、县人民政府根据运动的发展情况,及时提出宣传重点和改进宣传方法的要求,各区、乡村、机关团体、学校、农村文艺宣传队都迅速行动起来,采用黑板报、广播筒、幻灯片、展览、座谈会、控诉会、对比会、文艺节目、群众游行等形式进行广泛宣传,全县城乡形成了浓烈的抗美援朝、保家卫国社会氛围。口号声、声讨声响彻城乡,标语、板报随处可见,充分表达了老区人民坚定支持抗美援朝的决心和抗击侵略者的斗争信心,也为全县各项工作的开展奠定了基础。

随着抗美援朝爱国主义教育运动的深入开展,全县各界劳动群众的爱国热情和生产积极性、劳动创造性空前高涨,广泛掀起了轰轰烈烈的爱国主义生产竞赛,把抗美援朝、保家卫国的政治热情转化为爱岗生产、支援前线的实际行动。全县各行各业、各系统动员起来,在人力、物力、财力等方面做出了自己应有的贡献。1951年4月,中国人民抗美援朝保卫世界和平委员会吉县分会成立。6月1日，中国人民抗美援朝总会发出了开展爱国主义公约运动、捐赠飞机大炮运动和做好优抚工作的三大号召，吉县老区人民结合吉县实际，迅速掀起了三个热潮。

一是踊跃参军参战热潮。广大爱国青年纷纷报名参加志愿军，出现了父母送儿子、妻子送丈夫、兄弟争相去参军和写血书申请参战的动人场景。

二是支援前线捐款捐物热潮。县委响应抗美援朝总会的三大号召，贯彻爱国主义生产运动，发动群众为抗美援朝捐款捐物，全县干部、工人、教师、学生和农村群众，在县、区各级领导的宣传发动和带领下，踊跃自报捐粮捐钱，支援购买飞机大炮，共捐献了慰问袋5000余件，人民币2.2亿元（折合现币2.2万元）。

三是开展订立爱国主义公约行动。爱国公约是把人们抗美援朝、保家卫国的爱国热情同实际行动结合起来，用公约的形式固定下来，使抗美援朝运动更加深入人心。主要内容包括开展生产竞赛、优待军烈属、反对美日单独媾和等。抗美援朝运动在吉县老区革命发展史上写下了光辉的一页。

第三章 组织起来 发展农业生产

第一节 掀起农业互助合作化热潮

土地改革后，虽然实现了"耕者有其田"，老区农民群众家家都有了属于自己的土地，但仍有少数农民由于劳力不足或生产资料短缺，难以抵御天灾人祸，出现新的土地租典和买卖现象。为防止新的两极分化，在新中国成立前夕，党的七届二中全会决议和《共同纲领》明确规定，在一切彻底实现土地改革的地区，必须谨慎地、逐步而又积极地引导个体农业向着社会化、集体化方向发展，引导农民按照自愿互利的原则，组织各种形式的劳动互助和生产合作。据此，刚执政的吉县县委、县人民政府积极提倡和鼓励发展劳动互助组织，在1948年动员农民组织起来开展互助劳动，各种形式的互助合作组织在吉县应运而生。

这年冬，五龙宫村张东山等7户，组织起全县第一个互助合作生产小组（简称互助组），互助组在粮食生产和其他收入方面均高于当地同等条件单干农户。推广典型经验，1952年全县互助组发展到946个，参加互助合作农民4840户，占全县总户数的45.81%。但这种互助生产方式还不能合理使用耕地，同样阻碍农业生产的发展。1953年1月，在县委、县政府指导下，试办了张东山、杜三才、冯栓栓3个以土地入股，统一经营，牲畜付酬，劳力、土地按比例分红的农业合作社。当年的粮食总产，比互助组时期分别增加21.1%、9.6%和9.3%。

1954年中央颁布《关于发展农业生产合作社的决议》后，全县迅速掀起了合作化高潮，1955年末全县共成立初级农业合作社93个，入社农民2227户，8743人，分别占总户数和总人口数的21.42%和20.28%。1955年1月，县委试办了五龙宫张东山、姚家畔杜三才、大庄郑三生和坡夫冯栓栓4个以土地无偿入社，由集体统筹规划生产，牲畜、羊群、农具作价入社，作为社员入社股份基金，实行生产

农忙中的互助组

资料集体所有制，按劳分配，多劳多得的高级农业生产合作社（简称高级社）。

1955年10月，中共七届六中全会（扩大）通过了关于农业合作化问题的决议。对此，吉县县委、县政府迅速贯彻落实，到1957年末，全县成立高级社92个，入社社员10529户，43083人，分别占总户数和总人口数的96.09%和96.9%。到1958年10月1日，全县高级社合并为4个政社合一的人民公社，下设66个生产管理区325个生产队。经过1960年和1970年两次调整，增至11个人民公社，96个生产大队，604个生产队。

第二节 大办粮食抓生产

吉县是个传统农业县。农业、农村、农民问题，是关乎全县经济发展的主要问题。1947年吉县解放后，中共吉县县委、吉县人民政府顺应人民群众对幸福生活的热切期盼，组织全县农民群众大力发展粮食生产，解决群众温饱，尽快医治战争创伤。新中国成立后，县委县政府认真贯彻落实中央人民政府颁布的"垦种荒地、淤滩漫地3年和垦种熟荒地2年免征农业税"惠民政策，宣传发动广大农民群众开垦荒地，扩大耕种面积，把粮食生产作为全县农业农村工作的总抓手。到

坡地小麦喜获丰收

1956年末，全县耕地面积达39.03万亩，比1949年增加14.46%，农民人均达8.75亩；1958年公社化初期，由于农村劳力外出去"大炼钢铁"，一些村集体开始弃耕边远坡地，到1960年耕地面积减少到27.6万亩，农民人均5.98亩；后经过三年困难时期，全县上下大办粮食，耕地又开始增多，到1964年又达到32.05万亩，比1960年增加16.12%，农民人均耕地6.06亩。

新中国成立后，在经过土地改革，理顺了生产关系、解放了生产力基础上，县委、县政府领导全县人民认真贯彻"农业八字宪法"，农林牧齐头并进，围绕改善农业生产条件，提高粮食产量，组织全县上下大搞农田基本建设、兴修水利，引进农业机械，推广应用优良品种和新科技，掀起了以兴修水利、养猪积肥和改良土壤为中心的农业生产高潮。从1953年起，引进深耕农业双轮双铧犁；1958年购进第一台45马力拖拉机，年机耕农田0.29万亩；1959年后，组织农民结合秋耕、春耕大力推广深耕深翻技术，向深耕深翻挖潜力、要高产。

屯里川的谷子连年丰收

为了缓解干旱，全县在屯里川、清水河流域修整水浇田，到1952年末，全县新开小型水渠306条，打水井81眼。到1965年，全县水浇地面积扩大到5627亩。同时，鼓励农村群众养羊、养牛，农户散养猪鸡等，为粮食增产提供有机肥源。1949年全县粮食播种面积32.71万亩，总产1170吨，平均亩产35.98千克，农民人均产粮310.5千克。1950—1952年，年均播种面积35.39万亩，总产15143吨，平均亩产42.79千克；农民人均379.87千克。1953—1957年，全县顺利实施了第一个五年计划，年均播种面积37.71万亩，总产17742吨，平均亩产47.05

千克,农民人均339.74千克。1963—1965年,年均播种面积32.83万亩,年均总产18347吨,比1958—1962年平均增长14.99%,平均亩产55.89千克,农民人均346.33千克。

第三节　兴修水利　拉开"大跃进"序幕

1949年,全县80%的农田跑水、跑土、跑肥,土壤有机质含量平均不足0.5%;川地、沟坝地粮食平均亩产约70千克,塬地亩产40多千克,坡地亩产不足25千克。从1953年农业合作化时起,开始组织群众利用冬季和夏秋土地休闲期突击整修农田。

为了尽快改变我国"一穷二白"的落后面貌,党中央在1958年正式制定了社会主义总路线,并发动了"大跃进"和人民公社化运动。总路线、"大跃进"和人民公社化,当时被称为"三面红旗"。"大跃进"运动,是在批评

农闲平田整地

"反冒进"和酝酿制定社会主义建设总路线的过程中发动起来的。1958年，毛泽东主席在全国各地做了大量调查研究后，提出了农作物种植增加产量的土、肥、水、种、密、保、管、工的"农业八字宪法"。根据吉县地处山区的实际，吉县以兴修水利为中心的农田基本建设拉开了"大跃进"的序幕。全县上下层层召开动员大会，进行宣传发动，吹响了吉县"大跃进"号角。县、乡确定重点工程，组织男女劳力齐上阵，大搞农田水利建设。一时间，各乡镇都展开了农田水利建设的大会战。到1958年末，新修梯田1155亩，整修农田5.33万亩；1959年冬至1960年春，在县委、县政府统一组织领导下，抽调劳力2.63万人，投工200万个，分别在中垛垣、勒马垣、文城垣、屯里川，修成里低外高丰产田0.8万亩；1963—1965年，本着"以改土治水为中心的山、水、田、林、路综合治理"方针，三年平整农田4.3万亩。

"大跃进"期间，采取民办公助的方式建成的中垛垣自流引水渠，是全县的一大亮点工程。工程1958年4月启动，争取国家投资27万元，社队集资5万元，组织青壮年劳力轮番上阵，历经6年多时间的艰苦奋战，到1964年10月终于挖通3千米人工暗洞，修通了盘绕沟渠间的5.75千米明渠，铺设干、支渠管道22.5千米，一举解决了长期困扰中垛垣上南坪、中垛、安平、南光等10个自然村的生产生活难题。同时，全县采取民办公助办法，组织缺水农民打旱井、挖泊池蓄水，来解决人、畜吃水困难。

第四节 "大炼钢铁"和人民公社化运动

1958年5月,中央八届二次会议提出建设社会主义总路线。8月,中央政治局北戴河会议后,为了赶超英美,全国形成了全民"大炼钢铁"和人民公社化高潮。吉县没有铁矿和煤矿,在晋南地委指导下,由县长张向良任总指挥,组织5000多名民工到乡宁县台头、沙坪、官家河建起小土炉炼铁。由于"大炼钢铁"是盲目上马,炼出的生铁只是和矿渣混合的"结铁",同时还破坏了生态,污染了环境,浪费了资源。由于决策上的脱离实际,实践上的急于求成,违背了经济建设规律,给全党上了一堂深刻的历史教育课。

全县在开展"大跃进"的同时,农村掀起了人民公社化运动的高潮。人民公社化运动最初是由高级农业生产合作社的小社合并大社引起的。在1957年冬至1958年春的兴修水利运动中,为了加强集体协作的力量,许多地方开始突破原有农业合作社的规模调动劳力。党中央认为这是农业生产"大跃进"的有效组织形式。于是,毛主席号召把工、农、商、学、兵组成为一个大公社。从此,全国各地开始建立"人民公社"。人民公社的特点是"一大二公",大力推行"组织军事化、行动战斗化、生活集体化",同"大跃进"一样,脱离了中国社会主义生产力发展水平,违背了经济和社会发展的客观规律。1961年3月,党中央讨论和制定了《农村人民公社工作条例(草案)》,简称

"农业六十条"，重点纠正生产队规模偏大、公社对下级管得过多过死、民主制度和经营管理制度不健全等问题。

1961年6月，党中央颁布了第二个"六十条"，取消了农民普遍反对的农村公共食堂。

1962年9月，党中央颁布了第三个"六十条"，规定农村人民公社以生产队为基础的三级集体所有制至少是30年内实行的根本制度。

三个"六十条"在保持人民公社总体框架的前提下，纠正了公社化以来一直突出存在的若干错误，调动了广大农民的积极性，使吉县老区的农村经济逐渐恢复了元气。1961年7月，将吉镇人民公社分为城关、曹井、东城3个公社，将东石泉人民公社分为柏山寺、中垛2个公社和国营红旗林场；将文城人民公社分为文城、王家垣2个公社；将桑峨人民公社分为窑渠、屯里2个公社。之后，又于1971年将屯里人民公社分为屯里、明珠人民公社，将曹井人民公社分为曹井、兰家河人民公社。全县共设11个公社和1个地方国营红旗林场。

至此，人民公社体制趋于完善，全县的农村经济开始复苏。以最偏远的王家垣公社为例，1961年7月单列后，全公社实行了生产队核算，恢复了社员的"自留地"，同时允许社员搞家庭副业，到1962年就出现了麦棉丰产、六畜兴旺的新景象，在经历三年困难时期后连年大丰收。

"大跃进"和人民公社化运动的急躁冒进，虽然一度给吉县老区带来了困难局面，但县委、县政府认真贯彻落实中央正确决策，及时调整工作导向，使老区人民看到各级党组织知错即改的自我革命精神,更加坚定了跟党走的信念。

第五节　大搞植树造林绿化荒山

吉县地处黄土高原,境内梁峁交错,山坡宜林,全县宜林面积133.09万亩,占总面积的49.92%。新中国成立后,全县经过国家对农业的社会主义改造,实现了土地公有制以后,为林业发展创造了有利条件。

1949年起,县委、县政府面对多年战乱遗留下的荒山荒坡,决定将植树造林、绿化荒山作为百年大计,坚持在全县适时组织群众开展植树造林活动,出台了"谁种归谁"的鼓励政策,并提倡自愿合伙造林。从1953年到1958年,全县共造林39259亩,其中国营造林2140亩,集体造林37119亩。1959年全国绿化先进县的夏县县长刘清泉调任乡宁县委书记(当时乡吉合县)后,从外地引进优种刺槐树苗10万株,组织乡吉两地干部职工和民工大兵团作战,10月20日在马连滩创建了地方国营红旗林场,并建起了全县第一个百亩苹果园。依托该林场建成全县造林示范培训基地,全县掀起植树造林热潮。当年,全县造林1.36万亩,成活达率70%,为新中国成立后历年之最。

为提高造林成活率,全县大力推广造林前整地新技术,50年代推广"鱼鳞坑",20世纪60年代推广"水平沟",大面积拦蓄地表径流,通过蓄水保土和改变土壤理化状况,大幅提高了苗木成活率和生长量。1960年至1962年,西关大队组织林业生产专业队,用3年时间采取林、粮、菜兼作模式，在结子沟栽植刺槐林1780亩，既为全村社员提供了蔬菜，又绿化了3公里长的沟坡。三堠大队先后退耕还林3000亩，不仅解决了群众饲料、燃料、肥料短缺的困难，而且调节了小气候，使粮食增产30%。屯里大队在北山采取一次造林分片管理的办法，栽植核桃树940亩1.7万株。1965年起，县红旗林场开辟山头庙和西咀作业点，组织专业队人工造林。同时，广大群众响应国家自栽自有政策，在村边、路边、沟边、河边地零星植树，绿化了环境。1952年，崔全春在全省丰产劳模代表会上，被授予"林业模范"称号；1954—1959年，柳沟农业生产合作社，以植树造林2963亩的成绩，三次被表彰为"全省林业先进单位"。

"鱼鳞坑"造林工程

第四章 改造发展工商业

第一节 顺利完成工商业社会主义改造

新中国成立初期，吉县的工商业基础十分薄弱，全县手工业不足20家，基本上都是家户经办的零星小作坊、小商铺，而且由于原料资金不足，多数处于停产状态。为了恢复生产，支援前线，县政府下放贷款1000元（折合小米7万余斤），帮助恢复生产经营。1953年，我国开始实施以实现社会主义工业化为中心的国民经济发展第一个五年计划，到12月份年产绳索、锄、镰、锨、斧、锅、笼1万多件，产油、酒、醋、粉2万多斤。县政府先后再投放贷款2.5万元，扶持手工业增至72家，从业人数增至96人。根据中央关于社会主义过渡时期的总路线和总任务，县委于12月份决定组建手工业管理局，县委副书记张向良挂帅，吸收工商科、供销社、工商联负责同志参加，成立了对私改造办公室，采取扶持加工、订货等形式，并对手工业贷款3.2万元，帮助扩大生产，有效地服务全县农业互助合作化运动。1956年，根据第五次全国手工业合作会议精神，在说服、示范、自愿的基础上，对现有的72家私营工商业，采取收购、公私合营等方式完成了社会主义改造；同时，根据国民经济发展计划，筹资新组建了铁木业合作社、建筑合作社、砖瓦合作社、五金生产合作社、粉豆生产合作社、皮麻生产合作社、铸造合作社和缝纫合作社，为全县工商业发展奠定了基础。晋南专署下拨1万元，支持吉县成立通用机械厂，抽调了6名工人赴临汾相关企业学习技术。1957年从各手工业合作社和其他行业抽调了50名工人，正式成立了吉县机械厂，主要生产小型农具，修配小型机械，并为城镇居民加工面粉。

第二节 "大跃进"加快工业建设

吉县的现代工业建设，是1958年"大跃进"时期起步的。

煤电开发取得新进展。1958年乡宁与吉县合并后，吉镇机械厂于同年开始发电，供县城生产和照明。屯里公社在五龙宫和桑峨办起了2座淀粉厂，文城公社办起了铁木业生产小组。县上将乡宁县沙坪煤窑划归屯里公社经营，由于采用人力挖煤，矿井无设计，挖掘无定向，作业无规程，原煤产量较低，生产安全事故频发，在1961年乡、吉分县时划归吉县。1971年1月收归县营，通过挖潜、革新、改造，将原提升斜井改为回升井，新建构成中央并列通风系统，加强生产安全监管，大幅改善了生产条件，年均产煤5.3万吨，较前提高了10倍。

1958年，随着工农业生产发展和县城居民生活需要，县政府投资20万元，在城关公社联合加工厂内（雷神沟口）设发电车间，安装了10千瓦机组供扶风桥以东500米街道和机关照明；1959年更换为25千瓦机组，供电线路向西关延伸500米至县中学处。1961年，随着工厂企业的不断增加，为了解决电力供需矛盾，厂址迁到了西关，新安装60千瓦发电机组，改用100马力蒸汽机带动，发电量基本上解决了当时县城内企业生产需要。同期，屯里、窑渠两公社投资40万元，各安装了20千瓦发电机组一套，拦蓄昕水河水建成小型水力发电站，年发电1.5万度，供乡镇照明和农田灌溉用电。

机械修造和造纸印刷企业应时创建。 为了顺应农业生产和群众生活需求，1956年县政府投资新建通用机械厂（后改称农具修造厂），开始生产小农具、炊具，铸造民用锅笼、犁铧等产品。1958年并入乡宁机械厂后，吉镇公社利用该厂旧址建起社办机械厂。1961年乡、吉分县，恢复原吉县机械厂，设翻砂、发电、金工、锻工、车辆修配5个车间。1966年开始生产定型产品，年产弹花机80台、山地犁800部、大小锅笼200件、小农具300件，销至河南焦作、陕西宜川和临汾周边，年产值7.3万元。

1948年，在吉县解放一周年之际，县政府决定由县贸易公司接收东关纸厂，开始使用双碾石碾1台、漂池3个，日产尺八麻纸10余刀；到1949年又增设碾碾1台，漂池3个，日产量增加到40余刀。1956年纸厂和皮麻、毛毡等行业组成皮麻业合作社，以生产卫生纸为主，年产6000余刀，于1960年停产。

1953年3月，吉县小报社附设印刷厂，到1956年投资新购安装4开铅印机1台，年用纸200令，产值万余元。1958年乡、吉合县，并入乡宁小报社印刷厂，1961年乡、吉分县后恢复，1956年改称县印刷厂，年完成印件500令，产值3万元。

食品加工和酿造企业滚动发展。 1956年经过对私营工商业的社会主义改造，4户私营油坊并入了粮食加工部门经营。1958 年，国家投资在锦屏山北麓建起粮油加工厂，用 65 马力煤气机作动力，带动圆箩钢磨 5 盘，并安装了 68 型榨油机 2 台，日产面粉 1.43 吨，年产食用油 1.61 万吨。1965 年改用 100 马力锅驼机传动，配套安装了辊子磨 2 台、钢磨 5 盘、碾米机 1 台，日加工面粉 3.5 吨、小米 675 吨；1970 年建成面粉加工车间楼，用电力传动辊磨 5 盘、碾米机 2 台，日加工面粉 6.25 吨、小米 1 吨。

1958 年 5 月，县糖厂成立后以制糖副料酿酒，日产 25 千克；1960 年增置蒸馏器设备改用粮食酿酒，年产白酒 20 吨；1968 年县食品公司为了改变原粮喂猪，设酿酒车间，先酿酒再用酒糟喂猪进行综合利用，日产酒 100 千克；后改进生产工艺，提高了生产效率。

1948 年 4 月，县生产部接收桥南郭维礼等几家糖坊，生产经营制糖晒醋，年产醋 24 吨；1954 年秋，建立副食品加工厂，年产醋 15 吨、酱油 5 吨、酱 5 吨。

小五金和木器加工作坊整合扩张。建国初期，全县有铁匠铺 13 家，从业者 37 人，年打制锄、镰、锨、斧等 3700 多件，产值 1.98 万元；1957 年整合组成农具修造厂，年产小农具 5000 多件；全县年均生产小五金、农具 1.56 万件；1966 年农具修造厂增置空气锤、车床等机械设备，年产小五金、农具增至 1.96 万件。

1954 年企业登记时，县城有各类木器店（铺）12 家，从业者 30 余人，年产木器家具 1600 多件，产值 1.55 万元。1956 年组成铁木业社，木工车间有工人 50 多名，年产器具 4500 多件，产值 3.87 万元。1962 年并入建筑公司后，年产值保持在 4 万元左右。1961 年乡、吉分县后，吉县县委根据党的八届九中全会所制定的"调整、巩固、充实、提高"方针和《关于城乡手工行业若干规定》精神，对"一平二调"错误做法进行了纠正，原手工业性质的机械厂、皮麻厂、五金社、砖瓦社、建筑社等退出国营，恢复集体所有制性质。

这一时期，全县在企业经营管理上推行了四种管理形式：一是在手工业合作化初期，对小型合作企业实行除本分红，即从总收入中扣除原材料、辅助材料折价和工具、固定财产折旧、企业管理费、税金等，剩余部分按成分红，分红比例一般是个人、企业三七开或四六开，也有二八分成的；二是计件工资制，有两种形式：一种是按件记工，即以每个工时应生产的品种、数量、质量为依据，按件记工；另一种是以件计金额，即分别以产品质量按件定金额，以金额定工时参加分配；三是计时定额超产奖励，即以每个工时（8小时）应完成产品数量、质量为依据，超产者奖日工资的1~3成，完不成者罚日工资的1~2成；四是对不便统一管理的作业组或工种实行小包干：一种是金额包干即交款记工，按定额交款多寡参加分配，一种是利润包干即交足规定利润，下余归己。

在第一个五年计划和第二个五年计划阶段，全县工业生产形势较好，尤其是"二五"时段，在大办工业的"大跃进"时代背景下，工业生产总体发展较快。之后，随着三年困难时期过后的经济调整，"三五"期间的工业生产有所回落。具体情况为：1952年全民所有制工业产值4000元，全员劳动生产率900元；集体所有制产值7000元，全员劳动生产率1166元；1953—1957年，经大办工业和对私营手工业的社会主义改造,全民所有制工业年均产值1.74万元,全员劳动生产率1303元;集体所有制工业年均产值11.68万元,全员劳动生产率1269元。1958—1962年,全民所有制工业年均产值48.7万元,全员劳动生产率2675元;集体所有制工业年均产值33.03万元,全员劳动生产率2403元;1963—1965年,全民所有制工业年均产值33.72万元,较"二五"时期下降30.76%,全员劳动生产率9103元,较"二五"时期增长2.4倍,集体所有制工业年均产值26.67万元,较"二五"时期下降19.26%,全员劳动生产率1548元,较"二五"时期下降35.58%。

第三节　商业供销系统覆盖城乡

解放初期,百业待兴,全县的商业供销体系是在国家大力支持下建立起来的。1949年末,全县私营商业和个体商业由1947年解放初的70多户,发展到了207户,从业人数365人。同年,县政府根据中央政务院的决定成立县供销合作社联合社,下设生产资料、日用消费品两个管理部及文城、屯里、西掌、西关4个由国家投资和农民集股的供销合作社。1953年,组建由临汾地区二级批发站经营的国营烟酒专卖、百货批发、食品购销、药材收购站(组)和花纱布、油脂专卖等公司。至此,全县有国营商业机构6个、职工27名;供销合作门市部41个、职工130名;私营和个体商业228户,从业者370人。1954年,组建川庄、明珠、东城3个基层供销合作社,同年9月15日,全县实行棉布统一收购和销售政策。1956年,对原国营公司站组，分别对应改设为百货公司、食品公司、糖业烟酒公司、药材公司，撤销油脂专卖公司，其业务划归粮食部门。1957年，通过对私营商业社会主义改造，将141户私营和个体商业，分别组成棉布、百货、杂货、文具、烟酒、国药、理发、照相、熟食、旅店等10个公私合营商店，87户摊贩中73户转为农户，其余14户组成了熟食、蔬菜、干鲜果3个合作小组。1958年，城关、屯里、文城、三堠4个基层供销社改称供销合作总店。同年，10个公私合营商店分别过渡为国营和供销合作商业，全县有7个公司、4个供销总店和9个分销店。1961年改东城、柏山寺、曹井、窑渠、王家垣5个分销店为公社供销总店，设立县农机公司；1962年成立了果品公司。至1963年，恢复生产资料、土产购销公司，建立国营五金交电化工公司。至此，全县商业系统有：百货、交电、食品、糖业烟酒、药材、饮食服务、农机7个国营公司，下设1个副食加工厂和15个零售门市部；供销系统有生产资料、土产、果品3个公司和城关、东城、中垛、柏山寺、曹井、屯里、窑渠、文城、王家垣9个基层供销合作社及下设的分销店、门市部33个。1965年，设物资站，后改为物资公司。

第五章　公益事业蓬勃发展

第一节　文化广播事业逐渐繁荣

新中国成立后，吉县老区人民扬眉吐气当家做了主人，精神面貌为之焕然一新，人民群众对精神文化的需求日益迫切。在文化建设方面，1950年1月县上成立文化馆，群众文艺创作的热情也随之高涨，比较成功的有西关俱乐部编写的小戏《翻身不忘本》《皆大欢喜》，商间编写的快板《买卖婚姻害人不利己》，桑峨俱乐部编写的小戏《增产不忘节约》等。1956年3月，成立吉县蒲剧团。1959年，高铭山编写的小戏《送粪忙》，获晋南地区职工文艺调演创作一等奖；县文化馆编写的《打树籽》，省电台予以播放并获创作奖。1964年，霍盈州编写的《关里道腔·营业员》，被评为晋南商业职工调演优秀节目。城乡文艺表演大都是借用古庙或露天演出，条件差但群众往往是一连几天赶着场子观看。

广电事业是新中国成立后才快速发展的新生事物。1949年10月，经省广播电台培训，给吉县分配了一名负责收音的工作人员，携带回一部8灯直流收音机，每天按时接收中央、省广播电台的新闻节目，边收听边记录，经记录稿刻印分发给机关、农村，并利用晚间到县城组织群众收听广播，工作繁重辛苦但宣传面仅局限于县城。1951年晋南行署给县政府和文化馆各配直流收音机1部，全县可组织收听广播的收音机增加到了3部；1953年，县直机关和各区政府，购置10瓦直流收播机10套，定时向群众播送时事新闻和自办节目；1958年，省统一配备技术员、播音员4名，输出功率1千瓦，站址迁至乡宁县。1961年乡、吉分治，广播站迁回吉县恢复了原建制，利用县、乡电话线路传递信号，安装0.5瓦舌簧喇叭500只，每日早、午、晚3次广播中央、省广播电台新闻联播和县办节目。由于全县的广播和电话所用的是同一条电线，在广播时段就不能打电话了。

这一时期，虽然广播事业的基础条件十分简陋，但对吉县老区人民来说，已是改天换地后的崭新巨变，人民群众打心底充满了喜悦和感激。

第二节　教育卫生事业快速发展

新中国成立后，吉县县委、县政府坚持把兴学育人、兴医救人放在重要位置，在大办"民校"识字班，开展农村"扫盲"基础上，大力发展教育卫生事业。

一、建校兴教力度空前

1948年吉县解放初期，县人民政府面向社会招收教师83名，成立、恢复吉县第一完全小学和农村小学50所，招收学生1400名。1949年，在南村坡设立第二完全小学，1952年8月在桑峨村设立第三完全小学，全县共设立小学113所，有教职工139名、学生4330名。1955年，又在人口分散的偏僻村庄设民办小学20余所，在校学生达5571名，占学龄儿童总数的51%。1959年，在柏山寺、三堠、文城设立完全小学，撤销南村坡完小，全县小学增至 158 所，教职工 222 名，在校学生达 7113 名。到 1965 年，全县小学 196 所，在校学生 9893 名，入学率达 80%左右。

1954 年，晋南专署教育局拨款 3 万元，在县城苍圪塔开始新建吉县初级中学；1956 年暑期开始招生，共招录学生 165 名，分 3 个班；1958 年，在桑峨设立初级中学，在城关柏山寺、文城完小附设初中班；到 1960 年，全县有中学 2 所，附设初中班 3 个，共 17 个初中班，在校学生 827 名；1961 年，撤东关、柏山寺、文城附设初中班，1965 年吉县中学开设高中班，当年招生 1 个班。至此，全县小学、初中、高中三级学校教育体系基本健全。

二、医疗保健网络快速建立

为了满足吉县人民看病就医的需要，1950 年建成县诊疗所，连同农村个体医生共有医务人员 103 人，其中中医 97 人，西医 6 人。1953 年县诊疗所扩建为县医院，并新建起农村联合诊所 5 个。

1954 年，经考试全县保留专职医生 83 名，其中西医 21 名，中医 62 名。1956 年有 29 个农业合作社办起保健站，1958 年 4 个人民公社办起卫生院。到 1961 年，全县共有县医院 1 座，中心卫生院 3 座，社办医院 5 座，大队保健站 34 所，基本建成了县、公社、大队三级医疗网络。

第三节　交通邮电事业接连上台阶

一、打通县乡主干路

1953—1957年，对原有的县城至文城、至屯里、至乡宁3条简易公路进行了塌损整修，可通行畜力大车。1958年9月，组织300

乡吉公路

多名民工，对吉县至乡宁的公路进行了整修，截弯拓宽后可通汽车。1959年冬至1960年春（乡、吉合县期间），乡宁县人民委员会抽调吉镇、城关、中垛等公社万余民工，除对吉乡公路进行降坡、整修外，还新修吉镇至东城、三堠至南掌两条县乡公路；1963年10月，抽调曹井、川庄、屯里等公社民工3000名，沿清水河与昕水河谷整修了县城至五龙宫、车城口至曹井两条简易公路。这些道路的开通便利了县内县外的往来贸易，提高了办事效率，有效地解决了群众生产生活的出行困难。1954年前，城乡物资运输以畜驮为主，辅之以人背肩挑，后随着道路扩建购置回胶轮大车；1955年设吉县汽车站，到1965年全县已有汽车4辆，运输能力13吨，有胶轮大马车51辆，运输能力100吨，畜力平车1268辆，运输能力634吨。

二、邮政电信业快速发展

从1947年县城解放至1952年，先后开辟柏山寺、曹井、屯里、窑渠、回宫、文城、王家垣等步班乡邮线路，每次投递往返需一周左右。1953年，省邮政局下拨自行车1辆，开辟了城关至窑渠投递线路，36千米。1958年后，经过小村并大村，全县投递线路减至467千米，自行车投递线路增至14千米，占总投递里程的31.05%。电信方面，1949年县政府设电话站，改架经乡宁至临汾晋南专署驻地的电话线路，1953年政府电话站交由邮电局接管并开始对外营业。1953年电话业务对外营业，1954年启动电报业务，5个区的区政府安装了摇把式电话机5部。到1954年设屯里邮电支局，窑渠、文城、三堠3个邮电所及柏山寺、王家垣、车城、曹井、中垛、城关6个社办邮电所，共安装电话交换总机10部、340门，用户103户，全年通话达49323次。1963年市内电话线路改为电缆，到1965年用户增至780户，线路长8.267千米。

邮政电信事业的发展，为老区人民安上了"顺风耳"，彻底改变了吉县信息闭塞的困境。

第六章 "文化大革命"期间的曲折历程

1966年5月，中央发出《五一六通知》后，吉县在长达十年的时间里，经历了三个阶段的曲折历程。

第一阶段：1966年5月至1967年3月。"文化大革命"开始后，随着时间的推移，县委对各项工作的领导逐步陷入被动。

第二阶段：1967年4月至1971年4月。1967年4月，吉县成立了中国共产党吉县核心小组，各公社也先后建立了党的核心小组。随后，县上产生了"三结合"的吉县革命委员会，将原县委和人委的领导机构统一为"一元化"领导机构，党、政、财、文"一把抓"。到1969年10月，正式成立了"四大组"为核心小组和县革委的工作机构，统管全县党、政各工作机构的事务。1970年4月，中共吉县核心小组改称为中共吉县革委会核心小组。各级党组织的党员被迫停止了组织生活。1970年3月以后，按照上级统一部署，全县开展了"一打三反"（即打击反革命破坏活动和反对贪污盗窃、投机倒把、铺张浪费）和整党建党运动，基层党组织与党员生活逐步恢复。

1970年8月，吉县革命委员会召开第六次全委（扩大）会议，强调"一打三反、整党建党、农业学大寨"三项工作，并以昔阳县为"镜子"，对照吉县找差距，挖根源。全县开展"深挖阶级敌人"等阶级斗争和大批判活动，工农业生产及机关、学校的正常秩序受到干扰。

1971年2月，吉县革命委员会又在全县开展了第二批"一打三反""整党建党""农业学大赛"群众运动，吉县成立了农业学大寨办公室，并组织了39个毛泽东思想宣传队，深入各乡村大造声势，"抓现实的阶级斗争和揭领导班子的阶级斗争盖子"，全县农业生产随之连年下降。

第三阶段：1971年4月至1976年10月，随着整党建党运动的逐步开展，全县各基层党组织普遍恢复，党员恢复了组织生活。1971年4月，召开了中国共产党吉县第四次代表大会，选举出了县委第四届委员会。1971年12月之后，全县分批次逐级传达了林彪、陈伯达反党集团的罪行，到1974年的下半年，大批判运动逐渐减弱，"支左"部队陆续撤出党政机构。1973年至1975年9月，先后撤销"四大组"，恢复了原政府机构。此时，"文化大革命"运动处于后期，大批判、大字报、大辩论等基本停息。1976年10月，党中央一举粉碎了"四人帮"反党集团，结束了长达十年的"文化大革命"，中国从此进入了社会主义现代化建设的新时期。

第一节　农牧生产在"动乱"中徘徊

在长达十年的"文化大革命"时期，全县正常的工作和生产秩序遭到破坏，农业生产受"队为基础，统一核算"的体制约束，以粮为纲，产业单一，粮食产量低位徘徊，群众生活水平普遍不高。全县粮食总产与1965年比，1966年下降9.53%，1967年下降1.38%，1968年下降20.93%。

10年间，有6年农民平均口粮150千克，4年则在140千克以下，农民人均收入在40~50元之间。

这期间，随着农田基本建设的开展，全县几大塬面的耕地大部分进行了大平大整，为引进农用机械耕种奠定了基础。1967年最先引进了国产30马力拖拉机，到1970年全县有大中型拖拉机28台700马力，小型及手扶拖拉机9台90马力，牵引农具47台（件）。到1976年"文革"结束后，全县大中型拖拉机增至124台5150马力，农用小型手扶拖拉机72台820马力，机引农具202台（件），其中有小型机引农具57台（件），农用动力机械576台6837马力，农用和加工机械915台（件），农用载重汽车5辆，拖挂车120辆。

这些农业机械的购进和使用，使大牲畜的饲养量比1957年前有所下降，总数一直保持在1.3万~1.5万头之间。由于"文化大革命"前期取消了农户的猪饲料地，导致养猪业停滞不前。20世纪70年代恢复猪饲料地后，肉猪收购实行奖励饲料的鼓励政策，大大调动了群众的养猪积极性。全县统一以60千克为标准起点，凡出售一头除奖售30千克饲料粮外，每超1千克增奖饲料1千克。到1976年末存栏生猪3.2953万头，户均饲养2头，后因收购价格不稳，出现了卖猪难的现象，使生猪饲养量下降。1966年全县大小队集体养羊10.1753万只，1973年增加到12.8964万只，后随着造林面积逐年扩大，在产业结构调整中忽视了养羊业，到1978年实行联产承包责任制时，降到了9.8094万只。"文化大革命"期间，为鼓励社员饲养鸡、鸭、鹅，吉县执行国家鼓励政策，凡出售给国家鲜蛋1千克，奖售食糖0.2千克、布票20厘米，主要以家户分散饲养为主，鸡蛋卖下的钱主要用于购买食盐、煤油和肥皂等生活日用品。

第二节 "学大寨"大办林业搞水保

干旱缺水和水土流失，是制约吉县农业生产的主要症结。1966年全县开展"农业学大寨"运动，将兴修水利纳入农田基本建设之中，先后在东城、祖师庙、兰古庄、窑渠、回宫等地建起机灌站47处，装机48台、817马力；设流动机灌站71处；在上阳庄、川庄、城底打深井3眼。从1970年开始，采取截弯取直、改河造地和修筑防护坝的办法进行河道治理，采取民办公助的方式，

上贴水库骨干坝

先后投资27万元，组织修建了太度村改河造地工程、桑峨村昕水河南北两岸护岸坝工程、屯里护村造地坝、县底村顺水坝、兰家河改河造地工程，劈山开渠450米，改河300米，筑坝3300米，造地880亩，护地1450亩，护村2个。到1976年的十年间，全县共修建人畜吃水工程117

处。1972年，投资86万元，在栏杆沟、上贴沟、谢悉沟修建成3个容量百万立方米的水库。

1973年，黄土高原13省市水土流失治理研讨会在吉县召开。在与会专家论证启示下，县委、县政府作出大搞水保、大办林业的决议，利用农闲时节集中70%～80%的农村劳力，成立农田建设水保专业队，进行平田整地和荒山造林。县、公社、大队都相继组织起水保专业队，分片集中修建基本农田。到1977年，全县共新修基本农田7万亩，农村人口基本上人均达1亩。

造林绿化方面，1966—1976年，全县共配备专业造林人员1705名，建成公社林场11个，大队和生产队林场83个，学校林场241个。到1976年，全县人工造林累计超过20万亩。十年间，以县城街道和县乡公路绿化为重点，全县零星植树582万株。经济林方面，自1960年引进国光、金帅、红星等苹果品种，在马连滩建起首座百亩苹果园后，到1978年全县果园面积达6324亩、9.49万株。

1972年，木本粮油水果总产6876.6吨，较1960年增加16%，其中核桃43.6吨。

1976年，农业生产基本稳定：一是农田基本建设有了发展，新建万亩丰产田1处，千亩丰产田9处，大平大整土地3.1375万亩；二是林业有了发展，造林7.3万亩，超国家计划3倍，人工造林达19.67万亩；三是养猪产业有了发展，由年初的1.46万头发展到4.105万头；四是农业机械化程度有了发展，全县拥有拖拉机152台；五是集体经济有了发展，集体总收入640万元，公共积累达56.7万元，储备粮90万斤。

第三节　工商业在发展

"文化大革命"期间,受全民大办农业影响,吉县的工商业发展有一定的减速,但仍取得了较大发展,在满足广大人民生活需求,服务全县经济发展方面,起到了较好的促进作用。

工业方面：1966 年县机械厂增添空气锤、铣床,开始生产定型产品,年产弹花机 80 部、山地犁 800 部、小农具 1.56 万件,产值 10 万元。到 1972 年工人增至 96 名,有 6 种产品纳入国家计划。1968 年,省拨款 7.2 万元筹建吉县国营农机修造厂,1970 年 12 月正式投产。到 1973 年,生产波兰 G45 离合器轴、压盘以及襄汾、霍县、临汾等机床厂所需配件和各种轴承,年产值 16 万元；1974 年承担临汾地区手扶拖拉机厂委托生产的离合器总成、主变速杆组合件以及东方红-30 拖拉机汽缸盖罩、曲轴皮带轮、水泵皮带轮和 V-12 型、V-14 型推土铲等产品,年均产值约 41 万元。1968 年,县食品公司设酿酒车间,日产酒 100 千克。1969 年改用机械扬糟,冷却器溜酒,年产白、色酒 19 吨,所产"菊花香"色酒行销西安、太原等地；1976 年 5 月 1 日,依托县运输大队组建起地方国营酒厂,年产酒 50 余吨。1970 年以后,在国家支持下,城关、中垛、红山（柏山寺）、文城、屯里、王家垣、东城等公社都建起社办农机修配厂。1976 年与西安宝石厂协作,投资 30 万元,购置硅整流器、调压器、四联动、五联动、烧结机、离子交换栓、示波器等烧结设备，建成工艺宝石厂，年产工艺白宝石280千克，销至常州电表厂。

能源企业方面： 这时期全县骨干企业仅有1961年乡、吉分县时划分来的沙坪煤矿。开始由屯里公社经营，1971年收归县里后，通过挖潜、革新、改造，改老鼠打洞法为残柱采煤法，年均产煤5.32万吨。1972年，在县城正式建起了小型发电厂，主要设备为两吨锅炉和150千瓦机组，年发电33万度，基本满足县城企业生产和市政照明；到1974年，县电业局在小府村建成10千伏安变电站，架通了乡宁至吉县县城的25千米输电线路，开始使用乡宁发电厂输送的电，吉县发电厂随之停产。

商业方面： 在此期间，全县商业系统设有百货、交电、食品、糖业烟酒、药材、饮食服务、农机7个国营商业公司，下设1个副食加工厂和15个零售门市部。供销系统设有生产资料、土产、果品3个公司和城关、东城、中垛、柏山寺、曹井、屯里、窑渠、文城、王家垣9个基层供销合作社及下设的分销店、门市部33个。1972年外贸业务从土产公司划出，新成立了外贸公司；同年，设立蔬菜公司，后于1975年撤销，其业务分别并入糖业烟酒和果品公司；1976年，石油业务从交电公司划出，成立直属于临汾地区石油分公司管理的县石油公司。

"文化大革命"期间，全县文具、纸张销量加大，缝纫机、自行车、手表、收音机是时髦紧缺货，年均销售值达342.06万元。机械供应数量也渐增多。商品购进总值年均达43万元左右。农副产品收购处于滑坡状态，1970年与1965年比，生猪下降57.6%，鲜蛋下降10.59%，蜂蜜下降49%，药材下降58.82%，到1971年后虽有回升，但不稳定；这期间，全县粮食供应紧缺，全县营业食堂仅有7家。十年间供应粮食2462万吨，年均246.2万吨；食油49.03万吨，年平均4.9万吨。

对于全县经济社会发展，财政金融给予了大力支持。1966—1975年，年均财政支出188.73万元，比1965年增加1.02倍。其中，支援农业增加14.33倍，文教科学卫生增加0.77倍，行政管理费增加0.33倍，其他支出减少0.27倍。1966—1970年的"文革"前期，金融银行向农业发放贷款206.3万元，年均41.26万元；1971—1975年，发放农业贷款373.80万元，年均74.76万元；1966—1970年发放工业贷款30万元，年均6万元，重点支持县营煤矿、汽车大修厂、农机修造厂和集体所有制印刷厂的建设；1971—1975年，发放工业贷款70万元，年均14万元。十年间，发放商业贷款2422万元，年均242.2万元。

"文革"期间，全县经济发展受到了冲击，城乡居民收入总体上在低位徘徊。全县年均储蓄43.64万元，其中城镇储蓄年均29.40万元，人均63.65元；农村年均14.24万元，人均2.26元。

第四节　文教卫生事业在艰难前行

文化建设紧跟政治形势，取得了一定的成绩。1974年，县文化馆组织业余作者集体创作的故事《展翅高翔》，代表临汾地区赴省城参加汇演；杨重仁、陈茂森合写的《青春似火》中篇小说公开出版。这期间，县文化馆编印的《壶口文艺》，为全县业余作者提供了发表习作的园地。1968年县革命委员会抽调干部、教师17名，组成"毛泽东思想文艺宣传队"，历时一年解散；1970年4月，又以青年学生为主，组成"毛泽东思想宣传队"；1973年，在此基础上招聘演员50余人，组成吉县蒲剧团，排演了《杜鹃山》《红灯记》《龙江颂》等革命样板戏。

教育工作因受错误导向而出现教学荒废。1966年，全县共设县城初级中学（县一中前身）、桑峨初级中学、南村坡中学3所中学，设初、高中14个班，在校学生693名（其中高中1个班，学生42名）。

1966年"五七"指示发布，强调"学生以学为主，兼学别样，即不但学文，也要学工、学农、学军，也要批判资产阶级"。随之，学校一切活动围绕这一重心，在思想政治教育方面增加了"阶级斗争"内容。贫下中农管理学校，学生停课进厂学工、下队学农，组织开展大批判，教学秩序处于混乱状态。

1967年虽整顿开课，但不久又大批"师道尊严"，再度出现混乱。1968年后，在"初中不出队（生产大队）高中不出社（公社）"的要求下，社队大办七年制（小学5年、初中2年）和九年制（高中二年）学校。到1970年，全县中学增至16所，28个班，学生达1382名；1974年，中学增至51所，其中高中9所（含九年制学校），初中42所（含七年制学校）。

1965年年底"文革"开始前夕，全县设有小学196所，其中完全小学11所；到1976年小学增至330所（其中民办210所），有教职工651名，在校学生15091名。

1971年,"四人帮"炮制了两个基本估计,全县各中学集中批判"师道尊严""智育第一""白专道路"等,并废除考试制度,实行贫下中农推荐的办法招生,严重破坏了德智体美全面发展的教育方针。

1973年,又推行"以劳代教"做法(上课、劳动各半天),全县各学校共办起工厂、农场、林场354个,开展勤工俭学,开门办学,导致教学质量普遍下降。

专业教育培养了一批适用骨干。1967年,农业中学由小河畔迁至圪针沟,后又迁往史家庄,1972年迁址兰村,招生100名,分为两班,于1980年并入霖雨中学。1972年,吉县一中附设师范班,招生50名,两年后停办。初级卫生学校于1973年招生70名,1975年结业;1985年招生70名,学习中医课程,学制3年,教师以县医院医师为主兼职任教。

医疗卫生建起三级系统。1966年全县建有县医院1座,中心卫生院3座,社办医院5座,生产大队保健站34个;1970年采取合作医疗形式,办起农村保健站58个。1974年建立防疫站和妇幼保健站,1975年建立地方病防治所。到1976年全县有公社以上医院12个,农村保健站92个,医疗卫生人员348名,病床达265张,基本建立起了县、公社、大队三级医疗卫生系统。

第五节　北京知青在吉县

1968年12月毛主席号召："知识青年到农村去，接受贫下中农再教育。"由此，全国掀起了知识青年上山下乡的热潮。北京朝阳区八十中学生533人响应毛主席的号召，先后于1968年12月、1969年1月，分两批到吉县农村插队落户。县委成立了"知识青年安置办公室"（简称知青办），分别安置北京知青到中垛公社的中垛村（北柯楢）、安坪村、南光村、柳沟村（坡夫村）、白额村，红山公社（柏山寺）的耀角村、西头村、官庄村，窑渠公社的窑头村、回宫村，城关公社的东关村、上东村、兰村，屯里公社的太度村，东城公社的社堤村、沟南村，文城公社的文城村，川庄公社（兰家河）的兰家河村、东赵村8个公社19个大队。

这些知青是来自首都的初中、高中学生，年龄在十六七左右，他们满怀激

北柯楢村的北京知青在锄地

情，把插队村当成自己的第二故乡，在当地党组织的领导下，很快渡过思想关、劳动关、生活关，与老区干部群众融为一体，经受住

知青回访座谈留照

了锻炼，在学习中成长。

北京知青在吉县的日子，正是"农业学大寨"的高潮时期。知青们发扬大寨人艰苦奋斗的作风，同所在大队的社员群众一起劳动生产，早出晚归，风雨无阻，挥汗水，战寒暑，不怕苦不怕累，参加以平田整地为主的农田基本建设，挥镐刨挖，握锨铲土，用车推用肩挑；对地里的庄稼活，也是用心地跟老农学习，春耕夏耘，秋收冬藏，同乡亲们

回访故乡情更亲

一起风里一身土，雨天两脚泥，像大寨人一样战天斗地，为当地的农业发展做出了贡献。

这些知青在插队期间，虚心接受贫下中农的再教育，在繁忙的生产劳动中仍坚持学政治、学文化，尤其是在生产劳动实践中锻炼，使自身的综合素质得到了很大提高。到北柯榄村插队的北京知青赵凤琴不顾左肾因结核病切除的病况，在生产生活中以忘我的精神脏活累活抢着干，还经常用自己钻研学会的针灸医技，为村里乡亲

赵凤琴事迹报告

义务治病，满腔热情地关心帮助他人，多次因身体虚弱在工作中晕倒，由于表现突出很快入了党，先后任村民办小学教师、保健员，以知青代表身份相继担任了大队党支部副书记、公社革命委员会副主任、县革命委员会常委，团省委、省妇联委员，省革命委员会委员，成为广大知青学习的榜样。1974年4月病危，在北京住院期间仍心系第二故乡吉县，叮嘱去世后骨灰要回归北柯榄村。1975年5月10日，县委作出决定，号召党员干部、知识青年向赵凤琴同志学习，并追授为"优秀共产党员"。

经过插队生活的实践锻炼，这些知青磨炼了革命意志，提升了政治觉悟，增长了素质才干，积累了熟知农村生活的社会阅历，为日后回城后干事创业,在思想上、作风上、品格上都打下了坚实的基础，由懵懂青年逐渐成熟起来。

知青回访北柯椹村

李均田、吕毓良分别担任团县委书记、副书记，李保群、张金敖被招录到县委通讯组，金秀荣、田淑花先后被招录在县广播站、公安局工作。全国恢复高考后，在北柯椹村的赵志敏、韩建民和别村的顾梅芬等10名知识青年考入了首都师范大学、长治医学院等大学和中专学习，成了有所建树的专业人才。其他知青通过参军、招工等渠道也都先后走上了工作岗位，最后有5名北京知青留在了本县安家工作。

这些北京知青插队时都表现十分优秀，在省、市甚至全国知青战线都享有美誉。虽然时光已过去了50多个年头，但他们的身影、足迹在当地留下了难忘的记忆。2019年清明节，知青代表李均田、赵志敏等回访时，中垛乡党委、乡政府赠送了"知苦甘来广阔地　青春尽留大作为"的条幅，给予了充分肯定。

第三编　改革开放和社会主义现代化建设时期

（1978年12月—2012年11月）

党的十一届三中全会开启了改革开放和社会主义现代化建设新时期，吉县老区人民解放思想，开拓进取，以邓小平理论、"三个代表"重要思想、科学发展观为指导，立足县情，发挥优势，一心一意谋发展，齐心协力创新业，开发旅游，发展烟果，振兴工业，建设生态，改善民生，推动了全县的可持续发展。

第一章　发展苹果产业圆了富民梦

第一节　艰辛探索中选栽苹果

党的十一届三中全会以前,吉县农业基本上以粮食生产为主,除上张尖、白额、下柏房等村有小片梨园、秋果子果园外,绝大多数村的群众仍沿袭广种薄收、刨土求食的生存方式,"收了麦子种棒子,年年都是穷样子",过着备受贫困的农耕生活。

虽然吉县因产业结构单一而被列为国家级贫困县,但得天独厚的自然禀赋,被农业部专家考察后认定属全国苹果最佳优生区之一。吉县栽种苹果具有"六个最适宜":纬度最适宜,处于北纬35°~36°区间的苹果优生带,利于生产优质苹果;海拔最适宜,塬面海拔在800~1200米之间,适合优质苹果生长;土壤最适宜,黄土深厚,抗旱排涝;酸碱度适宜,利于苹果根系发展;温差最适宜,昼夜温差平均11.5℃,年均无霜期172天,利于苹果生长和营养物质的积累;光照最适宜,年均2400小时,利于苹果生产期的光合作用;空气质量最适宜,全县森林覆盖率47.2%,无任何工业污染,全年几乎都是二级以上天气,利于苹果无害化生产。

全县成片地栽植苹果,始于1960年国营红旗林场在马连滩新栽的苹果园。从引进示范到2019年,已经历过四个阶段、60年发展历程。

第一阶段：引进试栽（1959—1986年）。1959年10月20日，县上（乡吉合县）在马连滩创建地方国营红旗林场，全县依托这一基地，组织县社队干部实地培训传授造林技术。按照规划利用马连滩区域的荒山荒坡创建万亩刺槐林基地的同时，在几条向阳的山梁上重点发展核桃、桑树等经济林，其中在马连滩采用4×5米株行距，栽植了105亩苹果树，以红星、国光、红玉、鸡冠为主栽品种，搭配金帅、青香蕉等授粉品种，建起了全县第一座百亩苹果园。引进试栽7年后进入初果期，盛果期年产商品果25万吨，为全县发展苹果点亮了引路灯。

在这个典型引导下，1968年红山公社（现柏山寺乡）在大庄村栽植了100亩社办苹果园；1970年中垛公社三堠大队在北乐村新栽苹果150亩，1972年在麻子渠新建集体苹果园100亩；1973年城关公社（现吉昌镇）桥南大队在勒马垣新建集体苹果园123亩；1974年东方红大队（现小府村委）在两满池中角岭新栽苹果园500亩；1976年东城公社在社堤新栽苹果150亩。

党的十一届三中全会后，县委在总结东城公社东庄村小流域治理经验基础上，提出了"宜农则农，宜林则林，宜牧则牧"的生产模式，水利部、农委、林业部先后两次在吉县召开现场会，《人民日报》、新华社等对东庄村张来宝承包苹果园，依靠科技管理取得好收益进行报道，县委在全县提出了"吉县要想富，大栽苹果树"的号召。到改革开放初期，全县共有苹果园2000亩，所产苹果主要销往广州、内蒙古等地，1亩果园的收入相当于种植5~10亩的小麦或玉米。

第二阶段：示范推进（1987—1991年）。1985年6月

县领导在中垛村电影放映前进行苹果栽植动员

17日，时任中共中央总书记胡耀邦到吉县视察，在听取县委领导工作汇报后，欣然题词："每个山区都有自己的优势，希望在山区工作的同志们，把本地区的优势摸清摸透，然后定出切实可行的办法，一步一步把这些优势发挥出来，经过若干年的努力奋斗，一定能够赶上甚至超过平原地区。"并指示吉县要"一种（种粮）二养（养殖）三加工"。

7月29日至30日，县委召开全县三级干部会议，贯彻胡耀邦总书记的重要指示，全县迅速掀起了农村经济改革大调研活动。1987年1月10日，县委、县政府召开全县果树生产

县委领导在苹果园调研

工作会议，发出"全党动员、全民动手，为我县一年实现户均百果而努力"的动员令。

1987年2月底，

县政府领导在苹果园调研

县委县政府经过深入调研和充分讨论，决定按照"长抓粮食、近抓果树、当年抓烤烟生产"的构想，计划在全县一次性破天荒地栽植苹果10万亩，进一步加大发展苹果的推动力度。县委、县政府突出建设"213"工程，即每个乡镇、村委、学校分别建设一座200亩、100亩、3亩以上的集体果园，重点选定了南坪、谢悉等19个塬面开阔的村，集中创建了"九大样板十个点"，对全县进行示范引路。秋冬时节，县上抽调县直和乡镇干部，包村蹲点开始规划整地。

1987年春，采取政府集中采购发放苗木，县乡干部包点督促的办法进行规模化栽植。为了加大果业发展的行政推动力度，1988年，县政府下发了《关于大力发展果树生产的决定》，出台了领导推动、财政补助、技术服务的扶持措施。在"九大样板十个点"中，吉昌镇谢悉村、中垛乡南坪村一次连片成园，管理精细，最早受益，给全县发展苹果起到了很好的示范带动作用。到1989年年底，全县苹果面积很快发展到了4万亩。经过几届县委、县政府的不断探索和总结,1990年2月16日至18日,县委、县政府召开全县三级干部会议,正式提出了以建设粮、果、烟为主的农村经济发展"123"奋斗目标,即到1992年基本实现人均一亩苹果园、二亩旱涝保收田、三分烤烟,确立了"长抓粮食、近抓果树、当年抓烤烟生产"的农业调产思路。为了适应果业发展需要,县委、县政府依托县农业局所属的蚕果站,新成立了吉县果品开发服务中心(1998年又更名为吉县果业局),承担起全县苹果产业的规划发展、技术培训、产后服务的职责。

第三阶段:扩张规模(1992—2009年)。1992年,县委、县政府制定了《关于今后五年发展林果业生产的决定》,1999年县政府出台了《关于苹果示范园建设的意见》。在这些政策措施的扶持推动下,8年间全县实行政府出资补助调苗发放,每年以3至5万亩的速度扩张规模。

到1995年全县苹果发展到了10万亩,引进了秦冠、红富士、红将军等新品种;到1997年发展到了20万亩,并通过高枝换优改良老品种,大力发展以红富士、新红星、皇家嘎拉等为主的优良新品种,基本形成了早、中、晚熟品种优化搭配,果品梯次上市的合理结构。

到1999年,全县苹果面积达到25万亩,8个乡镇8万农民,人均果园达3亩多。2013年,经省农业厅卫星遥勘中心对照卫星图片实地踏查,全县苹果总面积达到了28万亩。省农业厅确定吉县为"全省苹果产业种植基地县"。

第四阶段：提质增效（2000年以后）。这一阶段，全县围绕"建体系、强保障、兴产业、强品牌"，全力创建全国优质苹果标准化生产基地，扎实做大做优做强"吉县苹果"品牌。

县领导调研指导果园病虫害防治

2000年，县委出台了《关于建设旅游名县、烟果强县、生态大县的决定》，为顺应市场对苹果品质的要求，县政府下发通知，在全县引进推广苹果套装技术，开始推广生物覆盖、黑膜覆盖、摘叶转果和病虫害综合防治技术，引进推广了烟富3号、8号、10号及蓬先红等短枝片红、高柱优系富士，为提高苹果外在品相和内在品质提供了支撑。2008年，县政府制定《关于大力开展苹果标准化有机化生产的实施方案》；2010年，县委、县政府顺应国内

推广应用病虫害综合防治新技术

果业市场竞争激烈的形势，适时作出了"苹果转型"发展的战略决策，果业中心编印了《八改十配套生产技术规程》，即改变经营理念、改良品种结构、改造果园密度、改善土壤肥力、改进树形结构、改建果园围栏、改革营销模式、改优苹果加工，实施土肥水管理配套工程、花果精细管理配套工程、"畜沼果"生态模式配套工程、无公害病虫防治配套工程、果园生物覆盖配套工程、铺设反光膜配套工程、果实分批采收及采后处理配套工程、包装贮藏及销售配套工程、技术服务网络建设配套工程、品牌及品质建设配套工程。印刷了《吉县精品苹果生产管理年历》《吉县苹果标准化生产技术管理手册》，并重点开发了精品苹果、出口苹果、功能保健苹果生产基地，开发出SOD、富锌、富硒功能保健苹果，并组织生产了节庆祝福果、剪纸卡通果等贴字文化苹果，大幅提升了苹果的品质和效益。

2010年年初，县委、县政府针对上年秋冬全县苹果丰产滞销的困境，出台优惠奖补政策，规划在十里河、三堠、大田窝集中修建三大果库群，当年财政拿出150万元进行了奖补，使全县苹果贮藏能力由原来的3万吨一年翻番达到6万吨。同时，围绕果业转型发展，县委、县政府主要领导亲自出马，争取省政府把吉县确定为省级农业综合开发示范县、"一县一业"苹果生产基地县，连年取得了省市政府建设资金扶持，在城北垣、社堤垣、勒马垣、白额垣和中垛垣引进推广了防雹网、诱虫带、粘虫板、太阳能杀虫灯、保墒黑膜、生物覆盖等无害化生产管理新技术，先后于2010年、2012年秋迎来了全省水果产业化开发观摩现场会。

2011年，县委、县政府批准设立吉县果树科技研究所。2013年，县政府提出苹果产业"提质增效"发展，采取财政补助的方式，在全县推广减密间伐、引水灌溉等技术措施。并决定启动了苹果种植自然灾害保险，每亩果农投保20元，县财政补助60元，在吉昌镇、中垛乡、东城乡3个乡镇24个行政村先行试点。在县果业中心和各乡镇的发动组织下，中国人保财险山西省分公司吉县公司直接与果农签约投保果园373亩，每亩最多可获得2000元赔付金，这项业务给山西省水果产业发展起到了示范作用。此后，这项业务在全县基本上实现了全覆盖。

2014年，县委、县政府出台了《关于苹果产业提质升级（2014—2018年）的实施意见》。2019年10月28日，县委、县政府联合中国果品流通协会在壶口举办"2019中国苹果年会暨山西吉县苹果品牌发展高峰论坛"。到2019年，全县苹果栽植面积达28万亩，占总耕地面积的88%；全县80%以上的农民从事苹果产业，80%的农村成为苹果专业村；苹果总产量20万吨，总产值10亿元，占农业总收入的80%，80%以上的贫困户依靠苹果实现了脱贫。全县农业总产值105073万元，比栽植苹果前的1985年提高了33倍多；全县农村居民人均可支配收入完成5602元，比1985年的277元，提高了20倍。

苹果产业带动了信息、餐饮、运输、包装、贮藏等相关配套项目，形成了季产年销、配套齐全的产业链条，出现了"八万果农谋一果、七十二行兴一业"的兴旺景象，为全县脱贫攻坚，率先在全省摘掉贫困帽子提供了强有力的产业支撑，成为吉县农民整体奔小康的支柱产业。

第二节　科技助推产业发展

全省水果产业技术体系首席专家
牛志勉培训小冠开心形修剪

苹果生产是一项技术密集型管理过程。从头年采收后的清园追肥、冬季修剪开始，到开春打药、疏花疏果、果实套袋、扭梢拉枝等，一共有30多项管理环节，技术要求都较高。1987年全县大规模栽植苹果时，除三堠、桥南、大庄等几个因果园受益的村外，其他乡村的老百姓受传统的小农思想局限，认为种地打粮有饭吃是祖祖辈辈应守的正道，栽苹果不会务弄，再说粮田种了苹果树后没了粮食，吃啥？因而，对栽植苹果的抵触情绪特别大。在"九大样板十个点"的村子，县乡包点干部开会动员、逐户说服，农户勉强把树苗栽上后，却又不顾劝阻在行间种上玉米、葵花等高秆作物，耕种时故意用犁耙损伤树根树皮，根本不把树苗当回事，即使春季栽植成活了，到暑天被高秆作物遮阳抢肥水，十之八九被困死。到后来仅有南坪村、谢悉村、文城村等成了园见了效益，给后来全县扩张面积起到了示范引领作用。

在苹果起步阶段，全县的技术服务职能由县农业局所属的蚕果

出口苹果基地创建技术培训

站承担，技术骨干仅有农艺师张振武等3人。他们常年带领果业中心的青年技术人员，深入乡村巡回进行技术培训，带出了几个徒弟。从1990年5月开始，太原农校高级讲师马恩正，受县农资公司的邀请，不顾年事已高，坚持连年到吉县进行培训指导，重点对全县有效防治果树蚜虫、腐烂病作出了突出贡献，被誉为吉县"扶贫功臣"。2010年至2013年间，县果业中心加强与专业院所的合作，先后聘请西北农林科技大学的宗兆峰、花蕾教授，巡回各乡镇就小冠开心形修剪及腐烂病、锈病等病虫害的防治进行了培训；聘请陕西省果业协会常务理事、果树栽培管理专家张宏生进行了标准化生产培训；聘请山东烟台苹果贮藏专家张文华进行了保鲜剂应用培训，全县果库全部应用"聪明鲜"保鲜剂；邀请省果业总站闫和健站长、省出入境检验检疫局丁三寅处长，对全县苹果生产基地示范园主和苹果贮藏企业300多人，进行了出口苹果基地创建技术培训；邀请山西省果树研究所李夏鸣、程恩明、李捷等，

果业中心技术员现场培训指

山东农业大学毛志泉、青岛农大刘连成等专家进行果园重茬病、旱作丰产肥水管理等专题培训；聘请北京中日友好果园农艺师张文和山西省水果产业技术体系首席专家、省农科院研究员牛志勉，连续四年进行小冠开心形树形改造示范培训。开展院县共建，与山西农业大学、西北农林科技大学联合建设吉县苹果试验示范站，并在试验站建设吉县苹果大数据平台（智慧果园），服务试验站科研生产，又支持果品质量产地追溯。

县果业中心设有技术站，县上通过从果农中选拔技术能手，为各乡镇招聘了9名补贴制技术员，负责本乡镇的技术指导。全县上下全面推广开了四季修剪、小冠开心形树形改造、果实套袋、疏花疏果、病虫害综合防治、果园生物覆盖、配方施肥、集雨抗旱、间伐减密等新技术。2012年县政府下发了《吉县苹果"一虫三病"统防统治工作实施意见》，重点对棉蚜虫、腐烂病、粗皮轮放病和锈病集中防治，尤其是对果园周边的桧柏、龙柏等苹果锈病病菌的转寄主树木，统一强制进行了移除禁栽。2013年冬季，县果业中心聘请专家巡回8个乡镇培训推广减密间伐技术，对老果园进行减密改造。2010年至2013年间，县果业中心组织创建了五大标准化管理示范基地，发布了《吉县苹果标准化生产管理年历》,在城北垣、社堤垣、中垛垣、白额垣和西岭垣,新建"派活墙"10面,张贴了《吉县苹果标准化生产管理年历》喷绘,并配套安装了频振式太阳能杀虫灯,发放推广了粘虫板、诱虫带,补助新建了果园管护房69栋,架设果园围栏8.4千米,覆盖种草1860亩。

同时,启动实施了"一县一业"优质苹果基地建设项目、苹果良种繁育及标准化生产示范基地建设项目、巩固退耕还林成果水果经济林建设项目和县政府规划投资的勒马垣现代果业科技示范基地、东城垣现代化农业观光示范园区项目建设,安装了太阳能频振式杀虫灯795盏,配套了粘虫板、诱虫带、反光膜,并在省果树研究所专家指导下,推广实施了腐殖质覆盖、减密间伐、集雨抗旱穴井、高架微喷、生物覆盖等新技术措施,并组织乡村干部和示范园主,分

SOD功能保健苹果生产基地

别到延安观摩了山地果园旱作丰产管理,赴洛川、曲沃、平陆和山东烟台进行了观摩培训。

2010年度,为了提高苹果附加值,提升品质和效益,县果业中心组织技术人员制定生产技术方案,并设计产品图标,采取签订合同定园生产的方式,新开发生产了富锌、富硒、SOD(过氧化物歧化酶)等功能保健苹果,属省内

首创新产品，当年经农业部所属的权威机构检测，所含保健功能元素和活性酶均高值达标，获得了权威认证，一经上市就创下每颗苹果卖到10元的高价格，成为市场上的抢手货。同时，还组织开发了会展文化果、节庆祝福果、平安祈福果、剪纸卡通果等十大类贴字文化果，使吉县苹果品相秀美、价格大增。同时，制定了《吉县有机苹果生产技术规程》，在祖师庙垣、社堤垣，着手创建有机苹果开发基地。

在提升苹果品相的同时，全县着重从改进肥水入手，提高吉县苹果的内在品质。全县大力提倡增施有机肥，聘请有关土肥检测机构，对部分乡村的果园进行了测土化验，指导果农按测土化验结果进行配方施肥，并在白额等10个垣区示范推广了"水肥一体化"技术5000多亩。县农业局、果业中心依托省拨项目在社堤垣、中垛垣果园配套修建小型养猪场、沼气池，推广"畜—沼—果"循环生产模式，施用沼液、沼渣增补有机肥。通过持续培训，全县果农充分认识到了增施有机肥的重要性，纷纷外出到屯里川及乡宁、襄汾甚至到内蒙古拉回羊粪、牛粪、猪粪、鸡粪，经过堆熟发酵后，秋季穴施园内，增补了果园土壤的有机质，活化了土壤结构，提升了苹果的有机物含量，改善了苹果的口感风味。2013年全县布局创建有机苹果开发基地5000亩，通过有机苹果转换期认证24246.5亩。到2019年，全县共实施引水进园工程覆盖果园6.3万亩，修建田间路330千米，安装杀虫灯2100盏、防护栏40千米，搭建防雹网15000余亩，修建管护房200余座。

2012年，吉县被国家质检总局出入境检验认证中心认定为"全国出口苹果生产基地核心示范区"。

第三节 推介开拓销售市场

为让吉县苹果走出大山，对接大中城市消费市场，县委、县政府坚持不懈地参加展销会、农博会、文博会及中博会、西博会、东盟博览会，大力宣传推介吉县苹果。2010年10月，赴河南郑州参加了全国农业博览会；2011年先后在北京参加了在京晋商企业家新春联谊会、东城区前门天街年市活动，在太原参加了吉县同乡联谊活动、在火车站北侧广场举办了专场推介，以及在深圳参加了国际文化产业博览交易会进行宣传推介；9月份，通过网络宣传和投票，组织参加了山西特色农产品"十大名牌"评选活动，吉县苹果被成功评为全省特色农产品水果类唯一的"十大名牌"；9月21日，经过积极争取，吉县苹果被确定为在

吉县苹果北京推介会

太原举办的中博会指定特供水果；10月21日至26日，在广西南宁参加第八届中国—东盟博览会进行了宣传推介；10月19日至23日，在太原组织参加了山西省农博会；10月30日至11月1日，参加第七届中国国际（成都）农业博览会，吉县苹果再次荣获金奖。通过宣传推介，2011年吉县苹果斤均价格达4元，最高价达到5元。75%以上苹果的销售价格达到了3元多，比2010年斤均价提高0.2元，创历史最高。

2012年，先后接待阿根廷超市工会主席江建等华侨、北京—伦敦奥运会自行车环球远征团、参加在太原举办的中泰两国经贸交流活动、第九届中国（深圳）文博会、第二届山西特色农产品北京展销周、2012年全国名优果品（杭州）交易博览会、首届中国特色商品（三门峡）博览会、山西特色农产品昆明宣传推介活动，举办了北京新发地水果经销商专场推介会，承办了第二届黄河壶口景区壶口文化旅游节"果园怡情"苹果采摘活动和壶口景区"吉县苹果"主题展等12场专题宣传推介活动。

2013年，先后组织参加了深圳国际文化产业

省领导视察吉县苹果展台

博览会、第十届中国—东盟博览会、新疆欧亚博览会、第三届(山西)特色农产品北京交易博览会等7次宣传推介。2014年，先后参加了北京国际果蔬展览会、广西凭祥东盟博览会等4次推介活动。2015年，利用微信平台发送各类宣传微信60余条，在CCTV-7制作播放了免费宣传广告，并先后赴太原、上海、临汾等地参加文化节、博览会进行了7场次宣传推介。2016年，依托中央电视台、《今日吉县》《手机报》和吉县果业微信平台、"京—广"线高铁进行综合宣传，并先后到昆明、成都、广西、乌鲁木齐、北京等地实地进行了宣传推介。2017年举办了壶口景区"外地游客买门票赠苹果"活动，与山西邮政公司临汾分公司合作承办了"吉县苹果、邮你尊享"全国邮政订货会，并组团赴长沙、北京等地举办了4次推介宣传。通过坚持不懈的线上线下推介，有效地提高了吉县苹果的市场知名度和市场竞争力。

2012年，县果业中心主持制定了《吉县苹果质量标准》和吉县苹果外埠专卖店《诚信经营"五保"承诺》，由县委、县政府主要领导出席，争取到市政府专项财政补贴款，对北京、太原、临汾等地的吉县苹果直销店下拨了品牌推介和市场开拓补贴；9月中旬，在苹果采收前，县委、县政府主要领导出席在吉州宾馆召开的吉县苹果营销存在问题及解决建议果商恳谈会，外地果商及本县果库负责人、信息员代表，与县领导面对面地坦诚对话交流，县领导当场责成多部门联动，解决果商反映的困难问题，开辟了吉县苹果外运绿色通道。此后，在每年春节前后召开的全县经济工作会上，县委、县政府都把对吉县苹果销售贡献较大的外来果商列入表彰名单给予奖励，营造了关心果商、爱护果商、支持果商的良好社会氛围。

认证证书

第四节　品牌打造成果骄人

一、品牌认证

县政府鼓励扶持苹果营销企业和专业合作社开展"三品一标"认证，全县先后获得苹果地理标志产品认证 26

万亩，有机产品认证 2.5 万亩，绿色食品认证 4.3 万亩，无公害产品认证 8.8 万亩。

1998 年经申报，在中华人民共和国国家工商行政管理局注册了"壶口图形商标"。

2004 年经申报，通过中国绿色食品发展中心考核评审，吉县吉昌镇、壶口镇、屯里镇、文城乡、中垛乡、东城乡、柏山寺乡、车城乡 8 个乡镇 10000 公顷苹果，获"绿色食品认证"。

2004 年经申报，通过农业部农产品质量安全中心考核评审，吉县吉昌镇、壶口镇、屯里镇、文城乡、中垛乡、东城乡、柏山寺乡、车城乡 8 个乡镇 8000 吨苹果，获"无公害农产品认证"。

2004 年经申报，通过山西省农业厅考核评审，吉县吉昌镇、壶口镇、屯里镇、文城乡、中垛乡、东城乡、柏山寺乡、车城乡 8 个乡镇 10000 公顷果园，获"无公害农产品产地认证"。

2009 年 11 月，经县委、县政府推荐，吉县果业开发服务中心申报，通过专家严格评审，吉县获得"中国果蔬产业品牌论坛组委会"授予的"中国苹果之乡"称号。

2009 年 11 月经县委、县政府推荐，吉县果业开发服务中心组织，吉县果业有限责任公司申报，通过"中国果品流通协会"邀请专家评审，网上公示，授予吉县苹果"中华名果"称号。

2010 年 3 月，经县果业开发服务中心组织，吉县绿之源苹果专业合作社申报,农业部认证 17333.3 公顷为"农产品地理标志产品"。

2012年，经吉县果业开发服务中心组织创建和申报，中垛乡南坪村、吉昌镇上东村等8个塬面，通过山西出入境检验检疫局专家组考核验收，获得"出口苹果注册果园证书"。

同年，经吉县果业开发服务中心组织创建和申报，超正果业有限责任公司等5家苹果营销企业，通过山西出入境检验检疫局专家组考核验收，获得"出境水果包装厂注册认证"和电子口岸等出口资质手续。

同年，经吉县果业开发服务中心组织创建和申报，吉县通过中国质量认证中心专家组考核评审，获得了"良好农业规范认证"，为出口创汇拿到了国际通行证。

同年，经吉县果业开发服务中心组织创建和申报，吉县通过国家质检总局出入境检验认证中心考核评审，被命名为"全国出口苹果生产基地核心示范区"。

出口认证证书

同年11月12日，超正果业有限公司63万吨苹果首次直接出口泰国，创汇5.3359万美元。

同年,经吉县果业开发服务中心组织申报,国家工商行政管理局注册"JXSOD"(吉县 SOD)苹果商标、受理公示了"吉县苹果"地理标志证明商标。

2013年经申报,由北京五洲恒通认证有限公司认证:山西澳坤农业科技有限公司吉县吉昌镇山阳村、兰村、祖师庙村10213.95亩有机苹果生产基地。

2013年经组织申报,通过南京国环有机产品认证中心专家组考核评审,吉县壶口有机农业有限公司、吉县东城乡柏东村、社堤村2163亩生产基地2163吨苹果获有机认证。

2013年中华人民共和国国家工商行政管理局正式注册了"吉县苹果"地理标志商标。

2008—2014年,历经6年申请,国家工商行政管理局成功注册"壶口"牌(文字)商标。

2018年12月,经吉县绿之源苹果专业合作社申请,通过农业部、商务部组织专家联合考核评审,吉县苹果获《中欧农产品地理标志双边互认证书》。

二、历年获奖

1989年12月,"吉县(红星)苹果"被农业部评为"优质农产品"(证书和景泰蓝奖瓶)。

1992年10月,"吉县(红星)苹果"被评为首届中国农业博览会金质奖(证书),金冠苹果获优秀奖(证书)。

1993年9月,"吉县(红星)苹果"荣获山西省首届农业博览会金质奖,金冠苹果获优秀奖(证书)。

获奖证书和奖牌

1996年11月,"吉县(红富士、红星)苹果"获"96北京国际果品及技术设备展览会"金奖,金帅苹果获"优质产品荣誉奖"(证书、金牌)。

1998年10月,"壶口牌苹果"获山西省第二届名优水果展评交易会金奖(证书)。

1998年10月,"吉县(红星)苹果"获山西省第二届名优水果展评交易会金奖(证书)。

1999年10月,"吉县(红星)苹果"被中国国际农业博览会评为"山西名牌产品"(证书及奖牌)。

2000年,"吉县(红富士)苹果"获山西省第三届优质水果展销会金奖(证书)。

2008年1月,"吉县(红富士)苹果"获"山西省名牌农产品"称号(证书及奖牌)。

2009年2月,"吉县苹果"获第六届中国国际农产品交易会"畅销产品奖"。

2009年10月,"吉县苹果"获中国(山西)特色农产品交易博览会"最佳畅销产品奖"。

2009年10月,"吉县苹果"获中国(山西)特色农产品交易博览会金奖。

2010年10月,"富硒苹果"在首届黄河金三角区域农业新技术新产品展示展销会暨首届苹果文化节获"优质水果奖"。

2010年12月,"吉县苹果"获第一届山西省特色农产品交易博览会金奖。

2010年12月,"壶口牌功能保健苹果"获山西特色农产品北京展销周金奖。

2011年10月,"吉县苹果"获第九届中国国际(成都)农业博览会金奖。

2011年10月,"吉县苹果"被评为山西特色农产品"十大名牌"(水果类唯一)。

2011年10月,"吉县苹果"获第二届山西省特色农产品交易博览会金奖。

2011年11月,"吉县苹果"被中国果蔬产业品牌论坛组委会评定授予"中国果品著名品牌"。

2012年,"吉县苹果"获第二届山西特色农产品北京展销周金奖,并颁发了山西特色农产品"十大名牌"证书。

2012年，由吉县果业开发服务中心设计开发和申报的"吉县苹果精品礼盒"，获中国农产品包装设计大赛华北区金奖、全国优秀奖。

2013年12月，由吉县苹果北京销售公司申报，"吉县苹果"被中国文化品牌研究中心评定授予改革开放三十年"晋商崛起最具发展潜力品牌"。

第五节 培育龙头引领产业化

一、果库群支撑季产年销

2010年，县委、县政府出台优惠扶持政策，在县城原有3万吨果库基础上，规划在三堠、大田窝、十里河区域，集中兴建了3个苹果冷藏库群。之后，柏山寺、上东村、鲁家河、车城村、壶口镇的

位于十里河的大山苹果冷藏库

高速口附近，也都顺应市场需求，分别新建了1~2个苹果冷藏库，到2019年全县建成大型苹果贮藏库39座，贮藏容量达15万吨。位于县城小府高速口的沿街苹果专卖

店，也都在门店后院分别新建了小型苹果冷藏室。新建冷藏库引进了山东的先进存贮模式，采取角铁大框散装，叉车起架堆放，销售时分拣装箱包装的办法，与原先的用钢管支架后铺设架板分层堆放箱框的模式相比，最大限度地利用了果库的贮藏空间，提高了存贮效益。苹果从头年10月份采摘入库，可贮存到次年7月份，实现了苹果季产年销，分批供应，均衡上市，缓解了苹果产后集中上市的压力，保证了苹果丰产后的高效益。

二、线上线下直销逐年火

2010年起，县政府鼓励吉县本地果商走出去，在全国各大中城市创建吉县苹果直销店。一些敢闯市场的人士，先后在临汾、北京、太原、深圳、上海、成都建起了10多家苹果直销店，采取自收、自销的模式直销吉县苹果。

"晋梦园土特产"网店

由于质量有保证，加上宣传推介到位、精细包装送货上门，销售业绩逐年攀升，打开了吉县苹果在一线城市和沿海城市的销售市场。

顺应时代进步，全县着力打造"苹果+文化、苹果+互联网、苹果+旅游"三大特色，突出延伸苹果产业链、构建苹果销售、文化交流和经贸合作三大平台，进一步开拓苹果市场。2013年起，吉县一些观念超前的年轻人，纷纷与网购时代接轨，先后在淘宝网、邮乐购等网购平台上注册网络销售商店，开启了吉县苹果网络销售的新模式。在县城的葛志强开办了"晋梦园土特产"网店，文城乡的郭丰瑞开办了"吉县名优特产"网店，吉昌镇北光村的刘丽鹏开办了"北光生态"网店，下阳庄的娟娟开办了"娟娟果园"网店等。他们定位高端客户，精细包装，果品质优，诚信服务，各店每年销售苹果都在 10～15 万斤。同时，还有零星散户在家自开苹果网店，全县共计注册的苹果网店有 300 多家，平时利用电脑平台联络生意，大多是将自产苹果等特色农产品，在网上以较高价格零售，年销售 250 多万斤，销售收入 1.27 亿元。

同时，果农们还依托子女亲友在外求学、工作、务工的社交人脉，利用快递进行年节关口的小批量销售；也有利用微信群，在朋友圈里签下订单，用快递外寄销售。2017 年 9 月，吉县电子商务协会挂牌成立，吸纳电商正式会员 101 家；2019 年 7 月，县商务主管部门实施国家电子商务进农村示范县项目，投资 1500 万在新城区川庄村，建起了吉县电子商务公共服务中心，规划将全县的电商集中到一起，打造网络营销基地，现已入驻骨干电商 16 家。

吉县电子商务公共服务中心

三、招商创建苹果加工园区

达明一派车间及产品

2012年,为了延伸苹果产业链,促进县域经济发展和农民持续增收,县委、县政府出台优惠扶持政策,调整新城区用地规划,在新城区川庄村到车城口建设苹果产业加工园区。通过招商引资,引进落地了年产苹果醋10万吨及果酒1万吨的顶吉食品开发有限公司、年产1万吨果酱和益生菌果汁饮品的山西达明一派食品有限公司、设计加工果品的彤顺源果蔬科技有限公司、生产苹果包装箱的富开园公司、加工营销土特产品的人祖山食品有限公司、云安批发部商品仓储中心、新建5万吨苹果冷藏气调库的山西澳坤生物农业科技股份有限公司等企业。其中,以生产果酒和果醋为主的顶吉食品开发有限公司、山西澳坤生物农业科技股份有限公司吉县分公司已于2013年10月投产,山西达明一派食品有限公司、富开园公司于2014年投产;人祖山食品有限公司仓储加工厂、云安批发部仓储中心均已建成运营。已建成的两个果品深加工企业,年产量6500吨,年销售额5000万元。这些企业依托全县苹果基地,走"公司+

合作社+基地+农户"的产业化发展之路,有力地带动了苹果产业的转型发展,延伸了苹果产业链条,增加了苹果附加值,带动了全县果农的增收。

四、创建生产基地实现直接出口

为了拓展吉县苹果销路,从2010年起全县着手打造出口苹果生产基地,确立了"绿色有机两个品牌同步开发、国内国外两个市场同时开拓"的

吉县苹果出口泰国启运

产销思路。2011年组织编印了《吉县出口苹果生产技术规程》,并开展技术培训指导生产。到2012年经国家质检局出入境检验认证中心专家的考核评审,吉县苹果获得了"良好农业规范认证",为直接出口拿到了国际通行证;并通过了国家质检总局出入境检验认证中心专家组的考核评审,吉县被命名为"全国出口苹果生产基地核心示范区"。同年,通过组织创建申报,中垛垣、白额垣、西岭垣、城北垣、社堤垣等8个基地,获得了《出口苹果注册果园认证》;同时,超正果业有限公司、恒丰果业有限公司等5家苹果贮藏营销企业,获得了《出境水果包装厂注册认证》和电子口岸等出口资质。超正果业有限公司于2012年11月12日,首次把吉县苹果直接出口泰国63吨,

创汇5.3359万美元,实现了吉县苹果直接出口零的突破;2017年1月6日,山西澳坤生物科技股份有限公司吉县分公司,经过不懈努力把吉县红富士苹果直接出口到美国220吨,创汇33万美元。从此,小小吉县苹果,真正同时打进了国内、国际两个市场,成了出口创汇的"金蛋蛋"。

吉县老区依靠苹果产业整体脱贫,成为吕梁山片区脱贫攻坚的成功范例,"吉县苹果"已成为老区吉县对外交往的金色名片。

第二章 栽种烤烟一度富民又创税

党的十一届三中全会以后,改革开放的春风吹荡着吉州大地,伴随着联产承包责任制的推行,在基本解决温饱问题后,广大农村热切期盼尽快富裕起来。为此,县委、县政府立足吉县实际,作出"123"产业调整规划,借鉴外地经验,确立了"户均种植三分烤烟"的决策,为全县找到了一个农民脱贫、财政创税的"短、平、快"项目,在吉县老区发展史上写下了浓墨重彩的篇章。

第一节 引进试点艰难起步

1985年秋,县政府委派县扶贫办主任白锁柱带领有关人员前往考察。在详细了解了烤烟生产需要的环境气候、

县政府领导查看烟田管理

土壤、水肥条件和育苗、栽植、管理、烘烤等技术要求及收购渠道、经济效益后,考察组认为:吉县与宜川县隔河相望,地理气候条件基本上一样,引进栽种烤烟是可行的。

返回吉县后,考察组向县政府专题汇报。对于试种烤烟,县政府大力支持,政府常务会议决定于1986年先在黄河沿岸的东城乡、文城乡开始试种。

1986年春,县上从陕西宜川县聘请了3名技术员,培训指导东城乡的东城村、太和村,文城乡的文城村、古贤村4个村委共试种烤烟112.7亩。秋季收购时,又聘请了一名持证的验级员把关收购烟叶。当年总产烟叶3.3056万斤,烟农收入11058.95元,实现税收4100元。典型户东城村王喜成种烟2.5亩,亩均收入306.27元,远远高于其他经济收入。

1987年,在东城乡、文城乡试种的基础上,县政府增加城关镇、兰家河乡、王家垣乡、中垛乡等6个乡镇18个行政村和县良种场种植烤烟。聘请了山西省烟叶公司基地科副科长李根虎前来蹲点指导,从河南省襄城县聘请生产技术员30名,分配到各种烟乡村。春季,对所有烟田进行土壤化验检测,实施了配方施肥。

当年,县委成立了由白锁柱负责的吉县烤烟生产办公室。投资2万元修建了东城烟叶收购站,投资3万元购回烟叶轧包机6个、手摇轧包机4个。全县422户烟农种植烟叶906.4亩,虽然沿黄乡镇遭受特大干旱,大秋作物基本绝收,但烟叶取得较好收成。总产烟叶179924.5斤,烟农收入128538.59元,亩均效益141.81元,实现税收5.4万元。对典型户抽样调查,亩均收入486元。与传统作物相比,种1亩烤烟比种1亩小麦或玉米收入高1.5倍左右,比种1亩油料大麻高1倍左右,引进试种大获成功。

为了给发展烤烟提供科学依据,1987年县政府特邀中国农业科学院山东青州烟草研究所专家,到中垛乡、文城乡实地考察并对土壤化验分析后,确认吉县为种植烤烟适宜区。主要依据有:

县领导查看烤烟育苗

1. 自然条件优越适宜。吉县属暖温带大陆性气候,四季分明,气候温和,雨量适中,阳光充足,全年降雨量、光照时数、年均气温、无霜期等项气候指标,土壤有机质和pH酸碱度均符合烟叶生产需要。

2. 所产烟叶品相品质好。经送检化验测定，还原糖 26.17%、总糖 30.75%、尼古丁 1.96%、总氮 1.21%、蛋白质 5.44%。其颜色、薄厚、身份、油分、香气、杂气、燃烧性、灰分等均适中。专家评定得分 382 分，居全省第二。

3. 耕地面积和劳力资源丰富。当年，全县实有耕地面积 50.5 万亩，农民人均 6 亩多，可以调整出足够耕地发展烤烟。加之第二三产业薄弱，农村常年和季节性剩余劳力充足，发展烤烟生产的投工劳力有保证。

4. 两年试种积累了经验。尤其是效益较高的典型户说明，栽种烤烟并不是有多难的事，只要用心学习，掌握技术要领，无疑是一项当年栽种、当年收益的"短、平、快"富民创税好项目。

据此，1988 年年初，县委、县政府制定了 1988 至 1995 年全县烤烟生产发展规划，并以吉发【1988】1 号文件印发了《关于大力发展烤烟生产的决定》，正式把烤烟生产作为加快农民脱贫、财政脱补的一项支柱产业，出台了 8 项优惠政策扶持发展：

1. 每种 1 亩烤烟减免其秋粮合同定购任务 20 斤；

2. 每种 1 亩烤烟，县上扶持贴息贷款 40 元。年底归还贷款，利息由县财政统一支付；

3. 种植烤烟所需的化肥、油饼、地膜、农药等物资，优先供应；

4. 烟农修建烤烟房所需木材，由本人申请，村委会和乡镇签注意见后，县林业局优先批准采伐供应；

5. 烟农每建 1 座烤房，县上无偿资助 20 元；

6. 烟税征收后，县财政给乡镇返还税收总额的20%，作为乡镇发展烤烟生产资金或奖励资金；

7. 县上配备技术指导人员，其工资费用由县上支付；

8. 县上每年定期或不定期举办烤烟生产培训班，费用由县上解决。

1996年，县政府为促进烤烟生产，又完善了5项优惠政策，明确规定烟叶税收30%返还乡镇，重点村配备1名技术员，烟农向保险公司投保每亩补助2元（承保其投入成本200元）等。在此基础上，2003年县政府又出台了两项优惠政策，对烟农每交售一担中上等烟叶，价外奖励30元；每种1亩烤烟，由信用社解决小额贷款100元。

在这些优惠政策的鼓励调动下，全县群众的种烟积极性被大大激发起来。

第二节 "三管齐下"推动发展

为了推动烤烟生产逐步发展，县委、县政府采取了一系列措施，调动县、乡、村的力量，上下齐心，克难而上，使烤烟生产逐步由点到面滚动发展，成了群众快速致富的当家产业。

一、行政推动保面积

1987年种烟之初，县上成立了由政府县长任组长，分管农业的副县长任副组长的烤烟生产领导小组，吸收财委、农业、科委、财政、税收、工商、农行、气象、供销社、水利、交通、林业、电业及开发办等单位领导参加，明确由财政金融部门提供生产资金保证,农资供销部门提供农资保证,农林科技部门就木材供货、土质化验和配方施肥、病虫害防治提供服务,电力水利部门保证生产用水用电。要求全县上下围绕烤烟发展履职尽责,齐心协力做好产前、前中、产后服务,推动烤烟生产克难而上、滚动发展。同时,组建成立了烤烟生产管理局,专门负责烤烟生产中的具体组织指导工作。各乡镇也相应成立了领导小组,由一把手牵头并确定一名副职主抓烤烟生产。县、乡、村三级逐级就种烟面积、质量要求、奖惩办法签订合同式的目标责任书,并建立健全了考核制度,定期或不定期地进行评比检查。

此后,每年年初县委、县政府都把烤烟工作纳入全县三干会上进行总结安排、表彰奖励。并召开全县烤烟生产专题会议,县四大班子领导、各乡镇书记、分管副乡镇长、村支部书记,上年度烤烟生产模范户、先进个人和烤烟局全体人员参加会议。会议强调烤烟生产口不能松、劲不能减,面积只能多不能少,产量只能高不能低,效益只能好不能差;烤烟生产遵循"让利于民、重奖重罚"的原则,靠优惠政策调动生产积极性,靠典型带动促使烤

烟苗机械化大田移栽

烟生产逐步走上自觉化的轨道。1994年年初,在全县烤烟生产工作会上,县政府领导对全县8年间的烤烟生产,概括总结为"四个大":"成绩大、问题大、希望大、潜力大",并用"一低、二晚、三粗、四赶"8个字一针见血地指出全县烤烟生产存在的问题。一低是广大干部群众思想认识低,二晚是各生产环节动手晚,三粗是整个生产管理粗放,四赶是采收烘烤过于急躁赶速度。对全县各级干部强调吉县大力发展烤烟生产,是实践经验的选择,是富民产业的选择,所以烤烟生产口不能松、手不能软、业不能衰、劲不能减。

二、技术服务提品质

1988年是引种烤烟的第二年,全县8个乡镇43个村委1458户烟农栽植烤烟5041亩。3月份,从河南襄城县聘请技术员23人,又从陕西宜川县聘请技术员30人分配到种烟乡村,技术员人数比上年增加了23人。7月11日,县政府组织乡镇书记、烤烟局领导到宜川县进行了参观学习。之后,从宜川县聘请烘烤技术员4人,在兰家河乡吴尖村举办培训

烤烟局领导深入田间指导

班，对全县 28 名骨干集中进行了采收、烘烤实地培训。县上投资 19150 元扶持各村新建烤房 1000 个，并新成立了中垛、城关、文城、中市、王家垣 5 个烟站，统一配备了轧包机、磅秤等收购设备和物资。

当年，由于 6 月 27 日、7 月 18 日遭受冰雹、暴雨袭击，全县烤烟绝收 1750 亩，实际收获面积 3691 亩，总产 62.32 万斤，农民收入 59.21 万元，实现税收 23.6 万元。1989 年，种烟乡镇新增曹井乡达到了 9 个，村委增加到了 50 个，2967 户烟农共种烟 1 万亩，因遭受早春霜冻、夏季旱灾而减产，秋后共收购烟叶 90.073 万斤，烟农收入 80.2912 万元，实交税收 30 余万元。其中，亩均 700 元以上的户有 12 户。1990 年，全县 10 个乡镇 60 个村委 2549 户烟农种植烤烟 7335 亩，总产 193 万斤，烟农收入 239 万元，实交税 96 万元，其中有 11 户烟农亩均效益上千元，实现了连年上台阶。

1991 年，县上选聘了 110 名烤烟技术员下派到 10 个乡镇、83 个村委指导烤烟生产，全面推行区域化、良种化、规范化；实行种烟区域、种烟地块、种烟户

县领导和技术员在田间指导

"三集中"种植；全县统一管理、统一消毒、统一催芽、统一发放品种；在生产管理上推广了五项新技术，一是测土化验，配方施肥；二是苗床提早切块，起垄带土移栽；三是适时平顶，及时抹杈；四是提前防治虫害；五是分部位成熟采收，改革烤炉和烘烤方法。尽管遭受旱、雹自然灾害的侵袭，但普遍长势良好。8月6日，省烟草专卖局在吉县召开了烤烟生产观摩会。全县83个村委4543户烟农，共种植烤烟2.01万亩，地膜覆盖9391亩，总产4万担，烟农收入470万元，实现税收159万元。

1992年，县上投资70万元新建了中垛、柏山寺、曹井3个烟站，总建筑面积2500平方米，并购回了一辆"东风"牌卡车方便调运，补充采购了轧包机等收购、贮藏物资。当年，全县11个乡镇91个村委6579户烟农种植烤烟24300亩，总产4.4万担，农民收入380余万元，实现税收145万余元。

1993年，全县推广了主栽品种NC89，生产技术上实现了"五个100%"的突破。即种子消毒、苗床切块和干块带土移栽、地膜覆盖、适时合理平顶、成熟采收均达到100%，膜下移栽面积达到30%；在施肥上，实施"三增一合理"方案，即增氮、增饼、增钾，分层合理施肥；在烘烤上，推广普及了三段式烘烤工艺技术。

当年，全县10个乡镇89个村委种植烤烟19974.8亩，地膜覆盖17729.3亩，总产达365万斤，农民收入501万元，实际税收152万元。在全省创出高效益，被山西省烤烟生产领导组、烟草专卖局授予"烤烟生产先进县"。

1994年,全县紧紧围绕"保面积、抓质量、增效益"的指导思想,战胜了前期春寒育苗迟,中期干旱移栽难,后期雹灾损失大等自然灾害,由于技术服务及时到位,技术措施得当有效,烟叶质量、效益均创历史最好水平。山西省烤烟生产领导组、烟草专卖局授予吉县"年度烟叶生产先进单位"。

同年3月,在山西省首届农业博览会上吉县所产烟叶荣获"山西省首届农业博览会银奖"。

三、兑现考核奖励

1989年2月18日县委、县政府召开全县农村工作会议,对上年度的烤烟生产冠军村、状元户给予了表彰奖励,并对各乡镇兑现了种烟合同,奖励了烤烟生产突出的乡镇主要领导2500元,返还了种烟乡镇的应得税款48000元。之后,各乡镇也先后召开本乡镇会议,对先进村组和种烟能手进行了表彰奖励。由此,兑现考核奖励措施调动了基层的生产积极性,使烤烟生产逐步迈上了扩大规模、提质增效的路子。会上,县政府以合同形式将种烟面积分解到9个乡镇,在层层发动和典型带动下,全县掀起了一个"赶超冠军村、争当状元户"的

烤烟生产表彰奖励

烤烟生产新热潮。

1995年，县政府出台了优惠政策，对烤烟生产的面积落实、育苗、大田移栽、大田管理等主要环节，分阶段组织了五次检查。检查采取随机抽样，以此推算全乡镇，最后结果排队通报，对完不成任务，排在后两名的乡镇给予黄牌警告，书记乡镇长引咎辞职或免职。对种烟300亩以上的重点村，选派副局长或副乡长以上的领导干部蹲村包点，年终根据任务完成情况实行重奖重罚。每超完任务1%奖10元，少完任务罚5元，对任务完成最好的予以晋职晋级，完成最差的予以免职。对乡镇实行烟叶税收与财政拨款挂钩，实行奖优罚劣。对重点村委实行农场化管理。全县44个200亩以上的重点村，统一实行农场化管理。场长由支部书记或村委会主任兼任，或采取公开、平等竞争的办法产生，本村选择场长确有困难的要将地价减半，由乡镇委派场长，工资报酬以200亩每人每月50元为起点，每增加100亩，月薪加10元，以此类推。也可以和烟农1:9或2:8分成。

当年全县7个乡镇69个村委2428户烟农种植烤烟1.3万亩。虽遭受早霜、高温、干旱、冰雹、涝灾，仍总产烟叶233万斤，农民收入565万元，缴纳特产税128万元，增值税60万元，亩均收入千元以上的180户。

年终，县烤烟局拿出10万元，对烤烟生产中作出突出贡献的单位和个人进行了表彰奖励，并对全村种烟50亩的村支书每人每月补助10元，100亩以上20元，150亩以上30元。

第三节 "区域化、重点村、专业户"种植

1996年，县委、县政府制定出台《关于烤烟生产的实施意见》后，全县烤烟生产出现了三个新变化。

全县烤烟生产观摩

一是种植布局向"区域化、重点村、专业户"发展，由原来的10个乡镇优化缩小到城关、兰家河、曹井、东城、柏山寺、中垛6个优势乡镇，组织技术骨干蹲点指导重点村、专业户，面积落实同驻村技术员绩效考核挂钩。全县种烟10亩以上的有43户，最多达30亩，出现了千亩以上塬面7个。

二是实施"十百千万科技兴烟工程"，要求每名技术员重点培训10名农民技术员，每个农民技术员再指导辐射100名烟农，从而使全县3000多户烟农，户户有了"明白人"。在推行"五个100%"和"三增一合理"技术措施基础上，认真总结推广了膜下移栽的成功经验和虫害防治、烘烤不当"两个教训"，确定了烤烟生产的四个重点，即抓早、治虫、平顶、科学烘烤，先后在育苗、起垄、移栽、大田管理、采收烘烤等重要环节，组织召开了五个现场观摩会。

三是扶持政策更优惠，对税收返还乡镇比例提高到30%等。

在这些政策措施的鼓励下，当年全县62个村委3011户烟农，共种植烤烟14731.7亩，总产4万担，烟农收入1457万元，亩均效益989.36元，实现特产税248万元。

1997年，县委、县政府进一步加大力度，采取了三项工作措施推动烤烟生产。

分部位采收烟叶

一是加强领导，考核奖惩。继续实行县四大班子领导包乡镇、县直部委局办和乡镇领导包村责任制，并将所包乡村任务完成情况同本单位工作政绩挂钩，年终参与全县总评。以收购量为准核算，凡超额完成任务的乡镇，每超额任务5%，分别奖励包乡领导、乡镇书记、乡镇长、分管副职500元，每少完成1%，则扣除税收返还总额的1%；超额完成任务的村，每超10%，奖励包村领导100元；完不成任务的乡村，一次性扣除包村领导和书记乡镇长、分管副职未完成任务同比的工资3个月，并全县通报批评。

二是强化管理，主攻质效。县乡村干部组织、领导、督促广大烟农严格规范化管理，突出狠抓"早、肥、熟、烤、分"五个重点。在育苗、整地起垄、大田移栽、大田管理、成熟采收、烘烤分级等重要环节，县上组织检查评比并分别召开现场会。每召开一次现场会，给所在乡镇年终考核增记5分，并奖现金1000元。对管理差的乡镇通报批评，排在最后一名的要酌情扣减考核1~3分。年终以质取胜，以税定奖，奖励缴纳税款、亩均收入、斤均收入、户均收入、人均收入最高的乡、村、组、户。

三是优惠政策鼓励。对于烤烟生产有功人员，是国家干部的给予荣誉和物质奖励，是农村干部的除荣誉、物质奖励外，对特殊贡献者给予农转非，并吸收为烤烟技术员。

当年，全县4137户烟农共种植烤烟2.14万亩，总产4.8万担，烟农收入1200万元，实交特产税243.7万元，增值税50万元。

在这一利好形势基础上，1998年全县烤烟生产经过全县上下的共同努力，6个乡镇2424户烟农共种植烤烟1.35万亩，总产3129478.2斤，烟农收入930万元，实现特产税160万元，增值税48万元。

到1999年，全县扎实把握"抓早、治虫、平顶、采熟、烘烤、分级"6个重点，大面积推广了包衣种子育苗1.3万亩，营养袋育苗1000亩，工厂化育苗膜下移栽3820亩，使用催芽敏1.5万亩。同时，对烤房进行了"两改一换"改造。6个乡镇59个村民小组3318户烟农栽烟18773亩。其中1000亩以上塬面5个，1000亩以上的村委2个，800亩以上的村委1个，500亩以上的村委9个，10亩以上的户170个，户均面积5.5亩。共收购烟叶4.4万担，烟农收入996万元，实缴纳特产税213.7万元，增值税83万元。

2000年,县委作出了《关于建设旅游名县、烟果强县、生态大县的决定》,把发展烤烟生产作为全县农业结构调整"四个一"工程的重头

烟叶装炉准备烘烤

戏,进一步加大了烤烟生产的工作力度。全县出现1000亩以上优质塅面7个,1000亩以上村委4个,800亩以上村委5个,500亩以上村委10个,10亩以上种烟户562户;推广包衣种子育苗,实施工厂化育苗500万株,膜下移栽3462亩,全面推行了增钾、增油、增叶、增密度、减磷的"四增一减"生产技术,推广使用了止芽素新技术,对2000余座烤炉进行了改造完善。

烤烟开始收购后,为了打击私贩倒卖烟叶,规范整顿全县烟叶收购秩序,县政府印发了《关于搞好烟叶收购、严禁倒贩烟叶的通告》,组织公安、工商、烤烟和各乡镇联合打击非法偷运贩烟活

自动化烟叶烤房

验级收购烤烟

动，确保了烟叶收购的正常开展。当年，全县6个乡镇62个村委3791户烟农，种植烤烟24819.7亩，除部分烟叶外流外，实际收购烤烟5.4万担，烟农收入1028万元，实缴特产税242万元，增值税37.1万元。临汾市资源开发局授予吉县烤烟局"科技兴烟先进单位"。山西省劳动竞赛委员会授予吉县烤烟局"集体三等功"。

吉县大抓烤烟生产、富民创税的先进经验，引起了各大媒体的关注。这一年间，中央电视台、山西电视台相继播放了吉县发展烤烟产业专题片。《人民日报》《山西日报》《山西经济报》分别对吉县发展烤烟产业进行了专题报道，给山区农业县依靠和发挥当地优势，带领一方百姓发展"短、平、快"产业项目，走产业脱贫路子提供了借鉴。

进入2001年，全县在"区域化、重点村、专业户"的思路指导下，抓面积落实，突出"抓早"；抓田间管理，突出"优质"；抓市场销售，突出"高效"；抓责任考核，突出"落实"。原兰家河乡和曹井乡合并新建为车城乡后，全县种烟乡镇由上年度6个变成了5个，共有59个村委2477户烟农，种植烟叶1.68万亩，总产3.2万担，烟农收入500万元,实现特产税100万元,实际缴纳205万元，增值税108万元。由于全县三级书记抓烤烟，技术服务促提质，综合效益较显著，自1990年以来，吉县连续10多年均被评为全省烤烟生产先进县，受到山西省烤烟生产领导组、省烟草专卖局的表彰奖励。

第四节 困境中推行合同种植模式

进入21世纪，随着全县产业结构的调整，苹果栽植面积逐年扩大，已成为全县农民稳定致富的支柱产业，加上烤烟生产受自然灾害的影响效益连年下滑，群众的种烟积极性受到一定的挫伤。特别是国家烟厂库存趋于饱和，全国的烤烟生产从市场调控逐步转变为计划经济和市场经济的双重控制，国家主管部门提出了"稳定规模、防止过热、狠抓基本、主攻质量、强化管理、提升水平"的工作方针，严格落实计划任务合同制，控制烟叶种植规模，吉县的烤烟种植规模开始走向下坡。

2002年，县上对各乡镇下达了烟叶种植任务，指标下达到村组，合同签订到农户。实行了县领导和老干部联乡包村，乡领导、部局长联村包户，烤烟中心领导联站包村

农场化烟田

包户,技术员驻村包户的"四级联动"责任制。县政府要求各乡镇在面积落实和育苗工作上,要坚持"三不变一兑现""四不能五必须",即下达任务不变,联乡包村、联村包户的办法不变,考核奖罚的办法不变,全面检查排队兑现,凡完成面积任务70%以上的乡镇,书记、乡长介绍经验,对达不到70%的乡镇进行电视曝光;面积不能减、育苗不能晚、力量不能散、措施不能软,工作必须做深做细、政策必须用足用活、服务必须保质保量、规模必须集中连片、干部必须带头示范,从而克难而上促进了面积落实和精细管理。在遭受了大面积雹灾和伏天持续高温干旱等自然灾害情况下,全县5个乡镇51个村委1212户烟农种植烟叶8311亩,总产1万担,烟农收入177万元,实现特产税35万元,实缴特产税80万元,增值税184万元。

2003年,烤烟生产遇到前所未有的困难。面对烤烟生产的严峻形势,县委、县政府客观分析产业现状,精选种植户,包户抓管理,制定优惠政策在优质高效上求突破。一是从扶贫资金中划出一块资金,用于优质烟叶奖励,烟农每交售1担中上等烟,价外奖励30元;二是每种1亩烟由信用社解决小额贷款100元,用于购买种烟农资。全县5个种烟乡镇33个村委367户烟农共种植烟叶2738亩,收获面积2000亩,总产4.1万担,烟农收入135万元,亩均效益675元。

2004年,在全国烟叶种植计划进一步缩减的严峻形势下,全县按照"区域化、重点村、专业户"的思路,与烟农签订产销合同,走"公司+农户+市场"的产业化经营之路。一方面强化科技服务支撑栽管,坚持抗旱深栽,另一方面坚持按照"三段式"科学烘烤，严把质量标准，公平收购保市场。全县5个种烟乡镇34个村委414户烟农共种烟3132.4亩，收获面积2802.2亩，总产5.2万担，烟农收入189万元，中上等烟比例占72%，上缴特产税26万元，增值税77万元，质量、效益均好于往年。

2005年，全县按照"政府扶持、市场运作、烟农自愿、科技增效"的指导思想，推行政、企、农"三位一体"模式，走"公司+农户+市场"的产业化经营之路，把原有7个烟站合并为4个，实行技术员工资与效益挂钩，把栽植面积、管理措施、科技指导、收购任务落实到站到人，使技术员与烟农利益相连，结为利益共同体。当年，全县5个乡镇30个村委508户烟农签订合同面积3554亩，实际移栽3617亩。但由于干旱和冰雹等自然灾害，实际收获面积3191.5亩，总收购烟叶1.0449万担，比上年增加0.52万担，烟农收入323.6万元，比上年增加71%，全县亩均效益1013.96元，比上年增加338.6元，实现特产税64万元，上缴增值税72万元。

2006年，按照县委打造"四大强势经济板块"的决策，经过优化布局，全县5个种烟乡镇29个村委、66个村民小组、534户烟农共种植烟叶4000亩，实际收购面积3680亩，比上年增加488.5亩，总收购烟叶1.006万担，烟农收入372万元，亩均效益1010.86元，中上等烟叶占68.5%，实现特产税74万元，增值税80万元。

2007至2013年，省、市对烟叶的布局进行了调整，在严格落实合同，控制烟叶种植规模的同时，大力实施现代化烟草农业建设，加大新技术推广，以优质求高效。全县烤烟种植面积虽然一直稳定在 2000～3000 亩，产量在 1 万担左右，但效益连年增长。2007 年，5 个种烟乡镇 28 个村委、62 个村民小组、377 户烟农共种植烟叶 3600 亩，户均 9.5 亩，收购烟叶 1.06 万担，烟农收入 545.8 万元，实现特产税 50 万元，增值税 75.2 万元。2008 年，5 个种烟乡镇 305 户烟农签订生产收购合同 305 份，种植面积 3600 亩，户均 11.8 亩，收购烟叶 1.06 万担，烟农收入 750 万元，亩均效益 2080 元，是历年等级结构最好的一年。2009 年，大面积推广漂浮育苗，在采收烘烤上，印制了准采卡、准烤卡、产量估测卡，加大了采收烘烤管理力度。全县 5 个种烟乡镇、27 个种烟村委、290 户烟农共种植烟叶 3600 亩，收购烟叶 1 万担，烟农收入 601 万元，实现特产税 70 万元，增值税 80 万元。2010 年，按照县委提出的"推进四个发展，做好五篇文章"的总体发展思路，集中连片，规模种植，签订合同，规范生产，全县 4 个种烟乡镇、31 个种烟村委、200 户烟农共种植烤烟 2632 亩，户均 13.1 亩，共收购烟叶 1 万担，烟农收入 600 万元，实现特产税 70 万元。增值税 80 万元。2011 年，省、市对烟叶的布局又进行了调整，要求在落实面积的同时，不允许多签多种 1 亩。全县 4 个种烟乡镇、34 个村委、172 户烟农共签订种植面积 2590 亩，户均 15 亩，收购烟叶 9400 担，烟农收入 600 余万元，实现烟叶税 70 万元，增值税 80 万元。

到 2012 年，省、市下达吉县烟叶种植计划 9000 担。合同签订工作从 3 月 15 日开始，全县 4 个种烟乡镇、21 个村委，160 户烟农共签订种植面积 2727 亩，户均 17 亩，收购烟叶9000担,烟农收入700多万元,实现烟叶税70万元,增值税80万元。全县涌现了车城乡朱源头村裴良辉种烟50亩、吉昌镇兰村李玉栋种烟150亩、马家河村刘较森种烟60亩、刘铁柱种烟80亩以及中垛乡张彦明种烟80亩等一批种烟大户、专业户。

2013—2018年,由于种植计划的连年压缩,全县的烟种植面积进一步缩减,种植户数、种植规模基本上固定为专业户、基地化。全县种烟乡镇4个、种烟村委16个、种烟户在100户上下波动,种植面积由2432亩缩减到773亩,产量由8100担缩减到1500担,烟农收入由1206万元减到240万元,烟叶上缴税收由216万元降到50万元。

烤烟生产的一度辉煌,为吉县农民致富、财政创税发挥了强有力的支撑,在老区发展历程中书写了光辉的史篇。

第三章 旅游开发打造朝阳产业

第一节 旅游资源赋予了开发优势

吉县文化底蕴深厚,旅游资源丰富,自然景观和人文遗迹星罗棋布。在这片历经沧桑的黄土地上,除黄河壶口瀑布、人祖山、柿子滩古人类文化遗址、克难坡等著名旅游资源外,还有大禹治水起始地的孟门山,黄帝拜访广成子的风山,祖乙迁都的古耿之地,以及麦城村"北屈"古城遗址、龙王辿的清代长城遗址、谢悉村坤柔圣母庙、清代扶风桥、文城乐楼、五龙宫和东城的古炮台、锦屏山摩崖造像、南寺造像碑、桑峨造像碑、安平千佛碑、西寺大石佛、安平村大钟、五龙宫村大铁佛、大墓塬古墓、五龙宫汉墓、杨贞墓等人文古迹。此外，井圪塔寨子、朱德槐、朱总司令旧居院落、人祖山抗战遗址等爱国主义教育基地，也吸引着无数游人前来瞻仰参观。而锦屏叠翠、佛阁晴岚、寿山夕照、古洞瑶桃、小桥流水、石孔飞泉、壶口秋风、孟门夜月等"吉州古八景"更是具有历史厚重感和时代穿越感，引人遐想。

20世纪80年代县政府领导在清长城遗址调研旅

全县具有开发潜力的自然景观、人文遗迹计有五处：

一、黄河壶口瀑布

壶口瀑布，位于吉县县城西45千米处的晋陕峡谷之中。黄河自青海源头流经四川、甘肃、宁夏，在内蒙古遇吕

冬日壶口挂彩虹

梁山阻挡转向南流，奔到吉县龙王辿，400米宽的水面骤然收成一束，奔涌倾泻在高差30余米、宽仅40米的石槽中，形似"巨壶注水"，故名壶口。置身壶口岸边，雄浑壮观的瀑布撼人心魄，洪波急湍，惊涛拍岸，"听之若雷霆之鸣，望之如虹霓之射"，形成"谷涧起雷""群龙戏浪""水里冒烟""彩桥通天"四大奇观，一年四季，景色迥异。在特定条件下，还会看到"鱼跃飞瀑""蛟争深渊""十月流凌""龙潭潜鲤"的奇妙景观，被称为"四大奇遇"。壶口瀑布周边还有"孟门夜月""石窝宝镜""禹帽夕照""管头红叶"等自然景观和"龙门飞桥""明清码头""清代长城""牛马王庙"等人文景观相互映衬，形成以壶口瀑布为中心的178平方千米的黄河壶口瀑布风景名胜区。游客在壶口景区，还可以欣赏到"旱地行船""龙洞观瀑""十里龙槽""梳妆潭"等特色景观。

1987年2月，省建设厅召开"评审省风景名胜区"座谈会，专家建议壶口瀑布全称为"黄河壶口瀑布风景名胜区"。之后，县委、县政府于5月1日决定成立了"吉县壶口旅游管理局"，正式拉开了壶口旅游开发的序幕。

经过30多年的开发建设，壶口瀑布风景名胜区已经成为国家级重点风景名胜区、4A级旅游风景区、"中国最美丽的瀑布之一""中国旅游胜地40佳之一"、山西"美好印象十大景区""山西省十佳旅游景点"、国家级地质公园、国家自然遗产预备名录等。

二、人祖山

云绕高庙似仙境

人祖山，又名庖山、风山。北魏郦道元所著的《水经注》曰："河水南经北屈县故城西，西四十里有风山，上有穴如轮，风气萧瑟，习常不止。"

这里的北屈就是吉县的古称，风山就是今天的人祖山。《吉县志》中记载："庖山，州北三十里。迤北而上，又三十里至绝顶。上建伏羲庙，塑伏羲、女娲二像，相传为庖羲氏故宫。又传伏羲始制婚姻之礼，名为人祖。"可见，这里所谓的人祖就是伏羲和女娲。人祖山风景区位于吉县县城西北部30千米处，海拔高度1742.4米，景区面积203平方千米。主峰上建有人祖庙，又称金山寺，建在一座三面陡峭、一面缓通诸峰的山巅之上。人祖山的人文遗存众多，据不完全统计，山中历代庙宇约达200处，其中最负盛名的是建有"娲皇宫"和"伏羲皇帝正庙"的人祖庙。人祖庙占地4亩，建有后宫、献亭、乐楼、僧寮等。景区主要景点有滚磨沟、烟合崖、穿线梁、高庙、宝光寺、山斧头寺遗址、石云洞、石人根等，每个景点都有一个动人的传说故事，展现了先民的聪明智慧和根祖崇拜。如滚磨穿针、狐仙作合、石帽山、南海龙宫后大门、神牛守河等。

有专家学者研究认为，五千年文明看山西，一万年祖源在吉县。

"五千年文明看山西"，是山西省基于华夏文明的起源在山西晋南，尧舜禹等上古帝王曾主要在晋南一带活动的史话，是近年间对外进行文化宣传的响亮口号。在吉县的许多考古新发现，更印证了吉县曾是上古先民刀耕火种、渔猎栖息的生活繁衍之地。20世纪80年代以来，山西省考古界通过对吉县柿子滩文化遗址的发掘，发现此遗迹有一两万年前农耕文明起源的大量旧、新石器，有药物造火的"造火器"，还有"女娲岩画"，被评为2001年度"全国十大考古新发现"。2011年，省、市、县考古工作者又在吉县人祖山顶峰人祖庙的娲皇宫内，发现了有明代人墨书题记的"皇帝遗骨"，经北京大学考古文博学院C_{14}测定，距今6000多年。许多专家认为，这里的"皇帝"，是指母系社会中某代或者最后一代部落酋长，即其中一位"女娲"。还发现了战国、汉、唐、宋、明、清等朝代建筑文物。2012年，来自北京和省、市的多位专家在吉县举行的"人祖山考古文化旅游鉴评听证会"上，认为这是我国目前发现最早祭祀女娲的遗迹。这些重大发现印证了女娲是人不是神，吉县人祖山区域是万年前中华文明起始的主源地，是万年前中华民族的创世始祖女娲、伏羲的主居地。

在全国广阔大地上，自古以来唯一用"人祖山"命名的山脉在山西吉县。随着旅游产业的深度开发，人祖山将会成为吉县经济社会发展对外联通的又一响亮品牌。

三、柿子滩古人类文化遗址

柿子滩古人类文化遗址位于州川河河谷地带，距吉县县城西南约20千米，是中国目前距今2万多年至1万年间现存面积最大、内涵最丰富的一处原地埋藏旧石器时代遗址，被列为全国重点文物保护单位。柿子滩遗址群田野资料的石制品组合特征，呈现了中国旧石器文化的西部风格，代表了旧石器时代晚期之末、广泛分布于黄土高原和黄河中游地区的一种独特文化。在柿子滩南边防风崖下，还发现中国最早的岩画："女娲岩画""双鹿图""雁阵舞"，是原始图腾崇拜的真实记录。2002年4月，柿子滩遗址被国家评为2001年"全国十大考古发现"之首。

著名学者王先胜在《伏羲、伏羲时代与伏羲遗存》一文中指出："柿子滩遗址是著名的细石器文化遗址，也是'国内已知旧石器时代晚期面积最大、堆积最厚、内涵最丰富的遗址群'，不仅可以代表细石器文化，还是中国旧石器时代晚期文化（即伏羲时代）的代表性遗址，当然可以视为伏羲时代和伏羲遗存的代表性遗址。"联系柿子滩岩棚下的"女娲岩画"和挂甲山下的"伏羲岩画"来分析，专家认为，考古发现的柿子滩、高楼河沟和狮子河村三处古人类活动的中心营地，属于"伏羲时代和伏羲遗存的代表性"的3个古人类生活聚落。这些聚落的先民，应该是"女娲氏族部落"或者"伏羲部落"。在此，共发现相对集中的旷野类型用火遗迹300余处，出土文化遗物3万余件，81.4%的用火遗迹的中心和周围都集中分布有石制品和化石等原生埋藏的文化遗物。这些埋藏遗物，证明了女娲、伏羲部族的生产工具和生活用物；出土了近30件琢磨精制的石磨盘、磨石和石磨棒。研究者从这些石器的表面，提取出了许多植物淀粉遗存。证明这是女娲、伏羲部族先民用以滚压、研磨采集物的生产生活器具。出土的石簇，尖锐锋利，两翼对称，作为枪头，连接木杆，制成他们的弓箭和投枪，这些原始武器是女娲、伏羲部族社会生产力发展的重要标志；有了它，延长了古人类的手臂，发挥了古人类的智慧，进攻和防御能力得到增强，守卫部族或狩猎更加迅速快捷；出土的"火石"和造火器，证明女娲、伏羲部族已经告别落后的钻木取火，采用了两种先进取火方法。一是钻燧取火（钻即火镰，燧即火石），就是用火镰与火石拼打而产生火花引燃火种；二是"化学"取火，柿子滩下文化层出土了一块长6.2厘米、宽3.2厘米、厚3厘米的方形砂岩，其左侧厚处，有一道明显属于人工制出的长2.5厘米、宽1.4厘米的长槽，槽内贮有淡红色物质。另一侧有两个带烟火痕迹的V形小坑。研究者对这件人工石器中淡红色的遗留物质，进行了化验分析，发现与现今火柴配方相同，是遇到碰撞立即起燃的物质，表明这是女娲、伏羲部族先民使用化学原料的造火石器；出土的灶台，证明那时的先民已经学会"做饭"，开始加工食物；出土的不同类型不同工艺的蚌壳与鸵鸟蛋质装饰品、研磨石和颜料块等遗物；还有使用痕迹的细石叶，经过微痕分析研究，是先民为制作饰品所用的钻孔工具。说明女娲、伏羲部族的审美意识已经形成，并有了饰品工艺。

四、克难坡

克难城坐落于黄河东岸、壶口瀑布北5千米处的吉县南村坡村，是抗日战争时期第二战区司令长官部和战时山西省政府驻地。1939年阎锡山派晋军兵工师用一年多时间修建了这座小城，阎锡山在进驻前为避"南村"谐音"难存"，改称"克难坡"。克难城是极具黄土高原特色的军事建筑群，有其严密的攻防布局和战略意义，东西长约1千米，南北宽约0.5千米，是一个三面临沟河、一面通塬面的葫芦状独立山梁，一夫当关、万夫莫开。弹丸之地的山间小城，曾一度约有两万多人居住办公。克难城内主要人文景点有实干堂、烘炉台、忠烈祠、杨经略祠、阎公馆、真理室、批评室、检讨室、万能洞、屯兵洞、窑洞暗道和望河亭等。

克难城全貌

五、高天山

高天山位于吉县车城乡曹井川东端，海拔1820米，是吉县最高峰。明代碑刻载："高天山天造地设，非人力所能为之，如华岳，似泰岱，亦可南比武当。"现存有云霞宫、东宫、西宫等建筑群的遗迹遗存，发现历代碑刻64通，是道教祖庭之一，明清时香火盛极。自吉县县城东行经曹井川至高天山30千米，曾是旧时吉州通往山外的古驿道，沿途有郭家垛、朱家堡、九天圣母庙及古人崖刻题记、摩崖石刻等人文遗迹。山上古树森森，或直立高耸，或横卧斜出，千姿百态，景色迷人，春花烂漫，夏荫葱翠，秋枫层染，冬松苍莽。沿曹井川的清水河源出于高天山麓，碧流清澈，田畴山川，苍山掩村，幽然乡韵。景区辐射面积1000公顷，山势雄伟、层峦叠嶂、浓荫蔽日、林木茂密，珍稀树种繁多，生物群落分布明显。主峰古树

遗迹众多的高天山

参天，树下绒草铺地，令人幽然神怡；林间有褐马鸡、麝、金雕等国家保护动物及野人参、鸡头参、羊肚菌、冬虫夏草等名贵药材；山间出露多处泉眼，常年流量20L/s左右，经山西省环境卫生监测站检测，含有9种对人体有保健功效的微量元素，其中锶含量高于国家矿泉水标准，是旅游度假休养的理想开发地。

近年来，吉县县委、县政府启动创建全域旅游示范县，先后开发打造了屯里生态牡丹园，上东村和社堤、南村苹果采摘园，西岭"果花映秀"观光园等乡村旅游基地，使全县旅游景点连点成线，循环成圈，为全县旅游大开发奠定了基础。

第二节　探险活动开启壶口宣传

旅游业创造价值的根本和核心是文化。景区、景点、景观巨大而持久的吸引力，就在于其本身特有的观赏价值、历史价值、科学价值和艺术价值，而这些价值都属于文化的范畴。旅游和文化

秦晋联手宣传壶口

的结合,是旅游开发的突破口和大趋势。黄河壶口瀑布饱含了黄河文化和根祖文化的厚重底蕴,开发壶口旅游首要的是以文化为载体进行推介,以提高其知名度和美誉度。

为了从物质层面形象地展现壶口瀑布雄浑壮观、惊险奇绝的壮美风貌,1984年6月,县委、县政府决定成立吉县壶口风景名胜区筹建领导组,同时成立了吉县壶口风景名胜区顾问组;10月25日,组织完成了《黄河壶口瀑布风景名胜区总体规划计划书》。

1987年2月在省建设厅召开的"评审省风景名胜区"座谈会上,专家一致同意推荐壶口景区上报为国家风景名胜区,建议壶口瀑布全称为"黄河壶口瀑布风景名胜区",并于7月21日被正式列入第一批省级风景名胜区。5月,吉县壶口旅游管理局成立后,县委、县政府即着手策划了4次惊险刺激、引人注目的壶口漂流探险活动,借以提高外界对壶口瀑布的关注。

首次壶口瀑布漂流探险

1987年8月3日,首次黄河壶口瀑布漂流探险成功。

安徽省黄河漂流队壶口探险

1987年9月4日,安徽省黄河漂流队的王来安,乘坐由40个汽车内胎用绳索捆绑外护的"长江号"橡胶密封舱,从壶口上游投放入水顺流冲漂,在壶口瀑布的巨浪骇涛中翻滚沉浮,直到龙槽下游浮出打捞上岸,漂流壶口瀑布获得成功,拉开了人类壶口体育探险的序幕,创造了人类历史上第一次无动力漂流黄河壶口天险的壮举,被誉为"黄河第一漂"。

北京青年黄河漂流队壶口探险

1987年9月8日,北京青年黄河漂流队的张晓军,在队友配合下漂流探险壶口获得成功。此前,他从黄河源头起漂,先后到青铜峡、刘家峡、龙羊峡等多处险流河段漂流探险,最后成功漂流到黄河入海口,成为第一个全程漂流黄河的勇士。

河南省黄河漂流队壶口探险

1987年9月10日,河南省黄河漂流探险队的队员们,用敞篷船从壶口东岸吉县境内的侧流瀑布漂流成功。

这一系列的漂流探险活动,高潮迭起、惊险奇绝,在彰显体育精神的同时把气势磅礴的壶口瀑布,推介宣传成了世人关注的热点。

在精神文化层面,随着壶口瀑布被列为国家重点风景名胜区,游客骤增,文学创作也随之繁荣。比较知名的诗作有胡绳的《游壶口瀑布》,胡默涵的《观壶口瀑布》,段云的《壶口飞瀑赞》,孙文盛的《祝飞越壶口瀑布》,胡晓琴的《观黄河大桥有感》等,散文有梁衡的《壶口瀑布》,张铭清的《黄河魂》,艾斐的《壶口瀑布记》等。吉县籍人创作的比较有名的作品,有陈保堂的《壶口抒怀》,段克己的《念奴娇·壶口即景》,李苏河的《壶口三颂》,冯彦山的《壶口吟》,冯慎终的《壶口三咏》,李晋荣的《壶口雄威》等诗歌,另有曹粆的散文《壶口游记》等。

为了加大对外宣传推介力度,1991年10月由县志办组织编印了《壶口便览》,1998年12月由县政协组织编著了《黄河壶口漫谈》,2010年8月由县委宣传部组织编著了《黄河壶口诗文集锦》,2010年9月由吉县旅游服务

中心组织编印了《壶口之旅》，2011年5月由退休老干部霍盈洲编著了《壶口岸边的记忆》，2012年8月吉县旅游服务

第四套50元人民币背面图案

中心组织编印了《晋善晋美·畅游吉县》。这些书籍图文并茂，对黄河文化、壶口神韵加以深度挖掘和广泛宣传。同时，对其他旅游景点也组织力量进行了文化挖掘和宣传。2011年3月退休老干部燕生纲与其子燕奇荣编著了《克难坡逸事》；同年，县政协组织编著了《吉县史话》。对于人祖山的旅游文化挖掘，县旅游中心组织编著了《人祖文化源与流》，人祖山文化旅游开发有限公司组织编著了《中华人祖山：人祖文化解码》《圣山笔歌：百名作家人祖山采风集萃》《咏人祖山诗文集》等。2018年吉县三晋文化研究会组织，由强旭中编著了《探秘高天山》。1987年4月27日发行的第四套人民币50元的背面图案选定的是壶口瀑布。中央电视台《新闻联播》片头选用壶口瀑布画面连播数年，并在壶口景区实地拍摄了《壮哉壶口》《抗战歌曲》等纪录片，《东方时空》《神州风采》《正大综艺》《五一七天乐》等栏目摄制组先后摄制播放了《壶口奇观》《黄河壶口》《黄河神韵》；香港凤凰卫视中文台到壶口景区拍摄了《壶口旅游风光》电视片；山西电视台在壶口实地拍摄了电视剧《黄河情》，科教片《壶口叠翠》，专题宣传片《人说山西好风光》等。《中国出了个毛泽东》《二战

秘闻》《黄河大侠》《秦颂》《红河谷》《张学良将军》《冼星海》等电影在壶口取外景或现场拍摄。著名画家张凭到壶口创作的《黄河壶口》《摇篮》被收为中央美术学院国画教材,任敬宪在壶口创作的《黄河组画》发表于报刊,刘恪山与友人联袂创作的巨幅国画《黄河壶口瀑布》悬挂于首都机场贵宾候机厅等等。从而,通过绘画、书法、图书、影视、影展等载体,尝试挖掘和展示了吉县各旅游景点的文化内涵,使黄河文化、根祖文化根植人心,对吉县旅游景点热切向往。

第三节 "漂流月"叫响壶口品牌

鹅鸭凌涛漂壶口

黄河壶口瀑布是九曲黄河的璀璨明珠。新中国成立以后,壶口瀑布凭借其雄浑壮美的风姿和撼人心魄的神韵,吸引了世人的目光。

20世纪70年代末到80年代初,到壶口的客人越来越多,接待任务越来越重,县里有点应接不暇,而且因吉县东岸未开发,须过河到陕西看瀑布,费用开支较大。资源成了负担。壶口瀑布作为旅游资源迎来大开发,始于20世纪90年代,全县上下把宣传推介壶口、打造旅游品牌作为旅游开发的重头戏，1987年接连举行了4次壶口探险活动后，又先后举办了"漂流节""漂流月"等一系列重大活动。

第一个壶口漂流节

1993年9月13日，县委、县政府在壶口瀑布前举办了第一个漂流节，千只鹅鸭及巨龙和猪、羊模型从壶口上游投放黄河，顺流漂过壶口瀑布，开启了壶口旅游宣传活动的序幕。

首届黄河壶口国际漂流月

1994年9月19日，县委、县政府举办了首届黄河壶口国际漂流月。时任国家旅游局局长刘毅为漂流月题写了会标和题词，省政府副省长刘泽民在开幕式上致辞，吴达才等领导和部分外国友人参加了开幕式。活动中，河北吴桥杂技团的杨云女士表演了壶口上空走钢丝，天津勇士张志强表演了乘密封舱漂壶口、黄河大桥悬索跳等，并于9月28日组织9艘快艇，成功举办了黄河三门（孟门、石门、龙门）首次漂流活动。

张志强"壶口第一漂"

第二届黄河壶口瀑布国际漂流月

1995年9月19日在壶口景区开幕，国家旅游局发来贺电，省旅游局局长王锚琛、临汾地区行署、陕西宜川县等地领导到会表示祝贺。日本和新加坡旅游观光团也特地赶来参加,曾漂流过长江与黄河壶口的天津勇士张志强表演了黄河大桥悬索跳"蜻蜓点水";河南省获嘉县高空飞车艺术团的王凤海、王凤琴,在壶口瀑布上空钢丝绳上进行了摩托车、自行车、独轮车、空中飞人等横跨表演。

第三届黄河壶口国际漂流月

第三届壶口漂流月开幕式

1996年9月19日在壶口开幕,省政府领导莅临现场,省长孙文盛发了贺电,新华社、山西电视台等新闻单位作了报道。漂流月期间举办了精彩的黄河三门漂流和龙槽探险活动,《壶口潮》威风锣鼓表演,《壶口情》花鼓表演,《壶口颂》唢呐表演,《壶口风》武术表演,《壶口魂》腰鼓表演,等等。还有河南高空飞车艺术团表演的独轮车高空横跨壶口、高空飞人、摩托车悬空、冯九山手持平衡杆高空走钢丝等,滑翔运动员在晋陕大峡谷表演了高空滑翔。

第四届黄河壶口国际漂流月

1997年5月26日至6月25日在壶口开幕。为迎接香港回归和党的十五大召开,6月1日台湾影视界著名飞人柯受良先生驾驶汽车成功飞越壶口，中央电视台和香港凤凰卫视做了现场直播，引起了全世界的瞩目，壶口瀑布名播中外。活动期间，吉县和来

第四届壶口漂流月开幕式

自全国的威风锣鼓、大合唱、大型杂技、直升机航拍大桥蹦极跳、摩托车高空走钢缆等表演现场助兴。

第五届黄河壶口国际旅游月

1998年9月19日在壶口开幕，吉县西关村的"黄河娃"朱朝辉进行了摩托车特技表演，河北省体委机动伞队进行了高空飞翔表演，内蒙古乌

开幕式上的威风锣鼓表演

兰牧骑前来助兴，吉县的威风锣鼓、腰鼓、唢呐、旱船、竹马等民间文艺表演同台献艺，全国各地数万游客欣喜观赏。

第六届黄河壶口国际旅游月

1999年6月20日在壶口开幕,省委、地委书记致电祝贺,地委、政协临汾工委领导出席了开幕式,"黄河娃"朱朝辉驾驶本田250摩托车成功飞越黄河,北京电视台进行了现场直播。此后,黄河壶口瀑布名气大振,驰名海内外。之后,2000年6月、2001年9月,吉县县委、县政府又连续举办了第七届、第八届黄河壶口国际旅游月,都取得了极大的成功,进一步将壶口瀑布这个吉县靓丽名片叫响全国、推向世界,壶口瀑布的名气和影响力得到不断扩大。吉县旅游开发从此开辟了新境地。

第四节 壶口推介表演活动惊险奇特

一、杨云壶口走钢丝

1994年9月19日,首届壶口漂流月开幕之日,来自"中国杂技之乡"河北吴桥杂技艺术团的演员杨云,在一高一低两根钢丝绳之间,进行惊险刺激的特技表演。钢丝绳横跨龙槽两岸40多米,离滚滚黄河水面数十米。表演中,矫健的杨云女士敏捷沉稳地走上钢丝,如飞燕凌空般地在咆

杨云龙槽走钢丝

哮奔腾的龙槽湍流上空往返，神情自若，如闲庭信步，以高超的技艺表演了金鸡独立、凌空劈叉、悬空坐凳等高难度节目，赢来了观众阵阵赞美掌声。杨云从9岁开始学习杂技走钢丝，多年来一直在舞台上进行表演，但在风大浪眩、惊险万分的黄河壶口上空走钢丝实属举世首次。漂流月前，她坚持天天苦练，终于掌握了这难度特大的表演绝技，成就了"华夏第一走"，被誉为"黄河飞燕"。

二、张志强黄河大桥悬索跳

1994年10月1日，首届壶口漂流月开幕后，天津漂流勇士张志强在壶口国道大桥上作悬索跳表演。悬索是一种特制的弹力韧性极强的专用橡胶索带。张志强把悬索的一端牢牢地固定在大桥支架上，另一端系在脚踝处，从桥上一跃而下，直达离黄河水面三四米的地方，然后借助悬索巨大的反弹力，又从水面弹回，令游客惊心动魄，尽享惊险刺激，倍感体育运动的强大魅力。

1995年9月19日第二届漂流月活动，张志强表演了主题为"蜻蜓点水"的悬索跳，只见他从31米高的大桥上纵身跳下，头部贴住水面猛又反弹，人们誉之为"亲吻母亲河"。

张志强悬索跳

三、王凤海、王凤琴壶口上空骑车

王凤海王凤琴壶口表演

1995年9月19日，第二届黄河壶口漂流月中，来自河南省获嘉县高空飞车艺术团的王凤海、王凤琴，从瀑布东岸架设的40米高台上出发，在横跨壶口瀑布两岸的长达1000多米的钢丝绳上，先后以摩托车、自行车、独轮车、空中飞人等作横跨表演。表演所用钢丝绳距水面60米高。

四、冯九山壶口上空走钢缆

冯九山壶口走钢丝

1996年8月25日下午5时零5分至5时40分30秒，河南省高空飞车艺术团演员冯九山，手持一根普通铁管，从吉县一侧出发在壶口瀑布上空的钢缆上走过,历时35分30秒,横跨1000多米到达陕西宜川一侧的山头上。钢缆最高处距地面154米,最低处也有142米。由于钢缆跨度长,所以走上去就形成了较大的弧度,加之壶口上空风大,使钢缆大幅摆动,更增加了表演难度。冯九山以超人的胆魄和绝技,走到咆哮的壶口瀑布上空,表演了单足站立、俯身平衡、"燕子探海"等高难动作,两岸观众报以热烈掌声。这次表演活动进行了现场录像,吉尼斯上海总部有关人员现场见证,并经吉县公证处公证,认定此次表演打破了高空走钢缆的长度纪录,创造了吉尼斯世界新纪录。

五、柯受良驾汽车飞越壶口

1997年6月1日,柯受良驾汽车飞越壶口。从5月28日开始,来自全国各地包括港、澳、台地区和外国的游客,络绎不绝地驱车赶往壶口景区。6月1日,从凌晨3时起在吉县通往壶口的309国道上,单向双路车流首尾相接涌向景区。一大早,壶口瀑布周边及峡谷两岸山头上密密麻麻站满了人群,上午10时30分,"飞黄"助兴表

柯受良飞黄掠影

演开始，著名歌唱演员殷秀梅、林依轮、解晓东、那英、毛宁、米文林、牛宝林、吕继宏、包荣等相继登台献艺，两架直升机在壶口上空拍摄助兴；13时15分左右，中央电视台主持人宣布：柯受良准备提前起跑。13时20分，柯受良身穿运动服，头戴安全盔，坐进了跑车。刹那间，车从跑道的起点飞奔而下，突然在离起飞点仅差几十米处，伴随着刺耳的尖叫声而急刹停车。稍后跑车又退回出发点，柯受良略做状态调整后，再次风驰电掣般地冲过跑道，在壶口上空划了一道扣人心弦的50米弧线，一头冲进黄河西岸的接车台。在此守候的10多名工作人员迅即上前，帮助柯受良从车里走出来，飞越黄河圆满成功。顿时，黄河两岸的人海中欢呼鼎沸，鞭炮齐鸣，激情奔放地表达对飞黄成功的祝贺。山西省省长孙文盛当面向柯受良表示祝贺，并即兴吟诗：黄河九曲险天下，壶口飞瀑惊鬼神。涛声依旧雄姿在，而今一越更惊人！

六、朱朝辉骑摩托车飞越壶口

在1999年第六届壶口国际旅游月中，由县委、县政府组织，吉县民营企业家刘效平出资100万元，筹办了由吉县土生土长的黄河娃"朱朝辉"驾驶国产摩托车飞越壶口。6月20日上午，由吉县和宜川县联合举办的文艺表演在两岸开始。解晓东、景岗山等著名歌手在壶口岸边精彩献艺，11时58分，随着壶口风速的减弱，天空突然升起了三颗信号弹。顷刻间，全场的观众凝神静气，把目光齐聚到了起跑点处骑车待发的朱朝辉身上。只见他发动摩托车,凝视前方,在强劲的马达轰鸣声中,摩托车像离弦的飞箭冲过跑道,在壶口上空划过一条炫目的弧线,眨眼工夫便落到了河对岸的接应跑道上,飞越跨度达43米。两岸观众欢呼雀跃,祝贺朱朝辉飞越黄河成功。之后,在万人注视下,朱朝辉与守候在对岸的新娘王晓丽在壶口现场举行了别开生面的婚礼。

朱朝辉摩托飞黄

合作企业家刘效平向新人赠送了1万元厚礼,在此热烈的场景中,激动万分的朱朝辉向两岸数万观众俯地叩谢,并与县委书记陈保堂、教练秦克宁和刘效平热泪相拥。

地委书记杜玉林致电祝贺,地区领导程满仓、秦瑞亮、张家俊代表地委、人大工委、行署、政协工委,赠给朱朝辉、王晓丽5000元,慰问贺喜。

七、三青年缆绳越壶口

闻讯柯受良将驾汽车飞越黄河,深圳蛇口青年登山爱好者王大力认为,自己完全可以用登山技术和专用登山器材跨越黄河。王大力和他的登山伙伴华南师范大学学生罗洁源、黄丽芬,于1997年5月29日凌晨到达壶口。经过实地测量，他们将跨越黄河的地点选在柯受良准备飞车的跑道和表演大舞台之间。凌晨6时，专用抛绳器将绳索抛过对岸，再牵引登山绳在黄河两岸架设了一条跨越黄河的"绳桥"。这条仅11毫米粗的登山主缆，跨度达60余米，两端用岩钉固定在悬崖峭壁下的岩层上。6时30分，王大力第一个从壶口瀑布的山西一侧向陕西一侧开始跨越黄河。整个人的重量就系在11毫米粗的登山绳上，距离奔腾黄河水面几十米高，瀑布溅起的水花把他的衣服全都打湿了。特别是当他们快到对岸的时候，上升的绳索角度越来越陡，两岸的悬崖石壁没有一点可以援手之处。当王大力运用攀岩技术艰难地翻上峭壁后，旁边围观的人们一齐鼓掌祝贺。随后，罗洁源、黄丽芬也分别从陕西、山西两侧依次横跨黄河。

八、狄焕然壶口瀑布跳水

2001年5月3日，在距离瀑布最险要处50米的地方，有中国悬崖跳水第一人之称的黑龙江省牡丹江市邮政局司机狄焕然，穿着一条红色泳裤，不加带任何保护措施纵身一跃，腾空而下，身体呈倒十字跳入奔腾的黄河壶口，瞬间被飞旋湍急的洪流吞没，飞速地冲向了龙槽下游。经过在惊涛骇浪中的奋力搏击，狄焕然终于抓住了一块龙槽河岸岩石，攀登浮出水面，成为壶口瀑布跳水第一人。

第五节　启动全域旅游示范县创建

20世纪90年代，全县旅游业发展的主要精力集中在壶口瀑布风景区开发上，在一定意义上讲是单点开发，呈现出一景独大的局面。

从1994年开始到2001年，县委、县政府连续举办8届黄河壶口国际旅游月，吸引了国内外数百万人前来参观，一方面壶口瀑布随之驰名中外，闻名遐迩，另一方面也促进了壶口景区的进一步开发和完善。但是，由于县域旅游景点壶口景区独放光彩，形不成旅游网点连线，外地游客远道而来观赏壶口瀑布后，往往又匆匆离开吉县，尤其是过境壶口景区的青兰高速通车后，这一现象更为突出，旅游服务业的功能效应受限，难以形成产业化格局。相对壶口瀑布景区的较快开发，县内其他旅游景点开发则相对滞后，进度比较缓慢。

从2000到2010年的10年间，虽然对县内其他旅游景点进行了景点道路、水电通信等基础设施基本配套，但景点的旅游收益和带动效果并不明显。九十年代以后，县委、县政府把壶口旅游作为吉县人民脱贫致富的支柱产业来抓，并在中共吉县第九次代表大会上作出了《关于建设旅游强县加速经济发展的决定》，对壶口瀑布风景区的开发采取政府主导型的模式，吉县县委、县政府及有关职能部门发挥了重要的作用。在搞活动、抓宣传，提高壶口知名度和美誉度的基础上，县上争取省市项目开发投资近亿元，不断完善景区配套设施，初步打造形成壶口旅游品牌。

1999年吉县黄河壶口瀑布国家地质公园申报成功，为壶口旅游开发丰富了内涵。进入21世纪以来，随着旅游产业市场化的推进，吉县旅游业开始体制改革和机制创新，初步构建政府推动、民营主导、市场运作、企业经营的旅游业开发新模式。

从2010年开始，县委、县政府确定了旅游兴县战略，进一步加大旅游开发力度，对全县景点开发进行全面布局、科学规划，形成了山水游、考古游、生态游、红色游、民俗游、农业游等旅游链的基本思路，旅游开发的投资主体由政府主导转变为企业主导开发，克服了政府投资不足、经营机制不活的问题，旅游开发进入了快车道。通过招商引资由洪洞舜风煤业有限公司投资，注册落地了人祖山文化旅游开发有限公司，进行人祖山景区开发，项目开发面积56223平方米，建筑面积19257平方米。

2012年3月24日，临汾市旅游局评审批复了《山西省吉县人祖山旅游区总体规划》后，公司采取企业自筹、银行借贷、社会融资和争取政策性扶持资金等方式，投资7.7亿元实施开发，到2016年吉县以国家全域旅游示范县创建和壶口5A级景区的创建为抓手，加速了旅游开发的转型发展，部分景区开始了试运营。其后，县委、县政府决定把国有景点的经营权出让给企业，让企业投入并自主开发经营，实行政企分离，把政府从经营活动中解脱出来，集中精力做好规划、管理、服务等工作，变政府办旅游为企业办旅游。2018年4月12日，县政府、壶口管委会与山西宏源集团签订沿黄现代农业文化旅游带合作协议，山西省宏源沿黄文旅发展有限公司作为开发主体，投资壶口瀑布景区开发管理。

旅游产品的多样开发，丰富了全县的旅游产品线路。全县旅游产品一开始主要集中在壶口景区上，仅有两个旅游产品。一是壶口瀑布"一日游"，主要内容是从临汾到壶口一日游，观赏壶口瀑布风景区内各景点，沿309国道路经管头山赏红叶、高祖山探幽；二是壶口瀑布"二日游"，除上述景点外，还可游览人祖山和克难城。随着景区开发建设的推进，黄河"三门游""两黄三山一村"游等项目也日趋成熟，受到游客欢迎。

黄河"三门游"主要内容是：游览吉县孟门、乡宁石门、河津禹门，全长70千米。在这段游程中，有50多道河湾和11处险滩，乘坐轻巧灵活的动力橡皮舟在峡谷中漂流而下，沿途可浏览睡女峰、大禹桥、峰风崖、梯子崖、猴子山、熊山、错开河等30多处自然景观和古炮台、李自成点将台、古庙宇等20多处文物古迹。"两黄三山一村"游：黄河壶口自然风光游和黄土高原民俗风情游，人

黄河"三门游"

祖山寻根、管头山观日、锦屏山抒怀，克难坡抗战文化遗址参观。

2018年，县委、县政府启动全域旅游示范县创建工作。同年4月，县政府与山西宏源集团签订合作协议，加大了壶口景区的开发力度；克难坡、人祖山也加大力度完善基础设施、配套旅游要素，提升品位功能。

西岭果花游基地开园

同时，全县着力深度挖掘黄河文化内涵，融合苹果特色产业，发展休闲、观光、体验项目，以乡村旅游为重点，着力打造西岭果花游、社堤和南村采摘游、上东村乡村游、太度厚川风情游、桑峨牡丹园等乡村旅游基地。全县城乡加快了餐饮、酒店的改造建设，使全县旅游开发以壶口为龙头，形成了景点循环联网，全域旅游示范县的工作强势推进。之后，全县特色旅游项目不断开发出来，吸引更多游人前来游览，主要有人祖山探险游、滑雪场体验游、高天山探秘游、沿黄采风游等，与之相配套各乡村旅游景点都建起了农家乐、农家客栈、苹果及杂粮等土特产品店,方便了游客的吃、住、购。

第六节 综合效益在开拓进取中攀升

旅游产业对拉动当地经济和社会综合效益是显著的。但壶口旅游开发在20世纪八九十年代的收入比较单一,基本上就是门票收入,综合效益还没有充分显现。在壶口瀑布景区,1991年接待中外游客2.8万人次,门票收入1.04万元;1994年举办的首届黄河壶口国际漂流月的门票收入为39万元,接待中外游客12万人;1995年第二届漂流月时,门票收入升至48.7万元,接待中外游客16万人;1996年第三届漂流月时,门票收入升至59.7万元,接待中外游客20万人;到1997年第四届漂流月时,门票收入超百万元,接待中外游客30万人。从1994年到2001年,吉县共举办8届中国黄河壶口国际旅游月活动,门票收入和游客人数持续走高,经济效益逐年攀升。随着旅游业的快速发展,旅游业对第三产业的拉动作用也日益显现,旅游从业人数不断增

"中国黄河壶口文化旅游节"开幕式

加，在门票收入不断增加的同时，餐饮、住宿、客运等服务业迅速发展起来，社会综合效应十分明显。2005年壶口景区接待游客44.48万人，门票收入1274.88万元，社会综合效益达到1.2亿元；2014年，壶口景区接待游客125.39万人，门票收入3173.73万元，社会综合效益达到10.23亿元。到2018年，壶口每年接待游客130万人次，门票收入增至8000多万元。统计数据显示，全县旅游产业占县域经济生产总值比例由2011年的12%上升到2014年的14%。

旅游业的崛起，带动了第三产业的快速发展，促进了吉县经济超常规发展。全县借助旅游搭台，不仅引进很多先进信息和技术，而且催生出许多在全国、全省获奖的优质产品，10大类500余种具有地方特色的旅游产品，走进了市场。客运商业、宾馆、饮食服务业迅速发展，全县宾馆客房床位由原来的100张发展到2500张；出租车从无到有，发展到公司经营的上百辆。

同时，旅游带动了一批重点村、重点户走上致富道路。特别是壶口周围的中市村、留村、南村，以及稍远一点的社堤村、上东村、西岭村，围绕果园赏花、苹果采摘等乡村旅游，发展第三产业走上了富裕之路。壶口中市村农民到壶口景区办起了"黄河风情骑驴秀"游玩项目，供游客体验、拍照。妇女们将自己亲手纳的鞋垫、绣的香包、种的苹果、花生及采摘的酸枣，装进塑料袋拿到景区市场上去卖，一天收入几十元甚至上百元；南垣村委利用荒山牧坡多的优势，抓住游客增加，羊肉需求上升的机遇，扶持群众大搞养羊，全村出现了养羊专业户20户，使贫困村变成了富裕村；上市村民强保娃，走下山梁来到景区，投资10万元建起了二层小楼的"飞瀑饭店"，一年收入超10万元。全县通过旅游扶贫而富裕的村庄达120个2028户，占村庄总数的21.6%和农户总数的10%。

同时，旅游业也促使全县人民群众精神面貌发生了巨大变化。过去的吉县地域偏僻，交通闭塞，祖祖辈辈"面朝黄土背朝天"熬日子，如今的吉县路宽了，山绿了，户均一辆小汽车，手机、电脑、网络电视、闭路电视基本普及。星级宾馆建起了，人们的生活方式改变了，衣着仪表也有了很大的变化。

从2018年开始，县委、县政府围绕创建全域旅游示范县这一工作中心，对吉县旅游开发进行了全面布局，按照"发展大旅游、形成大循环、开拓大市场、形成大产业"的思路，以市场为导向，以文化为灵魂，以景区景点开发建设为重点，进一步彰显壶口品牌优势，突出吉县文化特色，打造以"人根之祖、民族之魂"为主题的黄河人祖文化旅游品牌，以黄河晋陕峡谷原生态景观为核心，黄河人祖文化为内涵，黄河文化旅游为龙头，苹果文化旅游为特色，低碳旅游方式为亮点，生态旅游为重点，建设集观光、休闲、度假等功能于一体的综合型低碳旅游目的地。

吉县老区旅游业作为新兴的朝阳产业，将带动第三产业繁荣和发展，为吉县插上绿色发展的翅膀。

第四章　工业崛起谱新篇

从解放初期到改革开放前，是吉县工业发展的起步打基础阶段。这一期间，全县的工业发展由手工业向小型工业企业转变，工业门类逐步齐全。食品酿造业方面，有县粮油加工厂、农工商联合公司制粉厂、商业局所属副食加工厂、县供销社所属罐头加工厂、乡镇企业局所属罐头厂、地方国营酒厂。修造企业有吉县机械厂，1978年产值80万元；吉县国营农机修造厂，1988年产值约39万元；汽车大修厂年收入2万多元。建材企业仅有县建筑公司所属的预制板制造厂，年产值9.6万元。全县最大的骨干企业有两个，一是1977年国家投资414万元在太度村新建的县化肥厂，年均产值158万元；二是1960年乡、吉分县时，划转给吉县的沙坪煤矿，1985年生产焦炭1.07万吨。

总的来讲，改革开放前的三十年，吉县的工业经济发展基本处于打基础、保生产、求供给的水平，工业经济谈不上

吉县化肥厂

体系和规模,工业发展在国民经济和社会发展中的比重很小,还没有成为影响一方经济兴衰的"晴雨表"。截至1980年,全县共有企业33个,工业总产值676万元,比1949年增长10多倍,占国民经济比重不到30%。

1978年实行改革开放后,农村实行联产承包责任制,农村经济得到了快速发展,全县的工业经济也在改革大潮中逐步起航。除国有企业稳步发展壮大以外,最为突出的就是个体企业、乡镇企业异军突起,成为工业经济发展的"半壁江山"。

第一节 国有企业在改革中深度发展

这一时期,在全国上下大力推动敢闯敢试的改革大潮中,历届县委、县政府牢固树立"工业富县"的指导思想,带领全县上下破除旧的思想束缚,更新观念,解放思想,扬长避短,重点突破,先后推行了厂长经理负责制、企业职工优化组合、经营承包责任制等改革措施,淘汰落后企业,推动全县工业骨干项目的深度发展。一是改造升级沙坪煤矿,投

改造后的沙坪煤矿坑口

壶口酒业集团产品

资9000万元实施沙坪煤矿综采技术改造工程，原煤产量大幅增加，年交利税上百万元。二是引进社会资本，投资1.4亿元在屯里镇新建年生产能力120万吨的明珠煤矿，相继带动鑫源、金岗岭、鑫胜等一批炼焦企业崛起，形成煤炭生产、加工、销售的产业链条。三是扩建壶口酒业集团，对原吉县地方国营酒厂实行技术改造、集团化管理，提高科技含量，投资2000余万元，生产壶口粮液和"壶口牌"干红、干白苹果酒，年产值5000余万元，年实现利税100万元。四是引进社会投资6000万元，对原化肥厂实行转产改造，新建玉米淀粉加工厂，年实现利税100万元。五是逐步对原有的旧企业实行企业改制，先后对印刷厂、农机公司、汽运公司、大修厂、机械厂、糖酒公司等进行企业改制，对造纸厂进行淘汰，建设纸箱厂等，使工业企业生产进一步趋于合理。到"十五"期末，全县工业企业利税500余万元，利润240余万元。

第二节 乡镇企业异军突起

顺应改革开放形势，1978年，中共吉县县委、县革命委员会根据中央颁布的《关于发展社队企业若干问题的规定（试行草案）》，及时解决新形势下出现的新问题，鼓励支持社队企业扩大产品销路，使社队企业快速发展。1979

县土产公司所属珠宝公司加工的产品

年将原"社队工业局"更名为"社队企业管理局"，并在2月份召开的全县四级干部会议上，把"大力发展社队企业，广开门路，搞好多种经营"，作为《加快发展我县农业生产的十条措施》之一；1982年改称"人民公社企业管理局"，1984年改称"乡镇企业管理局"。直属企业主要有供销公司、农工商联合公司、粉丝厂、罐头厂、建筑材料供销公司，企业产值200余万元。所属基层企业主要有种养、加工、运输、饮食服务，企业个数858个，从业人员3127人，年总产值1050万元，年实现利税185万元，人均收入1431元。

1982年，在党的十一届三中全会精神鼓舞下，在县委、县政府的直接领导下，社队企业从业人员解放思想、大胆创新，不断肃清"左"倾路线影响，以提高经济效益为中心，抓企业整顿，抓完善责任制，抓技术进步，创新路，上水平，使全县社队企业欣欣向荣。全县有313个企业，从业人员1835人，其中社办企业50个，从业人员648人，队办企业263个，从业人员1187人。全县社队企业年总收入155万元，占年计划150万元的103.3%，利润实现53万元，超年计划50万元的6%。到1984年，乡镇企业管理局正式成立后，全县有乡镇企业328个（其中社办54个）。这些企业大体可分五个类别：第一类是农业企业，有196个，从业人员873人（其中社办35个，173人）；第二类是工业企业，有70个，从业人员586人（其中社办9个，256人）；第三类是交通运输业，24个，从业人员57人（其中社办2个，5人）；第四类是建筑业，有14个，从业人员304人（其中社办4人，158人）；第五类是商业、饮食服务行业，26个，从业人员70人（其中社办4个，25人）。到1985年12月底，先后续建了鸡肉罐头厂，扩建了食品罐头厂，全县乡镇企业迅速发展到859个（其中：乡办62个，村办276个，联户办21个，户办企业500个），乡镇企业总人数已达到3275人，完成总产值1050万元，占全年计划的104.6%，比1980年翻了一番多。其中工业企业产值和三业收入完成530万元，比全年计划增长10%，比1980年翻了2.6番，总收入完成429.5万元，占全年计划的107.3%，上缴国家税金10.3万元，全年实现利润95万元，占年计划的112.5%，比上年同期增长3.3%。

1987年,是全县乡镇企业实现产值翻番和劳动力转型的关键一年。县委、县政府坚持"因地制宜、扬长避短、发挥优势"的原

县领导在民营企业调研

则,狠抓"三上一高"使全县乡镇企业持续稳步地向前发展,先后新建了吉县乡镇企业建筑建材公司预制构件厂、乡镇企业管理局供销公司展销门市、吉县第二建筑工程公司第二施工队等。全县乡镇企业发展到1158个,从业人员3812人,分别占企业总数的29.2%和人数的61%。全县乡镇企业完成总产值1504.2万元,占年计划的104.6%,比上年同期增长22%,其中工业企业产值完成438.4万元,占年计划的97%。

进入九十年代,县委、县政府把大力发展乡镇企业作为重中之重,先后于1992年8月制定了《关于搞活企业、振兴工业的决定》,1995年出台了《关于加速发展乡镇企业的若干规定》,1997年出台了《关于乡镇企业二次创业实现大突破的决定》,1998年出台《关于加速发展个体私营经济的决定》,助推全县民营经济、乡镇企业迈上了全面发展的快车道。全县每个乡镇都有企业,涉及种植、养殖、副食加工、饮食服务等几十个类别。全县规模

以上企业中，个体私营企业占到80%，非公有制增加值达3.2亿元，占全县GDP总额的80%。进入21世纪后，乡镇企业发展呈现出一年一个新变化、一年一个新台阶的快速发展阶段。2000年，狠抓企业的管理和产品的营销，以上效益为目的，从"求实、创新、发展、服务"做起，千方百计帮助企业排忧解难，为乡镇企业发展兴办实事。投资45000余元，办起了兴宏涂料厂；争取到了"脱水槐花山野菜加工项目"；同河南三门峡联系给云翔洗煤厂签订了引资1000万元、新上21万吨机焦炉项目合作协议；为康力食品厂销售吉州醇700余箱，回收资金4万余元，盘活了康力食品厂。全县乡镇企业呈现良好的发展态势，超额完成了乡镇企业各项经济指标，增加值完成2950万元，超年度计划的9.2%；现价总产值完成9980万元，超年度计划11.5%；营业收入完成8300万元，超年度计划的10.6%；工业产值完成4200万元，超年度计划的9%，上缴税金完成230万元，超年计划的9.5%。到2001年，围绕引资金、上项目，投入扶持资金400万元，规划帮助新建苹果气调库6个，使全县贮藏苹果可达500万吨，可为全县果农增收150万元；投入扶持资金120万元，以优种乌鸡、鲁羊、肉鸽、奶牛等为重点进行的畜牧养殖开发，年创经济效益200万元；重点发展明珠云翔洗煤厂新建100万吨新型环保焦化厂的机焦项目。全县乡镇企业增加值完成7100万元，超年计划的9.2%；现价总产值完成2.34亿元，超年计划的9.3%；营业收入完成2亿元，超年计划的10%；工业产值完成5800万元，超年计划的9.4%；上缴税金完成420万元，超年计划的10%。到2002年年底,全县民营经济增加值完成9717万元,超年计划的15%,超上年2553万元;现价总产值完成3.2409亿元,超年计划的17%,超上年8946万元;营业收入完成2.712亿元,超年计划的13%,超上年7431万元;工业总产值完成7232万元,超年计划13%,超上年620万元;上缴税金完成532万元,超年计划的12%,超上年108万元。

2003年,全县股份合作制企业通过招商成功引资5000万元,组建起鑫胜煤焦化工有限公司。同时,协调鑫源洗煤厂引进资金800万元,扩建年产21万吨铸造焦项目。发展了26个股份制企业,农民投资股份的资金已达290万元。到2003年年底,全县乡镇企业增加值完成1.1453亿元,超年计划的5.2%;现价总产值完成3.885亿元,超年计划的6%;营业收入完成3.2946亿元,超年计划的5.6%;上缴税金完成790万元,超年计划的5.3%。

2004年,县政府召开全县民营经济工作座谈会,组织全县民营企业参加了在太原举办的全国乡镇企业东西合作(山西·太原)经贸洽谈暨产品展销会。吉县的汽车防滑链、壶口小杂粮等名优产品在展销会上一炮打响,受到了省市领导肯定,《人民日报》《山西日报》《临汾日报》等均

汽车防滑链

予报道。同年，动员和支持个体私营业主投资 300 万元，新建了云安批发部并投入使用。

2005 年，县政府协调银行为大山农副产品有限公司争取贷款 300 万元，帮助企业扩大规模，拓展业务；支持建设了吉县吉昌镇大田窝苹果气调库项目，总占地面积 7.6 亩，建筑面积 1500 平方米，贮藏量 1600 吨，总投资 150 万元。全县工业增加值完成 1.485 亿元，占年计划的 109%；现价总产值完成 4.982 亿元，占年计划的 112.2%；营业收入完成 4.184 亿元，占年计划的 108.9%；工业总产值完成 2.045 亿元，占年计划的 106%；工业增加值完成 5730 万元，占年计划的 104.9%。

这一时期，吉县的工业经济逐步迈向规模化发展轨道，乡镇企业已告别过去的小规模、多门类时代，开始走向产业化、集约化、外向型发展路子。

第三节　招引项目加速工业新型化

"十一五"以后，县委、县政府把工业经济作为一项主导产业予以高度重视，牢固树立"工业富县"的发展理念，先后提出了建设旅游、苹果、工业、生态"四大板块"的战略目标，全力做好旅游开发、苹果转型、工业崛起、城市建设、民生改善五篇文章，实现"六大突破"的战略决策，把工业经济的发展作为"一个板块"和"一篇文章"来抓。2013 年后，县委、县政府紧紧依托资源优势，坚持以"工业新型化"为导向，把实现工业经济的快速崛起，作为"六大突破"的战略之一来实施。按照"加快发展民营经济、促进加工业发展"的思路,加大招商引资工作力度,围绕苹果加工、煤气开发、旅游配套和清洁能源开发利用,抓住东部产业转移的机遇引资金、上项目,助推全县中小企业、民营经济发展,逐步形成农业方面的苹果"提质—贮藏—深加工",工业方面的"煤炭—煤层气"和光能风能开发利用,旅游方面的"观光—休闲—娱乐",民生方面的"建筑—运输—餐饮"四大产业发展格局。重点以屯里为中心,建设煤炭新能源工业园区;以新城区川庄村为中心,建设苹果深加工园区;以屯里、车城、中垛三个乡镇为重点,优先发展光能、风能、生物能等低碳能源。出台了优惠政策,吸纳外来投资,扶持和鼓励民营经济发展,加快工业新型化步伐。

一、优先发展清洁新能源

积极推进煤层气开发。以屯里、车城、柏山寺三个煤层气田为重点,支持中石油、中石化、中油中泰三大公司投资25.5亿元,开发屯里、车城、中垛、柏山寺煤层气,建设输气管网、煤层气压缩站、煤层气液化站和中央处理厂,使煤层气年生产能力达到5亿立方米;引进投资5000万元,完成华晋明珠煤层气开发利用项目;

中石油在桐卜岭开发的煤层气井

引进先进技术，以扶贫开发形式投资 2 亿元，在全县 79 个行政村，村村都建起了 10 千瓦扶贫建设太阳能光伏发电站，于 2018 年 5 月全部并网发电，输电收入作为村集体收入用于脱贫攻坚和村集体公益事业，全县年收益达 560 万元。同时，全力配合支持投资 431 亿元的黄河古贤大坝水利枢纽工程前期勘测和论证工作，促进吉县新能源结构的形成。

二、重点发展煤电及煤炭深加工产业

进入 21 世纪以来，县委、县政府按照"大项目支撑、大企业引领、大市场运作、园区化承载"要求，规划建设一批自动化、信息化、智能化的高产能矿井，规划组建 3 个 500 吨屯里煤电及煤炭深加工工业园，加快发展煤电产业、煤炭深加工及煤基化工产业。引进投资 240 亿元，规划建设华晋明珠 500 万吨矿井、2×35 万千瓦的劣质煤发电场、500 万吨洗煤厂、180 万吨煤制甲醇、60 万吨甲醇制烯烃等项目，积极构建华晋明珠工业园；引进投资 23.1 亿元，支持霍州煤电桑峨煤矿 500 万吨焦煤、电、材一体化项目早日落地，规划构建桑峨工业园；引进投资 128 亿元，完成山西焦煤盛平煤业 300 万吨接替井和 300 万

王家河村新建的华晋煤矿

吨洗煤厂建设。加强与省煤销集团联系沟通,强化配套服务,启动 500 万吨配煤中心建设工程。同时,注重煤矸石、粉煤灰的综合利用,提高资源利用率,实现企业小循环、园区大循环、就地转化率 100% 的现代循环工业目标,促进煤炭深加工企业的发展。截至 2019 年,盛平煤业和华晋明珠煤业共生产原煤 101.8798 万吨,全县规模以上工业增加值完成 3.5126 亿元,新兴产业投资 5.1243 亿元,万元 GDP 能耗下降 4%。

三、加快发展民营经济

近年来,县委、县政府把民营经济的发展放在重要位置,采取多种形式宣传党和国家鼓励支持中小企业、民营经济发展的法律、法规和政策,为中小企业、民营经济发展鸣锣开道、保驾护航;深入调查研究,掌握中小企业、民营经济发展的第一手资料,指导、决策中小企业和民营经济发展;组织经济专家深入企业考察,认定、推荐创业项目和招商引资,为中小企业、民营经济可持续发展搭建平台;积极组织开展多种形式的银企对接和融资活动,帮助中小企业破解融资难题,为企业发展提供资金保障;帮助企业进行规范化的公司体制改革,完善法人治理结构,建立健全监督和约束机制,加快人才队伍建设,加大科技创新力度,打造档次高、市场占有率高、知名度高的名牌产品,全面提升企业竞争力;建立和完善人员培训、创业辅导、信息网络、中介服务、企业投诉、市场开拓等服务体系,为企业搭建服务平台。

经过多年来的培育，吉县中小企业、民营经济保持了健康、快速发展的良好态势。中小企业、民营经济有较大发展，截至 2019 年，全县共有中小企业 1240 家，其中固定资产达亿元的企业 3 家，达千万元的企业 23 家，达百万元以上的企业 89 家，个体工商户 4048 户。

2019 年，全县中小企业、民营经济现价总产值完成 4.054 亿元，比 1998 年增长 37.24%；营业收入完成 8.633 亿元，比 1998 年增长 247.26%；职工人数 11703 人，比 1998 年增加 721 人。

四、引进企业落地新城加工园区

先后落地投产了山西顶吉食品有限公司 10 万吨果醋及 1 万吨果酒苹果深加工功能饮品项目、山西达明一派有限公司年产 1 万吨果酱和益生菌果汁饮品开发项目、生产苹果包装箱的富开园公司、加工营销土特产品的人祖山食品有限公司，建成 5 万吨苹果冷藏气调

山西达明一派食品有限公司

库的山西澳坤生物农业科技股份有限公司，生产远程清淤大型管道隔膜泵的广西平果泵业有限公司等企业，入驻园区开始建厂。

五、搭建银企融资平台

县政府全力优化营商环境，真心实意帮助企业解决资金短缺困难，发挥桥梁、纽带作用，积极与银行方面沟通、联系，缓解企业资金短缺的瓶颈制约。通过努力与浦发银行太原分行、工商银行乡宁支行、临汾农发行、邮政银行等多家金融部门建立了银政企对接平台，为企业发展壮大及时注入了新动能。

六、支持企业打造品牌

全县龙头企业围绕苹果、农副产品加工及工业产品，积极开展商标申报注册、产品及管理体系认证等工作。现已在国家工商总局成功注册"壶口""秋日田园""红粉力源""人祖山""华隆平安""壶口瀑布""益丰""昕水河""永丰""东升""建安""防滑""康安""达明一派""益百畅"等18个商标，其中"华隆平安"牌摩托车防滑链产品获得国家专利，"壶口""秋日田园""晋缘"三个苹果商标已获得山西省著名商标；吉县果业有限公司"壶口"牌苹果屡获国际金奖，宏丰公司生产的"壶口"牌小米被山西名优产品研发中心认定为山西省名特优产品，壶口玉米公司的"昕水河"牌淀粉被山西省质监局评为名牌产品。吉县华隆建材物资中心、吉县宏丰农副产品购销公司、吉县壶口玉米开发公司3家企业通过了ISO9001-2000质量管理认证；吉县果业开发有限公司"壶口牌"苹果、吉县宏丰农副产品购销公司的"壶口"牌小杂粮等7种产品通过绿色食品和有机食品认证。

第五章　县城建设展新貌

1949年前，吉县县城内街长450米，连同东西关、桥南街在内，全长1095米。街最宽处不足6米，70%为卵石路面，弯曲狭窄。1954年对街道改造，弯度降至1%。1964年改卵石路面为石子石灰罩面，1970年改为沥青罩面，路面加宽至8~10米。1978年建清水河柳卜湾水泥双曲桥，铺背崖街路面，构成南北环河街轮廓。至1985年建祖师庙至西关、扶风桥至水洞沟口柏油路面，总长3521.5米。

"十五"期间，吉县投入6300万元用于基础设施建设，投资5000余万元，对祖师庙街、龙王湾道路、城坡

县城旧貌

吉州新城

口道路、水洞沟道路、新华街进行了拓宽改造，新建县城滨河路，新增道路面积6万平方米，人均道路面积增加2.61平方米。使县城拥有新华街、滨河路、吉州大道等6条主干道，长19.15千米；有圪针沟、交通巷等19条支路，长24.57千米；有柳荫桥、新华桥、西关桥等10座桥梁，并新建了新城区路网。城区道路纵横连通，方便了居民出行。

2005年6月1日，临汾市人民政府批复了新的县城总体规划。县委、县政府把城市建设作为实现"六大突破"的重要战略来抓，坚持"东扩西改"的建城方针，科学合理规划、统筹新城开发和旧城改造。县城建成区面积由原1.5平方千米上升为4.5平方千米，为城市发展和建设奠定了坚实的基础。

自2010年起，县委、县政府按照"高起点规划、多渠道筹资、大力度建设、精细化管理"思路，围绕建设"投资宝地、宜居佳地、旅游目的地"目标，坚持城乡一体化推进，新老城建设并重，全方位夯实发展基础，着力打造特色鲜明的"旅游之城、生态之城、文化之城"。2019年12月2日，县委召开县四套班子会议，审议确定了《吉县城市总体规划》《清水河绿化美化规划》《滨河路、高速引线街景修建性详规》《东区起步区详规》《行政中心选址规划》等设计方案，为县城建设绘就了蓝图。

一、开发新城　拉大了县城框架

吉州新城区位于车城乡上阳庄至川庄村，是吉县城市建设的一项战略性标志工程。它是以旅游主导型县城中心为统揽，以建设"旅游观光城、休闲度假城、山水园林城、最佳宜居城"为目标，按照"东扩西改、拉大县城框架"的战略规划，以扩张规模、完善功能、提升形象为重点而着力打造的一座风格独特、内涵深厚、开放大气、功能完善的现代化城区。2010年9月开工奠基，由山西恒实房地产开发有限责任公司投资承建。一期项目投资5.6亿元，占地面积693.9亩，总建筑面积为25万平方米。分为五大板块和七个区，由恒安新区（A区）、吉州商苑（B、C区）、吉州商务（D、E区）、综合服务中心（F区）、恒安小学（G区）共40栋楼组成。

吉州新城综合开发项目的实施对拉大城市框架、完善城市功能、提升城市品位和旅游服务接待能力，推动全县经济社会各项事业实现长足发展起到了积极的作用。

县城夜景

二、街巷亮化　建起了"不夜城"

新中国成立后到1960年，县城开始架设街道路灯。1985年年底街道设悬臂照明高压水银灯50盏。道路照明不断增加并日趋改善，2010年共安装路灯276套，新安装太阳能路灯84套，使县城照明体现出节能环保理念。至2012年，安装照明设施的街道3条，小街小巷8条，广场高压照明灯3处，绿地照明3处，景观照明3处，共有高压灯、太阳能灯、LED灯、钠灯等各种照明和景观灯1063盏，供电线路总长7.63千米。同时，县委、县政府立足吉县是旅游县的实际，投资3000余万元，对县城周边的山体进行亮化，全部采用LED灯和太阳能灯，县城沿河南岸山体每到夜幕降临，繁灯闪烁，宛若银河，蔚为壮观。

2018年,投资15万元,对吉州新城配套安装太阳能路灯,使新城区公用照明全覆盖。

三、超市商城　遍布全城

改革开放后,随着农村经济的繁荣和社会主义市场经济地位的确立,县城人口急剧上升,商业活动日趋活跃,县委、县政府着手规划建设统一集中的商贸市场。80年代,在东关(现中心广场东北角)建起第一座商贸城。2002年1月,在中心广场东南建成第二座商贸城。2010年5月,在中心广场西北边建起第三座商贸城。该工程由山西时代建筑设计有限公司规划设计,临汾市朝暾房地产开发公司组织施工,总占地7722平方米,总投资1500万元,总建筑面积14962平方米,建有商业和住宅两大区,绿地率30%,容积率1.94,建筑密度37.6%。商业区:主要建设了一条步行街,宽10米,长120米,沿街两边为三栋三层40户2850平方米门店楼和二层一个院,33户经营户的购物超市,形

人祖山土特产超市

成东起县城中心广场,西经雷神沟与新华街贯通的新的商业购物圈。在老县城建有中心广场云安购物超市、人祖山土特产超市、新华街云安超市、世纪华联购物中心、桥南云安购物广场、东关商品交易市场、宏达家电城;在祖师庙及小府、中心广场、桥南、西关、新城布有总经营面积1200平方米的平价惠民超市;在新城区有城外城超市、乐惠购物超市、供销e家、平价超市及双虎家私城、全友家具城及10多家装潢建材、卫具家具门店,辐射全县城乡,极大方便了广大人民群众。2018年3月动工,由县政府投资2800万元,在桥南广场改造新建了苹果交易市场,占地9638.85平方米,建成五层双面楼宇市场,设有交易门店48个。

四、自来水送到千万家

改革开放前,吉县县城的工业和居民生活用水,大都是就近取用小泉水和井水,居民用水方式主要以畜驮、人挑为主。1978年吉县建自来水厂,在圪针沟打深井两眼,建高

80年代前农村从井沟驮水

位水池两个,安装管道1.32万米,年供水8.5万吨,基本上满足了当时县城用水需要;"十五"期间投资326万元,

铺设输水管

在祖师庙阳儿垣坡底打200米深井2眼，建设1000平方米厂房；投资300万元，新建配水厂1座；县城铺设供水管道总长度175千米，其中：Φ<DN75毫米为158千米，DN75毫米≤Φ<DN300毫米为17千米。实施水表出户改造1920户，供水能力达5000吨／日，为吉县县城城区4万多居民生活和企业生产供水。在县城区，自来水普及率和水源合格率均达100%，年人均生活用水16.78吨。2010年至2019年间，县委、县政府争取国家投资2000多万元，完成了县城集中供水管网工程，实施安全用水水源地改造，使县城家家户户用上了清洁无污染的自来水，人们再不为吃水而犯愁。

2019年7月动工，投资285万元，又在十里河小区西侧清水河东岸，新钻凿了一眼深层供水备用井，井深高程461米，单井日供水量为110立方米／小时。

五、排污系统　改变了环境状况

吉县县城依河川而建，沿县川两侧原有10条沟壑，解放前城区洪水横穿街面排入河槽。人们的生活污水乱排乱倒，导致居住区环境恶劣。1949年后，修建了10座横

街涵洞 1500 米；下水道 3 条 3000 米。80%以上洪水通过涵洞流入河槽，有效地改善了县城公共场

污水处理厂

所、机关单位和居民区的排水状况。"十五"期间投资150万元，改造旧管道3000米，新铺设排水管2700米。2012年在新华东街改造中，新铺排水管道830米。

州川河又称清水河，是吉县的母亲河。新中国成立以来至2000年左右，河道治理无从谈起，县城的污水都是直排入河道，清水河成了名副其实的"臭水河"。由于河道淤积严重，脏乱不堪，防洪能力减弱，影响着城市形象与发展。2012年，县委、县政府遵循"治理一条河流，改善一方环境、美化一座城市"的指导思想，总投资2918万元，对清水河河道进行综合治理。治理范围为吉州新城段、十里河至二道河段、文化广场段及西关段，总投资2918万元，治理河道总长4.8千米，兴建防洪护堤6800米，砌筑浆砌石7.7万立方米，疏浚河道4.8千米，完成淤泥清运39万立方米。从2017年开始，投资4300万元，沿河道建成县城污水排放收集管网12600米，分段收集生活污水，输送到污水处理厂进行无害化处理。

2009年9月，县委、县政府利用争取到的国家投资，在吉昌镇霖雨村西南沟动工新建污水处理厂，总投资

3900万元，占地面积30亩，建有细格栅、旋流沉砂池、平流沉砂池、生物池、中间水池、二沉池、污泥回流泵房、消毒池、净水车间、污泥脱水间、鼓风机房、配电室、集水井、提升泵房及锅炉房、办公楼等附属设施，铺设污水管网19.2千米。设计日处理污水7000吨，收集率达85%。处理工艺为生物膜法A／O+微絮凝过滤，处理后出水水质达国家一级A标准。

2016年在吉州新城恒安小学大门前清水河北岸，新建新城污水处理站及污水连接线工程，总投资3568万元。处理站占地3亩，建有十里河桥至污水处理站的污水连接管线325米，日处理1000立方米。

清水河河道治理工程实施后，不仅使治理段河道防洪能力达到20年一遇，而且彻底改变河道脏、乱、差状况，使县城环境更清洁，景色更优美，为全面建设和谐吉县、安居吉县创建良好的宜居环境。

六、集中供热　环保暖民心

从新中国成立到改革开放以来，吉县县城机关单位和居民的取暖供热，主要靠柴火与煤炭。随着经济和社会的逐步发展，单位的锅炉供暖和家户的小型锅炉供暖逐渐兴起。2010年年底以前，县城家属楼的冬季供热由单位或业主自行组织解决，其余以农户形式或采用小锅炉分散供热。1976年，县委、县政府大楼落成，安起县城第一座供热锅炉，供热面积3000余平方米。

1999年，地税局修建起一座6层家属楼，安装起县城第一座为居民供热的锅炉。以后逐步建起的生态园小区、金叶小区、外贸小区、交通小区等均以小区为单位自行供热。2019年年底，小区单位锅炉供热总面积145万平方米。

2010年，县委、县政府通过招商引资，引进中油中泰煤层气利用吉州有限责任公司，投资5000万元实施城市供气工程。于2010年4月15日开始委托设计院进行城市燃气设计，7月开始管网施工，9月开始配气站施工，12月5日实现试供气。同年铺设主管网10千米，2011年增铺5千米，支管网2千米，年销售燃气超100万立方米，发展用户600余户。十里河小区、商业小区、西泽小区、朝阳小区等采用煤层气锅炉供热。还有部分小区采用壁挂炉，用户已达300余户。

2011年7月，县委、县政府引进吉合供热公司落户吉县，将酒厂、二中片区的燃煤锅炉改为燃气锅炉，实施集中供热。现供热面积可达12万平方米，供热用户250户，其中办公用户11户，居民用户239户，供热普及率为2.4%。

在推行集中供热的同时，县委、县政府又积极推行居民家户使用石油液化气做饭，一改过去几十年使用柴火与煤炭的历史。20世纪90年代初，县城有两家私营液化气公司。2017年之后，县城启动燃气改造项目，各机关单位、学校、医院全部使用煤层气供暖，大部分居民也使用煤层气做饭和取暖。

七、公共交通　便捷了市民出行

电动公交车

新中国成立至20世纪90年代初,县城人口集中程度有限,商业活动尚不活跃,人们出行以步行或以自行车为主,后来年轻人多骑摩托车,县城没有条件配套公共交通。随着经济的日益发展和人民生活水平的提高,县城公共交通需求日益突出。2008年起,县上投资10万元,委托临汾德勤设计公司完成城市公交公司规划编修任务。2009年10月26日,吉县宏裕公共交通有限公司正式投放运营,结束了县城没有公交车的历史。该公司自主投资280万元,购置大型普通客车16辆,有管理人员7名,司乘人员26名。2010年公交公司开始运营,属个体经营。2016年11月,淘汰了原来的旧型车辆,新购进电动公交车20辆投入运营。开通县城2条主街道公交线路:1路由车城口发车,经新华街终点为孙家沟,全程17.5千米,设有站点26个,投入运营10辆车,每天早上6:30至晚上7:00,按每10分钟一辆运行,日运行约120班次;2路由兰家河发车,经滨河路至大田窝村,全程14.8千米,设有站点24个,投入运营3辆车,基本解决了城区居民乘车出行难的问题。与此同时,出租客运亦应运而生。1992年,县城成立了第一家出租车公司，属交通局下属单位，拥有出租车 16 辆，承担客运和县内货运；1998 年，有个体用三轮摩托车上街载客，随后三轮摩托车猛增，最多时达到 260 辆；2009 年 10 月，吉县壶口出租公司成立，投放吉利牌新型金刚出租车 55 辆，县城居民万人拥有量 11 辆，年客运量 260 万人次。城市公共交通和出租客运的发展，为广大群众出行提供了极大的便利。

八、公共活动场所　方便了市民休闲

从 20 世纪 90 年代末起，县委、县政府根据群众文化生活的需要，先后投资兴建广场、公园，满足人们的休闲娱乐需要。

1. 中心广场　位于新华街主街道、旧城中心，1998 年建成，广场内装有 25 米高杆灯 1 杆，矗立"中华魂"雕塑一座。2012 年，县政府投资 330 万元实施了中心广场改造工程。工程占地 2780 平方米，改造内容包括：河道清理、篷板改造、护岸加固、亮化、绿化、管线入地、

中心广场

地面铺装、安装电子大屏幕等。改造后的中心广场，更加突出了主题雕塑的焦点位置，通过地面铺装的装饰，进一步烘托吉县悠久的黄河文化。同时对广场周边道路交通进行了有效梳理，达到了环境与交通的有机统一。

2. 桥南广场 位于滨河路桥南段，2007年建成，内装有射灯一个。2018年3月动工，投资2800万元，在桥南广场占地9638.85平方米建成5层双面楼宇苹果交易市场，设有交易门店48个。

3. 文化广场 位于祖师庙二道河旁，总面积90余亩，投资3000万元。由北京林业大学设计，河南林州建筑公司承建。2007年6月动工，2008年7月竣工。硬质景观占地6.32万平方米，绿化面积1.68万平方米，安装庭院灯104盏、地灯274盏，直径20米的大圆池音乐喷泉1个，直径10米的小圆池喷泉1个，长池长200米，弯形龙头旱喷350米，配套健身休闲区、旱喷区、林间小路区、林荫大道等功能区。

文化广场喷泉

锦屏山公园魁星阁

4. 锦屏山公园 位于县城南端锦屏山巅，占地1000亩，分三期进行了施工建设。一期工程投资750万元，于2010年年底完工。2008年4月委托西北农林科技大学风景园林研究所进行锦屏山公园总体规划设计，配套建设历史文化区、休闲娱乐区、民俗风景区和人文景观区，突出历史文化与自然风情的完美结合。二期于2014年由县政府投资49万元，硬化道路600平方米，石材铺装广场1100平方米，绿化1500平方米，新建公厕和管护房。三期于2016年由县政府投资200多万元，新建二次供水泵站、供水管网，配套庙内院落基础设施、庙外东西平台、休闲座椅、凉亭、长廊，铺装步行道，复建魁星阁，新修庙后石台阶至魁星阁道路。

5. 西泽广场 位于西关县医院对面，于2010年由西关村委投资300多万元建成，是西泽小区及周边居民休闲活动的场所。

吉园广场一角

6. 吉园广场 位于新城政务大楼对面，吉州大道东侧，2016年动工，2018年建成，总投资865万元，总面积8717.17平方米，是新城区居民的主要休闲活动场所。建有透水砖铺休闲广场4105平方米，绿化3615平方米，景观小品997.17平方米（入口、景观石、浮雕墙、四角亭、苹果灯箱、花池及座凳廊架等），安装高50米音乐喷泉，配套亮化和给排水系统、市政通道2条。

这些公共活动场所为县城居民健身运动、休闲活动提供了方便。无论春夏秋冬都有众多居民云集而来，晨晚锻炼，唱歌娱乐，跳广场舞，打太极拳，一派安居乐业、幸福祥和的气象。

九、高效环卫　清洁县城市容

吉县自20世纪80年代初设立城乡建设环境保护局，开始对县城环境卫生进行监测管理，直到2002年县政府组建城市综合管理执法大队，将其升格为科级建制。配备15名复转军人加强管理，使管理人员增至32名，并配备城市监察车辆。同时制定出台《吉县城市卫生管理暂行办法》等相关配套制度，实行"门前五包"，采取分片分段定人定岗定责，连带处罚及舆论监督等有效措施，实现动态管理和静态管理相结合，县城市容市貌得到明显改善。对于违反城市管理的行为，全部按照执法程序进行处理。同时，实行人性化管理。

县城居住面积约163万平方米。2018年，县环卫监察大队有环卫人员202名，主要清扫新华街、滨河路两条主街道、新城区街道及18条巷道，清扫面积68万平方米。配备专用、农用三轮清运车17辆，挂桶垃圾车1辆，洒水车1辆，小型铲车1辆，240升垃圾桶100个，固定垃圾池52个，果皮箱76个。

县城各片区设有固定垃圾收集点，确定专人分点承包，各负其责，做到日产日清，集中送到垃圾场统一填埋。2012年，县委、县政府把公厕建设作为完善城市功能，提升城市品位，改善城市面貌，方便群众生活和改善民生的头等大事来抓，总投资460余万元，在县城重要位置新建9座、改建两座标准化水冲式公厕，全部实行星级化管理，全天候免费向民众开放。

县城90年代中期使用的是城北垃圾场。2012年，县委、县政府争取国家投资1741万元，在县城南两千米结子沟内修建县城生活垃圾处理场。项目占地117.8亩，工程设计使用年限35年，日可处理生活垃圾75吨，总库容量60万立方米。

2018年7月，县政府与北控集团签约，委托北控集团承包清理县城环境卫生。

垃圾无害化集中处理和标准化公厕的修建，极大地改善了城区居民的生活环境，提升了县城的环境卫生管理水平。县城主要污染物排放量均控制在规定的环保指标范围内，大气环境质量在全市一直名列前茅。

十、高层小区　展现县城时尚风貌

新中国成立初期，全县居民住房主要以窑洞为主，分土窑洞、坯碹窑、石碹窑三种。随着经济的发展，以土木结构为主的瓦房逐步代替了窑洞，到改革开放初流行预制楼板铺顶的平房；进入21世纪，人们开始建造主体为砖混结构或框架结构的现浇顶房，在危房改造、移民搬迁等惠民扶贫政策对农民建房的补贴推动下，各村都建起了新农村，以平房为主，铝合金、塑钢窗户，铁皮防盗门。室内均安装有灶炉暖气，按厅室厨卫格局进行装修，地面铺地板砖，农村居住环境有了很大的改善，年轻人还配建有卫生间、车库，涌现出了上东村、社堤村等新农村示范村。进入2017年后，随着国家扶贫移民搬迁、地质灾害搬迁项目的实施，全县绝大部分村民住上了砖混结构的新建平房，条件好的民居则修建两三层的小楼房。仅有少数农村居民住在老式窑洞中。

到2010年以后，县城住宅楼以修建高层小区为主。20世纪90年代，县直各单位先后以集资的形式修建职工住宅楼，县城第一个楼宇小区是地税小区。该小区位于柳荫桥西侧、东关小学南对面，为两栋6层住宅楼。此后，二轻小区、交通小区、农机小区、县医院小区、外贸小区、农资小区、汽车站小区、水利小区、金叶小区相继在本单位院内建成砖混结构6层住宅楼宇；西关村委、东关村委分别利用村集体土地，开发新建了6层砖混结构的西泽小区、东关小区。到2010年10月，随着新城恒安住宅新区框架结构高层小区动工建设，县城楼宇小区开发建设转为高层框架结构模式。先后又开发建设了朝阳小区、扶风佳苑小区、滨河佳苑小区、新华园小区、副食厂棚改小区、荣辰佳苑小区、土产棚改小区、交通巷棚改小区、中心广场小区、小府棚改小区等，极大地改善了县城居民居住条件。

为了解决困难群众的住房问题，2007年10月至2010年，县政府投资2400万元，在十里河建成还迁小区经济适用房和廉租房住宅楼5座，建筑面积达3.5万平方米，其中住宅面积189套2.2万平方米；商用房44间3700平方米，配套了停车库、停车场、照明路灯、绿化硬化、采暖锅炉等公用设施。之后，又分别于2009年、2012年启动建成了侯家沟口、龙王湾两处经济适用房和廉租房住宅小区，让符合条件的困难群众居有所住。

十一、绿染全城　打造宜居环境

为了美化县城环境，1983年组织机关单位在街道两旁和院内栽树、养花、种草，建花池40多个，栽植法桐、垂柳、国槐2930株，1985年年底县城初步呈现出树木成行，花草芬芳的怡人景象。2000年，县委、县政府确立绿地布局结构为"一圈、两带、多点"及点上绿色成景、线上绿色成荫、环上绿色成带、面上绿色成林的发展思路，连续五年实施环城绿化工程，在县城南北两山山体上新栽苗木92万余棵;在滨河路、新华街栽植苗木1.3万棵;城区内行政机关、学校、医院等以点线穿插,建成吉县一中、二中、烤烟局、征稽所等花园式机关单位。沿中心广场周围见缝插绿,增加公共绿地面积3700平方米。2010年,吉县县委、县政府提出建设"旅游观光城、休闲度假城、山水园林城、最佳宜居城"的奋斗目标。吉县林业、住建、环保等部门以创建"林业生态县""全国绿化模范县""环保模范城"为抓手,大力实施城市绿化工程。投资2000万元,实施环城绿化一、二期工程,对新城十里河至车城口,气象台至林雨桥两侧第一山脊线可视范围内的所有地类进行绿化,建设乔灌混交、针阔混交生态景观林面积7000亩;投资500万元,在临吉高速引线周围建设高标准、高投入、高起点绿色通道。采取乔灌混交、针阔混交模式,营造生态景观林面积1300亩,引线通道绿化1千米。以生态景观林主体绿化模式,营造了四季常青的美丽风景。到2019年年底,县城建设文化休闲广场2处,建设了锦屏山森林公园和多处小型植物园,公园绿化率达到了85%。县城绿地面积达149.5公顷,绿地率为

新城园林

38.8%；覆盖面积166公顷，城区绿化覆盖率为43%；人均公共绿地面积为10.9平方米，打造了绿染全城、悠然舒心的宜居环境。

第六章　民生改善成绩显著

第一节　东庄经验引路全县农村改革

1978年，党的十一届三中全会吹响了改革开放的号角，吉县老区同全国一样，沐浴在万象更新的春光之中。

这时，吉县涌现出了一个与安徽小岗村几乎齐名的改革先锋东庄村。该村是当时东城公社沟南大队的一个生产小队。在改革开放的大潮浪尖上，东庄村的群众发挥源自生产实践中的集体智慧，几乎同小岗群众签名按手印一样敢闯敢干，在本生产队悄然实行了专业分工、按能承包、联产计酬责任制，发挥社员的劳动潜力和技术专长。这一经验先后于1980年10月2日《山西日报》和10月13日《人民日报》头版头条报道，国家农委责成吉县县委专程赴京进行了汇报。一时间，小小的东庄山村成了全县农村纷纷学习的典型。1980年10月9日至12日，县委召开600多人参加的全县四级干部会议，传达中央《加强和完善农业生产责任制》的75号文件，讨论制定了《今冬明春加强完善责任制的措施》。会后，组织县、乡干部下乡，帮助生产队落实生产责任制,从而使东庄经验率先在吉县农村迅速推广,社员群众拍手称快。有人打趣说:"这下队长家里没印了,饲养员手里没棍了,吃闲饭的不能混了,该咱老百姓兴运了。"

东庄经验在全县农村推广开后,农村生产力得到了极大解放,广大农民立即行动起来,农村出现了勃勃生机。人人放开手脚,家家勤劳生产,地里的庄稼活不用别人吆喝指派,户户都按农事节令在田间精耕细作,连年喜获大丰收。除了轻松完成国家的公粮收购任务外,人人吃饱了饭,家家有余粮,农闲时节的副业生产也在城乡活跃起来,农民收入年年攀升,很快就解决了温饱问题,全县农村一派欣欣向荣的兴旺景象。

第二节　发展特色产业全县基本达小康

1978年改革开放以后,中央连续5年出台的关于"三农"问题的一号文件,为吉县老区的农业发展指明了方向。

县委、县政府团结带领广大农民群众全面落实党的各

屯里蔬菜大棚

项惠民政策，调整优化产业结构，推广新品种、新技术，大上烟果，发展大棚菜和养殖业等特色产业，提升了农业生产的综合效益，促进了农民脱贫致富。

从1986年引进试种烤烟，到2015年的30年间，全县累积种植烤烟26.4716万亩,收购烟叶5814.9661万斤，烟农收入1.57472848亿元，税收2786.6717万元。从1987年大规模栽植苹果到2018年，全县苹果总面积发展到了28万亩，总产量达18万吨，总产值近10亿元，果农人均果品收入达5602元，苹果已成为吉县富民强县的支柱产业。

进入"十三五"时期，屯里镇屯里村、桑峨村、太度村，吉昌镇东关村，共建成节能日光温室、春秋季蔬菜大棚340栋，总面积250多亩，年产蔬菜2500吨，解决了城乡居民吃菜难的问题。菜农亩均纯收入达1.5万元。此外，"十三五"时期以来，全县发展以大豆、绿豆、谷子为主的小杂粮生产，面积保持在5万亩左右，最高年达8万亩,总产量达500多万吨,年人均小杂粮收入近500元，为调剂城乡人民生活发挥了重要作用。

过去受"养牛为耕田、养猪为过年、养鸡为换盐"等小农经济思想的影响，吉县畜牧业养殖以户养捎带为主，发展十分缓慢。党的十一届三中全会后，吉县畜牧业以养猪、养牛、养羊、养驴、养骡、养马、养鸡、养鸭、养猪、养兔等"十大养"为主，进入了黄金时期，实现了四大转变：畜牧业功能从役用型到观光型和食用型的转变，大牲畜"以役代劳"的时代成为历史；畜牧业内部结构从以大牲畜供役使为主到以猪鸡供肉蛋为主的转变，大牲畜的存

役牛耱地

栏数已不是畜牧业发展的重要指标，肉、蛋、奶的产量代表着畜牧业的发展水平；畜牧业生产技术从粗放饲养到集约化、规模化生产的转变；饲料科技发生质的飞跃，饲养标准化程度明显提高，舍饲笼养蛋鸡技术广泛应用，暖棚养猪技术大为普及，牛羊圈养技术有了突破。2017年，通过招商引资，引进山东中惠科技有限公司，投资3亿元，建成了赵村10万头现代化养猪场，于2019年年初建成投入养殖。到2018年，全县建有由中垛强占东经营的天丰生态养殖有限公司，年养猪1.5万头；由社堤石忠忠经营的吉县东城乡东旭养殖有限公司，年养猪1万头；由川庄白俊龙经营的鸿盛养殖有限公司，年养猪2000头。有年养鸡5

大规模养猪场

万只的智琴养殖有限公司,年养鸡3万只的兰村春娥养殖专业合作社,年养鸡1.5万只的金源养殖有限公司。有年养牛300头的吉县兴源牧业养殖有限公司,有年养羊500只的吉县兰村养殖有限公司。全县规模化的养猪场3个,养牛场1个,养羊场1个,养鸡场3个,加上小群体散养,全县年存栏牛2900头,猪4万头,鸡29万只,羊6万只。到2014年,全县肉类产量达到3988吨,蛋类总产量达2165吨,奶类总产量达到342吨。畜牧业总产值达9178.54万元,畜牧业人均收入达580元。

2018年冬至2019年春,受非洲猪瘟的影响,全县生猪存栏数有所下降。受全国生猪供应市场的牵动,猪肉价格在夏秋时节出现上涨,每市斤达20多元。

如今,在吉县"吃肉为过年、产蛋为换盐、鲜奶难见面"的时代已成为历史。

第三节 农村经营管理卓有成效

实行联产承包责任制后,理顺了生产关系,极大地解放了农村生产力,全县农村经济得到了快速发展。为了依法规范农村经济经营管理,维护农民权益,确保增产增收,1990年县委、县政府成立了吉县农村经济经营管理局,各乡镇成立了经管站,配备专业经管干部53人,加强了农村经济经营管理工作。

加强农村财务管理。20世纪90年代,县委、县政府指导全县各村委成立了农村合作基金社。其中,祖师庙农村基金合作社(村办信用社性质)于1985年9月1日开张营业后，成为全县典型。同年12月24日《山西日报》报道后，受到省、市领导表扬肯定。1991年到1994年，先后举办培训22期，参加培训4700余人次。经过培训颁发会计证124人，临时会计证24人。持证竞聘上岗会计106人。颁发审计证40人，其中专职审计员38名，兼职2名。1999年全县农村推行"村账乡管"，县经管局制定了"村账乡管"管理制度和标准，进一步规范了农村集体财务管理。2004年，全面推行农村财务管理机制创新，在2个乡镇推行了农村会计核算电算化试点，在4个乡镇推行了农村会计核算委托代理制试点。2008年，在全县推行农村会计委托代理制，各乡镇建立了会计中心，选聘了会计中心人员，开展了村级财务整理移交工作。2009年，在东城乡召开了全县会计委托和电算化培训会，对乡镇会计中心110名报账员、农村财务人员进行了培训，发放了教材，统一制作了电算化操作流程版面，下发了农村会计委托代理和电算化财务处理程序。到2011年，全县农村会计委托代理规范化率达90%以上，代理中心规范化率达100%。

规范农村土地承包合同。 1989年，全县开展延长土地承包期工作，县委出台吉发【1989】5号文件，在全县推行以人口田、计划田、机动田和"四荒地"为主的"三田一地"，切实创新地形成了"长一块、短一块，稳一块、活一块"，与市场经济形势相适应的土地使用制度。1990年，农业部领导到吉县实地考察调研大为首肯后，给国务院分管农业农村工作的时任副总理温家宝进行了专题汇报，温家宝副总理高度肯定了吉县这一做法。此后，在给江泽民总书记的关于农业农村改革报告中,用了较大篇幅进行了叙述和肯定,并以中共中央办公厅文件印发全国学习。2007年,在全县贯彻实施《农村土地承包法》,全面完成农村土地承包工作;2011年,全县进一步稳定农村土地承包关系,清理整顿机动地,规范了机动地的发包程序和承包费的使用范围。健全了县、乡两级农村土地承包档案、村级土地承包台账和土地流转服务组织,确保土地流转有序进行。

持之以恒地开展减轻农民负担工作。1990年县经管局成立后,坚持把减轻农民负担作为一项重要工作来抓,印发农民负担"明白书"、监督卡到农户。1998年,县委、县政府出台了《关于进一步做好减轻农民负担工作实施意见》,规定了"八项禁止":禁止平摊农业特产税、屠宰税,要据实征收;禁止一切要农民出钱出工的达标升级活动;禁止一切没有法律、法规依据的行政事业性收费;禁止面向农民的集资;禁止各种摊派行为;禁止强制以资代劳;禁止在村里招待下乡干部;禁止用非法手段向农民收款收物。经管部门组织人员深入各乡镇督查,有效地促进了"八项禁止"的落实。

2003年8月,全县开展税费改革工作,实行了"四取消、一调整、一改革"。即取消乡统筹和农村教育集资等专门面向农民收取的行政

吉县中垛乡优汇苹果专业合作社

事业性收费和政府性基金、集资；取消屠宰税；取消农业特产税；逐步取消过去统一规定的劳动积累工和义务工；调整农业税比重；改革村提留使用办法。2010年县政府出台了《关于进一步做好减轻农民负担工作意见》，进一步加大了农民减负工作专项治理力度。

大力发展农村专业合作化经济组织。自2004年开始到2009年，全县发展农民专业合作社81个，涉及种植、养殖、加工、销售等各个领域。2010年，结合开展"358"示范社建设活动，全县确立了5个省级示范专业合作社，20个县乡重点专业合作社。2011年实施农民专业合作社"一村一品"工程，按照村村全覆盖，"一村一品"产业模式进行注册，全县共发展农业合作社121家，入社社员35000余人。这些专业合作社本着"自愿联合、互助互利、自负盈亏、民主管理"的原则，组织起来闯市场，为全县农业经济发展作出了积极贡献。

"三树一率"考核检查

第四节　生态环境综合治理全国领先

一、造林绿化屡获省部表彰

1978年，吉县被列为国家三北防护林建设重点县。县委、县政府除组织群众进行全面造林活动外，还采取点、片、网、带形式和抓万亩以上林业工程为防护林建设骨架，组织力量集中营造。先后建成东塬、牛王庙梁、芦子塬、教场坪、管头山万亩以上林区和清水河、昕水河各8万亩的百里绿色走廊。1986年至1987年间，县政府针对群众性造林质量差、成活率低的突出问题，创新性地总结提出了"三树一率"看成活的验收办法，即乡镇调苗人员栽植30株苗

"三北防护林"奖牌

木质量样板树、林业技术员栽植30株质量示范树、乡镇包工程负责人栽植30株裁判树,3个成活率的加权平均值,作为成活率验收的标准参数,全县统一组织验收后,奖优罚劣,严格兑现,从而大大提高了干群植树造林的责任心和造林成活率。1990年6月3日,县委、县政府确定了建设和完善"141"农业生态经济工程。即建成一条百里绿色走廊,营造油松10万亩、用材林10万亩、防护林10万亩、以苹果为主的经济林10万亩,建设一个垣、沟、坡、田、林、路综合治理和农业生产经济示范点。截至2019年年底,吉县"三北"防护林工程累计完成造林面积70.6万亩(含经济林),保存面积63.6万亩,保存率90%。吉县先后被国家林业局授予"三北防护林体系建设先进集体",被中华人民共和国林业部授予"三北防护林一期、二期工程建设先进单位"。

1984年,县委制定了《关于贯彻中共中央、国务院绿化祖国指示,进一步放宽林业政策的若干决定》《加快林业生产十项措施》和《关于进行开发性生产的14条意见》,决定在坚持土地所有制不变的原则下,放宽林业政策,实行划山造林,全县再次掀起造林高潮。屯里镇庄子村成立了由21户组

专业队造林

成的林联社,全村大搞植树造林,至1988年,村集体造林1.21万亩,被国家林业局评为"造林绿化千佳村"。全县推广庄子村的经验,涌现个体承包造林专业队6715个。1985年末,全县造林万亩的乡9

退耕还林工程

个,千亩以上的行政村65个,百亩以上的村民小组400个,人工造林累计保存面积42.78万亩。1992年,吉县中垛乡率先大胆敲响"四荒"(荒山、荒坡、荒地、荒滩)使用权拍卖第一锤,并迅速在全县推广,极大地调动了广大农民群众和社会力量参与林业建设的积极性,涌现出窦正南、高春枝等"四荒"治理典型。优秀造林代表窦正南从1982年开始治理荒山荒坡,先后承包绿化了5条梁4道沟10面坡,治理荒坡8200亩,2009年被山西省绿化委员会授予"全省林业建设先进个人"。

2000年至2006年,吉县实施退耕还林工程,退耕还林总面积37.9万亩。其中退耕9.5万亩,荒山造林26.4万亩,封山育林2万亩。从2008年开始,实施巩固退耕还林成果建设项目。到2014年年底,全县累计完成薪炭林10950亩,干果经济林50100亩,补植补栽95200亩,生态移民248人。

2002年，时任国务院总理朱镕基考察退耕还林工程，视察了和尚岭和西史尖万亩退耕还林工程，对吉县实施退耕还林的经验给予了肯定。

2000年，吉县启动了天然林保护工程，建立了集中管护、设施管护、自主管护"三管齐下"的综合管理体系。设立了16个天保站，32个管护点，组建了227人的护林队伍，从片区到护林点，层层明确了管护区面积，层层签订了管护责任书，全面负责责任区的森林防火、病虫害防治和制止乱砍滥伐、毁林开荒等工作，有效地强化了森林管护工作。2004年，全省天保工程建设现场会在吉县召开。2005年在全省天保工程建设中期表彰会上，吉县天保站被山西省劳动竞赛委员会授予"集体一等功"。

目前，全县森林覆盖率47.2%，被授予"全国林业先进县"荣誉称号。如今进入吉县境内，仿佛走入莽莽林海，处处层峦叠嶂，苍翠欲滴，一望无际的天然林、人工林，将这块美丽的土地装扮得秀美如画。

二、小流域治理经验全国推广

改革开放以来，历届县委、县政府持之以恒地抓水土流失防治工作。20世纪70年代，在中垛乡柳沟流域开展小流域集中连片、综合治理，取得成功经验，得到水利部的充分肯定，1980年4月在吉县召开了全国小流域治理现场会，向全国推广。1989年县政府立足吉县地形实际，总结推广了"隔坡水平梯田"模式来治理坡耕地，梯田种粮或栽经济林，坡面植树或种牧草，取得了生态效益和经济效益、社会效益的多重收益，被省、市水利部门表彰推

小流域治理工程

广。在土地承包责任制的落实中,农村荒山、荒坡、荒地、荒滩"四荒"使用权的拍卖,使全县户包治理小流域应运而生。杨栓保是中垛乡义尖村共产党员,村党支部副支书。他放弃公路道班的工作,坚持带领全家开展小流域治理,创办起家庭林场"花果山",造林栽果取得了生态、经济效益双丰收,成为全县依靠小流域治理致富的典型。1990年3月6日,县委作出《关于开展向杨栓保同志学习的决定》,从而在全县掀起了集中连片、规模治理的热潮。从1997年开始,小流域综合治理向大流域连片治理推进,全县先后实施了世行贷款一、二期、黄河上中游水土保持重点、淤地坝、坝滩连治、巩固退耕还林等一系列国家级和省级水土流失重点防治项目。按照"预防为主、全面规划、综合治理、因地制宜、加强管理、注重效益"的方针,以小流域为单元,实行山、水、田、林、路统一规划,沟、坡、峁、梁、川综合治理。总投资7097.72万元（其中世行贷款4707.71万元，国内配套资金2390.01万元），共完成水土保持治理面积13486.2公顷，其中完成梯田5635.7公顷，乔木林5604公顷，灌木林511公顷，经济林208.6公顷，果园1016.9公顷，种草10公顷，封山育林500公顷，建苗圃10公顷，蓄水闸8座，打旱井389眼，建骨干坝57座，中型淤地坝20座，小型淤地坝328座。截至2013年年底，全县水土保持生态建设共完成治理面积725.8平方千米，治理度52%。

如今吉县境内，荒山荒坡绿树葱葱，荒沟荒滩庄稼茂盛，水害变水利，环境大改善。

三、城乡环境综合整治成效大

清水河城区段防护治理是关乎城区居民生命财产安全和生活环境优化的大事。从2010年到2013年，县政府投资4500万元，按照防洪标准20年一遇的防洪标准，进

县川河排污箱涵施工现场

行了综合治理,已完成十里河至西关桥之间整个旧城区县川河道的清淤疏通和排污管涵建设,治理河道3.6平方千米,建设排污箱涵7000米,蓄水橡胶坝4座,疏通河道70余万平方米,同时建设砌石堤防54千米,完成了路面、栏杆、格宾石笼等配套项目建设,清淤30万立方米。治理后的河段,水清了,污染减少了,环境变美了,成为县城一道靓丽的风景。

多年来,县委、县政府把城乡环境整治作为生态文明建设的一项重要工作来抓。1996年至2000年,取缔了土炼油小锅炉500余炉次,炸毁土炼油锅38个,取缔、关停了小砖窑等小土企业12家。1997年以来,狠抓城市建设,拓宽了街道,建设了绿地,硬化了大街小巷,配备了洒水车,修建了标准化公厕。2007年到2010年,全力实施"清洁城镇、生态家园、绿色吉县"建设工程,开展了城乡环境民生大整治活动,围绕"畅通、整洁、有序、文明"的目标,对新华街实施了规范化管理。2011年,修

治理后的县川河道

建了污水处理站和生活垃圾处理厂，完善了城市服务功能。2012年、2013年大力开展"环境建设年"活动，城区和乡村双管齐下分别治理，关闭取缔了土法烧木炭窑，在县城规划区实施了"煤改气"工程，并加强对饮食摊点监管，禁止以木炭、型煤、焦煤等为燃料进行食品加工；在农村连续多年实施沼气建设项目，进行"一池三改"，共建成农村户用沼气池11803个，建设沼气村级服务网点56个，安装太阳能路灯130盏，建设省柴节煤灶346户，新建小型沼气工程2处，高效低排放生物质炉200户。并组织清垃圾、清路障、清沟渠、清破旧房，改院、改厕、改灶、改圈，大力推广清洁能源，配齐了垃圾运输车辆，配备了垃圾箱，开展综合整治，实施"组保洁、村收集、镇中转、县处理"的垃圾收转、处置模式，使全县城乡环境面貌焕然一新。吉县先后被评为省、市"农业资源环境保护与农村再生能源工作先进单位"。

四、新农村建设实现了"七通"

2006年，全县开始实施新农村建设项目。首先在东城乡柏东村、柏山寺乡西头村进行试点，之后每年建设8个重点村，以"四化四改"和"五个全覆盖"为内容，共建设新农村53个。其中建设农民住房2038套21348平方米；建设文化广场50个40000平方米；硬化街巷180万平方米；安装太阳能路灯840盏，其他灯1060盏。53个新农村全部进行了绿化，实现了通自来水、通路、通电、通客车、通电话、通网络、通有线电视"七通"。

1990年到1999年,全县开始实施集中供水工程建设,最先修建了中垛集中供水工程、壶口集中供水工程,

中垛集中供水工程竣工典礼

推行水管站专业化管理运行新机制,收到良好效果。但由于水源水质不达标,给工程运行造成了很大困难。2000年到2008年,在总结第一、二阶段经验的基础上,实施引水解困和引水安全工程,确保群众用上放心水。到2008年年底,全县共建成农村引水工程114处,其中提水工程58处,共解决292个自然村、84480口人用水问题;引水工程32处,共解决39个自然村、7605口人用水问题;蓄水工程24处,共解决24个自然村、1195口人的用水问题。2009年开始实施饮水安全"全覆盖"和提质增效工程。到2010年共建成饮水工程82处,解决了126个自然村、16029人、2882头大牲畜的饮水问题,基本实现了全县农村引水安全"全覆盖"。从2011年开始,农村饮水工作转向提质增效,先后新建了中垛、文城、永固、东城、柏山寺、兰村等水源工程,增加供水量2030立方米,增强了各工程供水保障能力。同时对修建较早的工程逐步更新完善。更新供水管网133.6千米,建设蓄水池35座10260立方米,建成文城、中垛、柏山寺3处集中供水自

动化控制工程。到2014年年底,全县共建成农村饮水工程161处,其中集中供水工程17处,单联村提水工程84处,分散式供水工程60处。全县农村自来水入户率达到了95.8%,彻底告别了饮水靠肩挑驴驮的历史。

第五节 财政持续增收支撑民生改善

改革开放以来,全县财政收入迈上了持续发展的良性轨道,促进了全县经济持续、快速、健康发展和各项社会事业的全面进步。

一、财政收入持续稳步增长

2007年完成收入3259万元,比1978年的67.49万元增长52.4倍,年平均增长率为14.18%。2010年,全县财政总收入首次突破亿元大关,完成1.0176亿元。2012年,全县财政总收入突破2亿元,完成2.4563亿元。2013年,全县财政总收入完成2.4606亿元。2014年,全县财政总收入完成2.6059亿元,比1978年的67.49万元增长了38511.65%,年均增长率为17.99%,为全县经济发展和社会进步提供了可靠的财力支持。

二、确保社保政策全面落实

随着改革开放的不断深化,全县逐步建立完善公共财政体系,努力实现公共服务均等化,将支出重点向民生事业倾斜。2002年至2007年,全县社会保障支出累计执行8832万元。其中2007年支出4811万元,为2002年526

万元的9倍，平均年增长44.61%。确保了全县1350名退休职工老有所养，538名失业人员及8318名低保人员按时领取基本生活保障金；2010年，县财政认真落实城市低保、农村低保、农村新型合作医疗、城镇职工医疗和"五保户"等有关政策，累计拨付资金3114万元；2011年，共为8614名城乡低保对象发放低保金1661万元，为企业离退休人员发放养老金1662万元，为9900余名符合条件的农村60周岁以上老人发放基础养老金677万元；为缓解以农副产品为主的生活必需品价格上涨，对弱势人群造成的生活困难，对城乡低保户、优抚对象、农村"五保户"以及农村寄宿生发放临时价格补贴185万元，发放春节等一次性生活补贴93万元；2013年，认真落实城乡低保和农村"五保户"等民生提标政策，累计拨付相关资金5523万元；2019年，全县社会保障支出累计执行1.6628亿元，确保了全县3879名退休职工老有所养，178名失业人员发放失业保险金82万元；2019年，共为1078名重度残疾人员，累计发放护理补贴66.87万元；为694名困难残疾人，累计发放生活补贴42.01万元；为城乡低保对象和特困人员进行集中供养25人，累计支出491.11万元，促进了社会和谐发展。

三、确保新型合作医疗稳步实施

从2007年开始试点的农村新型合作医疗，当年覆盖农民83235人，参合率为农民总数的97.8%，县级财政拨付新型农村合作医疗资金26万元；2013年，农村新型合作医疗参保人数达84728人，参合率为98.95%，人均年补贴标准达240元,农民住院补偿比例最高达85%,全年累计拨付补偿金2765万元。到2019年年底,农村新型合作医疗参保人数达90634人,参合率为98.85%,人均年补贴标准从2007年的50元提高到220元,人均财政补贴标准达520元。财政范围内住院费补偿比例县域内乡级85%、县级75%。2019年享受城乡居民统筹基金支付人数达11.4656万人次,医保报销9498.6万元,有效地减轻了城乡居民的疾病经济负担。

四、确保教育事业健康发展

2002年以来,全县财政始终将支持教育事业发展作为落实基本国策的重要举措,优先保障、重点支持,认真落实财政对教育的支出增幅高于同期财政经常性收入增幅的政策措施。2002年到2007年,全县教育事业支出累计执行1.7229亿元。特别是2007年当年支出达5192万元,为1978年75万元的69倍,为2002年1569万元的3.3倍,有效缓解了上学难、上学贵的问题;2019年,共拨付教育方面的资金5458万元,主要用于提高

东城九年制学校

农村中小学公用经费保障水平、校舍安全、五类学生家庭困难补助、职高和普通高中学生国家助学金、义务教育薄弱学校改造、义务教育住宿生免生活费补助、"蛋奶工程"及高中、职中免住宿费、学费及义务教育阶段免教辅书费的"免费"工程。

五、确保城市建设快速提档

2007年实施的以文化广场、吉州大道和吉州宾馆为代表的一批城建重点工程,累计投入资金1.161亿元,为吉州山城增添了新的生机与活力;从2009年至2019年,实施了新医院、清水河治理和吉州新城等一大批重点工程,推进了城市建设步伐,进一步拉大了城市框架,提升了城市品位。

六、确保"三农"工作全力推进

从1978年至2007年,累计安排拨付"三农"资金4亿余元,2007年用于农业方面的支出3715万元,是1978年31万元的118.8倍,年平均增长率17.30%。2010年,严格执行村级管理费、粮食直补

县委领导调研村村通公路建设

和农业综合直补的有关政策，及时足额拨付涉农补贴资金4723万元；2019年，共拨付各类支农资金近1.36亿元，基本保证了乡、村两级正常运转，巩固了农村税费改革成果，促进了农民增收，维护了农村稳定，推进了农村综合开发能力进一步提高。

第六节 公共基础设施快速完善

一、公路建设突飞猛进

改革开放以来，在"要想富，先修路"和"大路大富，小路小富"的思想指导下，县委、县政府带领全县人民艰苦奋斗，攻坚克难，历经了兵团会战、集资修路、项目支撑等阶段，开辟了吉县交通事业发展新天地。

如今一个以高速公路为骨架、县乡公路为依托、村通

临吉高速、吉河高速交汇枢纽

公路为脉络，干支相连、纵横交织的"大交通格局"逐步形成。全县公路通车里程达到1533.23千米，其中临吉高速、吉河高速纵横连接贯通，隰吉高速已开工建设，境内已通高速43.81千米，二级公路115.79千米，三级公路173.454千米，四级公路1165.765千米，等外公路34.5千米；国道159.6千米，县道204.2千米，乡道369.3千米，村道800.13千米。实现了乡乡通油路、村村通公路、行政村街巷户通水泥路的良好局面。

二、电力事业快速发展

电力事业与人民群众的生产生活息息相关。通电用电不仅是现代文明进步的标志，而且是解放生产力，提升生产效率的能源支撑。在县委、县政府的积极争取和大力支持下，电力部门组织施工于1979年完成大宁至吉县窑渠35千伏输电线路，并在窑渠村建成35千伏降压变电站一座，容量为1800千伏，并架设了窑渠至明珠村、窑渠至

新城区吉祥110千伏变电站

放马岭10千伏配电线,沿线各自然村相继通电。完成了架设窑渠变电站至城区小府变电站10千伏联络线,使城区除小府站供电外,在事故情况下可以由窑渠站转供电,供电可靠性大大增强。至此全县所有乡镇所在地沿线及沿线各村委及自然村全部通电,供电网络基本形成。

吉县电网建设从20世纪70年代的10千伏电压等级逐步发展为新世纪的220千伏变电站为枢纽,110千伏、35千伏变电站相互联接,10千伏线路星罗棋布的县域电网。吉县供电公司境内共有220千伏变电站1座,主变容量240千伏安,220千伏线路2条,长度125.634千米;110千伏变电站1座,主变容量40千伏安,110千伏线路2条,长度80.031千米;35千伏变电站6座,总容量为71.55兆伏安,其中公用变电站3座,主变压器6台,容量3.415万千伏安;用户自备变电站3座,主变压器6台,总容量3.74万千伏安;35千伏线路8条,全长216.08千米。其中公用输电线路5条,长102.82千米,用户输电线路3条,长32.71千米;10千伏线路24条,总长度为709.76千米;10千瓦变压器723台,总容量为82.285兆伏安,其中公用变压器690台,总容量60525千伏安,用户自备变压器33台,容量19760千伏安;低压配电台区690个,低压线路总长度738.092千米。为吉县工农业生产和满足人民群众生活需要提供了可靠的用电保障。

十一届三中全会以后,随着农村经济体制改革不断深入,农村经济蓬勃发展,乡镇企业逐步增长,农村用电量日益增加。1998年实施了农电体制改革,对农村电网进行了大规模改造,彻底改变了农村电网、用电管理滞后的局面。随着电力事业的快速发展,电视、电脑、饮水机、冰箱、空调、电淋浴等家用电器不断增加。2006年到2010年,中央实施了一系列惠农政策,补贴家用电器下乡,老百姓厨房实现了电气化,增加了电磁炉、电饭锅等电器,居民生活条件有了较大改善,生活水平大幅度提高。

三、网络技术融入百姓生产生活

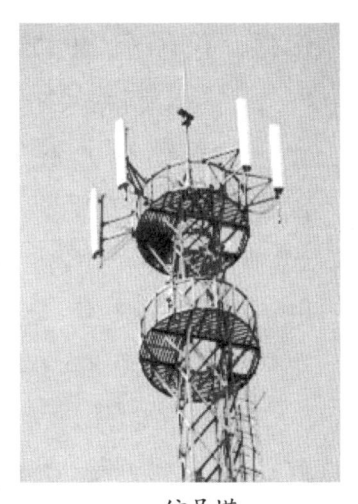

信号塔

改革开放前,全县城乡全是摇把式电话机,电话、广播使用的是同一根线路。为了改变电信落后面貌,1989年吉县邮电局引进上海退下来的米进制交换机,在县城范围内开通了自动电话,用户达到400余户。

1994年,吉县邮电局开通了模拟程控交换机,通信质量大大提高,可以开通全国长途直拨。住宅电话用户蓬勃发展,到1997年,全县电话用户达到1500户。1994年,吉县邮电局申请项目、争取资金,经过一个月的组织施工,打石坑486个,栽电杆500多根,放线180盘,接通了吉县县城到壶口景区全长45千米电话线,满足了国内外游客的需求。1997年,香港回归祖国,县政府邀请"亚洲飞人"柯受良驾车飞越壶口,吉县邮电局又积极争取项目资金,开通了最先进的程控交换机中兴公司ZXJ-10机,同时壶口镇也开通了中兴公司ZXJ-10机,通信能力和质量发生了质的变化,保证了柯受良驾车飞越壶口的通信需求，使吉县电信事业发展跃上了新台阶。

1998年，邮电局分营，成立了邮政局和电信局。电信局主要经营电报、电话、传呼、电话出租业务。1999年，开始发展移动手机业务。2004年以后，通信业发展进入快车道，手机进入千家万户。到2019年，手机信号覆盖全县95%以上，几乎每人一部手机或更多。通信手段多样，有电话、手机、短信、视频通信、微信通信、互联网等，通信制约经济发展的瓶颈完全被打破。

2008年12月份，吉县联通公司和吉县网通公司合并，吉县联通公司拥有职工80人，主要经营宽带业务、移动2G业务、移动3G业务、移动4G业务、数据业务、出租电话业务。2019年，吉县联通公司拥有电话用户1900户，宽带用户8800户，4G用户17600户。

吉县移动分公司成立于1999年1月1日，主要经营移动话音、数据、IP电话和多媒体业务，拥有"全球通""动感地带""神州行"等客户品牌。共有职工34人，自建营业厅2个，专营店3个（其中县城2个，屯里镇1个）；建有基站120座，实现了全县所有行政村、国道、省道网络信号的全覆盖。2019年，用户达6.4419万户，年实现运营收入3534万元。

四、商业贸易发展提升

十一届三中全会以后，吉县商业步入改革发展的快车道，商业业态与经营方式发生极大变革。改革开放前，吉县商业业态单一，经营方式传统。零售企业主要为单一百货店、副食店和粮店。经过40多年的改革发展，吉县商业建立了各种零售业态。除百货店、商贸市场以外，以连锁经营为基本特征的大超市、购物中心、便利店、专卖店、特许加盟店以及网上购物、电视购物、直销等无店铺销售方式等，呈现出百店齐开、百业竞争的态势。产销结合、科工贸结合、国际国内市场相对接、品牌经营等先进营销方式在商业领域已经普遍实现。由分布在全县城乡的600多个商业网点组成的商品流通网络，以及餐饮、住宿、各类生活服务业网点，既为全县消费品货畅其流提供了强有力的物质基础，也为消费者提供了便捷的购物与消费环境。

商业服务企业改革多轮次推进与深化，活力增强，形式多样。改革开放前，在公有制一统天下的背景下，国有与集体商业的市场份额占98%以上。40年来，经过推行"三多一少"（多种经济成分、多样经营方式、多条流通渠道、少环节）经营责任制，下放一、二级站，实行"改、转、租、卖"，"两权分离"（所有权、经营权），"四放开"（经营、物价、用工、分配），缩小核算单位，股份制改造，新老剥离，国有民营，企业重组，改组转制经营等多轮次改革，商业企业已由过去的国有制一统天下转变为国有控股、股份制、民营等多种经济成分并存，竞争共赢的局面。企业活力不断增强，并涌现出一批具有较强经济实力，具有一定核心竞争力的不同所有制形式的商业企业集团，管理手段、经营理念不断进步，实现了质的飞跃与提升。经过持续不断地推进、发展现代流通方式等重点工程和重点工作，商品流通的科技含量大幅度提高。尤其是以电子计算机为标志的电子信息技术广泛运用于商业领域,电子商务、物流快递业的兴起和普及,大大提高了流通效率和经济效益。商业一改过去传统落后,以手工作业为主,科技水平低下的状态,成为现代商贸活动中集中使用高新技术手段的新业态,大大缩小了与发达地区商业的差距。

第七节　教育事业不断进步

　　1978 年全国恢复高考后,吉县老区迅速形成了崇文重教、兴学育人的浓厚氛围。1980 年,贯彻国家"整顿调整改革高中,大力发展职业教育,努力办好重点中学"的方针,将原 8 所九年制学校和二中高中班全部并入一中,将 32 所七年制学校初中班并入 11 所初级中学。1985 年,全县有完全中学 1 所,初级中学 11 所(其中窑渠中学 1985 年改为职业中学),设高中班 12 个,学生 470 名,初中班 68 个,学生 3688 名。当年毕业高中生 180 名,考入大专院校 12 名,占毕业人数的 6.67%;初中毕业生 810 名,考入中专和技工学校 34 名,占毕业人数的 4.20%。到 1985 年,全县共培养初中毕业生 22224 名,高中毕业生 5771 名,考入大专院校 319 名。

　　1986 年,县委、县政府贯彻中共中央《关于教育体制改革的决定》,在各乡镇成立了教育委员会,实行了"三级办学,两级管理"的新体制,把实施九年义务教育的责任下放到基层,扩大了乡镇办学的主动权。1990 年全县集资办学突破 300 万元,新建校舍 136 所,建筑面积 12276

平方米，基本实现了校校无危房，班班有教室，学生人人有课桌凳的"一无两有"，受到了山西省人民政府表彰。

1991年到1996年，全县认真贯彻落实国务院颁发的《扫盲工作条例》，坚持"一堵、二扫、三提高"的原则，采取多种形式扫除青壮年文盲2114人，全县非文盲率达到了99.1%。城关镇祖师庙村残疾妇女葛莲恩积极参加扫盲学习，识了字、脱了盲、致了富，被评为全国"识字女状元"。1996年11月，吉县高标准扫除青壮年文盲工作经山西省人民政府评估验收，达到了合格标准。临汾行署授予吉县"扫盲先进县"荣誉称号。

1997年到1998年吉县大力实施"普九"攻坚。针对教育基础差，历史欠账多，工作难度大的实际，县委、县政府带领全县人民捐资助学，结合实施"世界银行贷款项目建设工程""贫困地区义务教育项目工程"，多渠道集资2800余万元，新建、改建、扩建维修学校254所，购置新添课桌凳5120套，新增文体器材7.142万件，新增图书14.1076万册，全部达到了"一无两有三配套"标准。同时依法规范教育管理，推进农村教育综合改革，推行教

西头小学

师"双向聘任制",开展多种形式的教师学历教育和教学研究活动。中小学入学率、巩固率、毕业合格率、义务教育完成率、教师学历合格率均达到国家要求的"普九"标准。1998年7月,临汾地区行署在吉县召开了"普基"评估验收;10月,省政府授予吉县"普及九年义务教育"攻坚先进县;1998年9月,顺利通过了山西省"两基教育县""扫除青壮年文盲县"考核,奖励了10万元。

1999年到2001年,县乡政府多方筹措资金,大力实施校园环境园林化、学校管理规范化、教育技术现代化、校舍建设标准化为主要内容的"四化学校"建设,全县15所中小学校通过了临汾市教委的达标验收。为了加快师资队伍建设管理,实行了校长聘任制、教师聘任制、工作目标责任制,开展了全员参与的"课堂教学达标创优""送教下乡""三级赛讲""说课评课""名师带徒""JIP实验"等教研教改活动,同时加大教学常规管理和教学质量考核评估力度,着力推进素质教育,进一步提高了九年义务教育普及程度。2001年11月,吉县"两基"巩固提高工作顺利通过省级复查验收。

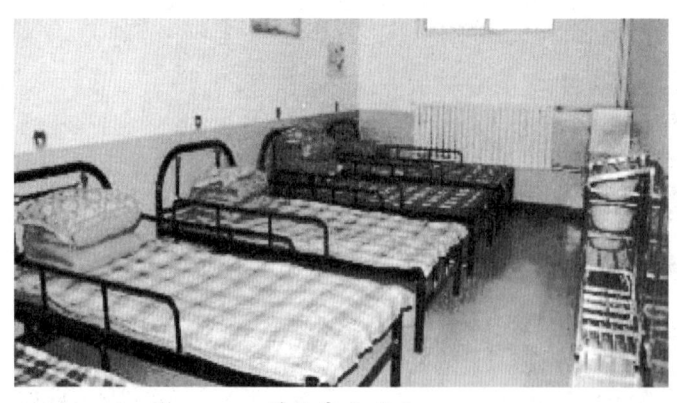

学生寄宿宿舍

进入21世纪,为了破解转型时期教育改革与发展出现的新矛盾新问题,县委、县政府深入贯彻落实《山西省关于调整农村中小学布局结构的意见》,"收缩农村,发展城镇,整合资源,提高效益"。从2002年开始,启动实施中小学危房改造项目,结合撤乡并镇、移民并村、新农村建设,对农村10人以下单人小学和部分复式学校,进行了撤并整合,并优化了教学资源;支持城区的东关小学和二中吸纳社会资金,开办"民办公助"的校中校,缓解班容量过大问题;将吉县职业中学更名为吉县三中,成为独立初中,吉县一中初中部整体转移到吉县三中;吉县一中办成独立高中,由4轨扩大为8轨;同时,把兰家河中学合并到吉县三中,在兰家河中学成立吉县职业高中,逐步由2轨发展到8轨,使全县学校布局结构趋于优化。

2004年,县政府贯彻落实全国农村教育工作会议精神,制定下发了《关于进一步加强农村教育工作的决定》。农村义务教育实行"由地方政府负责,分级管理,以县为主"的管理体制,逐步完善了农村义务教育经费投入保障新机制。2005年,国家对农村义务教育阶段家庭经济困难学生实行"两免一补"政策。2006年,全县农村义务教育阶段中小学全部免收学杂费。2007年,全部免除了农村义务教育阶段在公办学

多媒体教室

校就读的中小学生（含县城所在地学生）学杂费。2008年，城乡义务教育阶段中小学生全部免除教科书费。2010年，国家对农村义务教育阶段学校学生人均公用经费基础定额提高了100元，对农村义务教育阶段家庭困难寄宿生生活费基本补助标准每人每天提高了1元。对不足100人的农村中小学校按100人核拨公用经费补助资金，缓解了农村中小学校运转困难等问题。同时，先后实施了国家中小学危房改造项目、农村寄宿制学校建设项目、农村薄弱学校改造项目和中小学校校舍安全工程、中小学校校舍加固工程。1991年到2010年，财政对教育的拨款由304.6万元增加到9655.7万元，教育经费年支出由304.6万元增加到9930.9万元。

教育投入的加大，为全县整合教育资源，优化育人环境提供了有力的支撑。从2004年到2010年，县委、县政府着力推进教育均衡发展，实现教育公平，大力建设农村

吉县职业中学

寄宿制学校，先后新建、扩建了东城、王家垣、柏山寺、文城4所九年一贯制寄宿学校和三堠、车城、五龙宫、南耀、回宫等寄宿制小学。新建、扩建了桑峨中学、中垛中学、窑头小学、中市小学等学校学生宿舍、师生食堂和餐厅，并完善了设施设备，改善了食宿条件。同时，对城区学校危房进行改造，新建了一中教学楼、学生公寓楼，二中教学楼、办公楼，三中教学楼、餐厅，东关小学图书实验楼，桥南小学教学楼，西关小学教学楼，祖师庙小学教学楼和吉县青少年校外活动中心。在此基础上，给全县中小学统一配置了教学仪器、图书资料、文体器材和远程教育卫星接收设备、多媒体设备以及计算机、彩色电视机、打印机、VCD等现代化教学设备，更新了课桌凳，办公设备、取暖设备等，全县中小学的办学条件有了根本性改善。

2011年到2013年，县委、县政府大力实施党政"一把手教育工程"，优化教育发展环境，责成教育部门按照"学前教育抓普及、义务教育抓均衡、高中教育抓品牌、职业教育抓创新、成人教育抓培训"的总体思路，积极推进信息化建

学生餐厅

设，狠抓师资队伍结构调整和培训提高，创新教育教学方法，强化素质教育，"办人民满意的教育"。

2011年，县政府投资1.18亿元修建的山西职业技术学院吉州学院，投资200万元新建的西泽幼儿园投入使用；投资91万元为全县中小学更换课桌凳8000套；投资21万元给吉县一中安装了视频监控全省联网巡查系统。五龙宫小学、太度小学、曹井小学、车城小学、三堠小学、南耀小学、东城九年一贯制学校、文城九年一贯制学校经临汾市政府验收达到标准化学校。通过考试公开招聘农村义务教育学校特岗教师114名、高中教师11名、幼儿教师20名。同时，与山西师范大学合作校县共建，引进顶岗支教学生70名。当年，使用国家专项资金388万元，对388名小学生、466名初中生实行了寄宿生活补助；使用160.88万元，从秋季启动实施了义务教育学校营养改善计划；使用51万元，免除了职业高中学生学费；使用35.7万元，资助了238名普通高中贫困学生。同时，县政府拨款22.2万元，对吉县一中高考达二本B类以上院校的106名学生，发放了2000元至6000元的高考奖学金。

2012年，全县投资3511万元，新建了845平方米县一中教师周转房；新建了曹井小学、太度小学、窑头小学、县底小学、安乐小学、西关小学、屯里小学、文城九年制学校、柏山寺九年制学校学生餐厅；新建了王家垣九年制学校、东城九年制学校、吉县二中、祖师庙小学学生餐厅及宿舍。完成了县二中、三中操场的硬化和排水处理工程。为全县中小学配备了"班班通"、图书、实验仪器、音美器材、卫生器械和图书柜、仪器柜、文体器材柜；更新了课桌凳3584套;改造了山头、小府、柏山寺、兰村、上东村、林雨6所幼儿园;新建了车城幼儿园。全县40所中小学达到义务教育阶段标准化学校要求,通过了市政府验收。同时招聘了农村义务教育学校特岗教师43名、高中教师24名、幼儿教师38名。引进山西师大顶岗支教学生223名,加强了师资力量。当年,使用划拨专项资金,对小学416名学生、初中709名学生实行了寄宿生生活补助;使用644万元,实施了农村义务教育学校营养改善计划;使用18.65万元,资助了学前、幼儿教育;使用137.08万元,免除职业中学学生学费;使用61.78万元,资助了职业中学贫困学生;使用120.96万元,免除了吉县一中春季高一年级、秋季三个年级学费;县财政拨款23.2万元,对83名高考达二本B类以上院校学生发放奖学金。

2013年,投资1142万元,为15所学校新建了餐厅;投资922万元为吉县一中、中垛中学、东城九年制学校、文城九年制学校修建了学生宿舍;投资705万元为中垛中学、桑峨中学、文城九年制学校、屯里小学新建了教师周转房;投资1301万元新建了屯里幼儿园,并对谢悉幼儿园、中市幼儿园、小府幼儿园、王家河幼儿园进行了改扩建;投资500万元为县一中、二中、三中修建了塑胶操场;投资300万元为吉县一中购置了音、体、美、理、化、生实验仪器及器材,修建了多媒体教室;投资170.4万元,为初中和九年制学校配备计算机及桌椅410套,为初中、高中、九年制学校一线教师配备计算机635台;投资122万元,为高中、初中、九年制学校接入50米/100米光纤网络专线;投资246万元,为城区学校安装了录播系统

一中实验室

8套；投资153万元，为全县师生开通网络学习空间1.3198万人，并对全县教师进行了"信息技术与课程整合"全员培训，提高了信息技术在教学中的应用水平。

当年，使用国家专项资金继续实施了中小学寄宿生生活补助、义务教育学校营养改善计划，资助了学前、幼儿教育、职业高中生免除学费，职业高中贫困生发放助学金。同时，县政府划拨106.24万元，为吉县一中春季高一年级、秋季三个年级1328名学生免除了学费；拨款35.2万元，对145名学生发放高考奖学金。当年，通过公开考试选拔了一批农村优秀教师补充到城区教师队伍中，招聘了农村义务教育阶段学校"特岗教师"80名，并大力实施"名师、名校、名校长建设工程"，组织教师参加各种业务培训和参观交流活动，推进课堂教学改革，促进了教学质量水平的提高。

1991年到2014年，累计培养初中毕业生4.0247万人，其中中考报名2.6165万人，升入中专、普通高中、职业高中1.3092万人；高中毕业1.242万人，参加高考9762人，录取4305人；成人高考报名3484人，录取1880人；成人自学考试报名2365人，毕业131人；全县80%劳动力受到培训，4500余人获得农业部门颁发的绿色证书。

第八节　文化事业欣欣向荣

改革开放后，全县城乡经济得到了快速发展，人民群众在享受物质生活相对宽裕的同时，对精神文化生活的需求也日益热切。为此，

80年代县文化馆排演的节目

县委、县政府加大了对文化事业的支持力度，2002年文化局和体委合并组成文体局。

2009年12月9日，县委、县政府作出《关于深化文化体制改革的实施意见》，文体局与广电局合并组成吉县文体广电新闻出版局，进一步拓展了文化部门的工作职能，推动了城乡文化建设的日益繁荣。

一、文化、图书馆室建设城乡配套

吉县文化馆

县文化馆承担着组织与辅导群众文艺活动,传播文化艺术知识,活跃群众文化生活的职能。改革开放后,坚持每年组织近百名城乡文艺骨干,重点开展戏剧表演、歌舞、美术以及后期开展的剪纸、书法、摄影等培训。1985年后,整合开展了文艺辅导、美术、摄影、文艺创作等方面的培训指导。2007年,新建馆舍面积扩大到1000平方米,设置了排练厅、音像欣赏室、录音棚等,并创建了非物质文化遗产展厅,布展了具有吉县特色的精品文化、民俗文化、历史文化、农耕文化、节庆文化、品牌文化、山水文化等图片资料和实物。

在图书馆建设方面,1978年4月,省文化局拨款1万元设立县图书馆,到1985年,县图书馆有藏书1.6万册,订购各种书报杂志96份,年借阅量3.4万人。2008年,争取资金120万元,新建了1500平方米的三层图书楼,设有阅览室、少儿阅览室、3个电子阅览室、2个书库和采编室、地方文献库等。收藏文献资料3万余册,报纸、期刊5000

图书馆大楼

余册（份），坚持常年对社会开放，并配备有饮水机、存包柜、休闲桌椅等设施，为读者营造了休闲、舒适、优雅的阅读环境。

在乡镇，1979年到1980年在城关、中垛、柏山寺、屯里等乡（镇）建立了中心文化站，配备1名半脱产辅导干事和电视机、乐器、图书等，屯里镇和柏山寺乡两站还配有电影放映机，负责组织开展本乡镇的农村文化活动。2008年，中央和省、市投资320万元，县文化局与各乡镇签订《委托施工协议书》，在全县8个乡镇建设了综合文化站，设有棋牌室、阅览室、文化展示厅、资源共享室、排练室。2012年，分两批为各乡镇文化站配备近10万元的文艺活动器材。2013年各乡镇文化站均招聘了1名文化志愿者，使乡镇文化站有房、有人、有设备、有活动，每到农闲时节和春节期间，都组织群众自编自演文艺节目，搞演出、闹红火。

在农村，重点推进了文化室、农家书屋建设。2008年，国家投资在全县农村建设农家书屋。到2012年年底，全县79个行政村实现了"农家书屋"全覆盖，配送图书1.1854万册，光盘7900张，牌匾79块，使用率达到100%，为村民开展文化活动奠定了物质基础。

壶口文化站

二、群众文化艺术活动

县文联送春联活动

2002年以后,全县文化活动顺应改革形势,引入商业机制,开始把文化活动推向市场,官办、民办、企业办多元化发展,先后举办了黄河风情唢呐大赛、"健康社区文化演歌台""魅力吉州人"电视才艺大奖赛、首届"先进文化杯"书画摄影展、"送书、送戏、送电影"文化三下乡活动、"吉州风华"国庆大型文艺晚会、广场消夏文化活动、春节团拜和元宵社火文艺活动、"好运吉州、幸福家园"杯摄影展活动、"果香醉高原"专题文化会演、"文化小分队送戏下乡"活动等。

三、非物质文化遗产

屯里镇秧歌

2009年6月,吉县壶口唢呐被山西省人民政府认定为"省级非物质文化遗产"。2011年6月,人祖山祭祖鼓乐被山西省人民政府认定为"省级非物质文化遗产"。2012年,柏山寺乡"七月十五古庙会"、壶口的"旱地行船"、屯里镇"太度秧歌"被临汾市人民政府评为"市级非物质文化遗产"。"根雕艺术""中垛臊子面"被吉县政府评为"县级非物质文化遗产"。

四、文物保护

2002年,完成了锦屏山消防工程建设,经申报柿子滩古遗址被列为国家"十大考古新发现之一"。2009年,组织开展"非物质文化遗产普查"和文物"三普"工作,共挖掘整理上传极具价值的非物质文化遗产信息3850条。新发现文物点312处,完成复查103处,上报条目415项。其中,新发现的"三万年前古人类钙化手印"等新文物点,引起了全国人类学专家极大关注。

五、社区文化活动

2002年,随着"张青海文化大院"的兴办,相继出现了"根雕大院""戏曲大院""健康社区文化演歌台"等社区文化大院。2007年"新生活文化活动室""俏夕阳

吉县老干部文化活动中心排练节目

文化活动室""九九爱乐坊文化活动室""张森子大众歌舞协会""红星女子威风锣鼓队""梅梅娘子军锣鼓团"等社区文化活动组织发展壮大起来,创作出一批广大群众喜闻乐见的文艺节目。之后,在县委、县政府的支持倡导下,"文化进小区"消夏文艺晚会成了县城居民每年暑期的文化盛宴,连年举办了下来。

六、群众体育活动蓬勃开展

随着社会经济的快速发展,县委、县政府不断加大体育事业投入,加强体育设施建设,增加体育器材。1986年,在二中建成250米田径场;1992年建成400米田径场和灯光球场。

1993年建成室内综合训练房。2002年建成集办公、训练、健身于一体的现代化体育中心。2006年把灯光球场改建成塑胶场地,2012年把田径场改建成塑胶场地,2013年县城中学全部使用塑胶操场,2019年县政府投资

业余篮球赛

2000万元，在新城区新建了具备现代水准的吉县公共体育场。使吉县具备了举办大型体育赛事的基础条件。1980年元旦，县城千人参加"竞走"和气功、桥牌、象棋等比赛。1985年，组织千人千米环城越野赛和乒乓球、篮球、象棋、桥牌等项目比赛，出现了六旬老人参加赛跑，10余岁少年参加象棋比赛的新气象。

1992年，县委、县政府作出《关于大力发展体育事业、争创全国体育先进县的决议》，全县掀起创建"全国体育先进县"热潮。1995年，国务院颁布《全民健身计划纲要》，全县群众体育活动更加活跃。5月份举办了"百人中国象棋比赛"，举办了少儿广播操和文艺节目表演赛，8月份举办了家庭体育趣味赛，10月份各乡镇开展了篮球、爬山、骑自行车比赛等活动。1996年10月8日，被国家体委命名为"全国体育先进县"；1999年，吉县被评为"全民健身先进单位"。

2008年，为了唱响"全民健身与奥运同行"的主题，6月份举办了全民健身周启动仪式，表演了大型团体操、柔力球、现代舞。县体育办积极组织，举办各种比赛，有

太极拳健身活动

力地推动了群众体育活动的开展。2009年举办了"国庆60周年新型农民健身秧歌展演",2010年举办了"健身秧歌大家跳",2011年举办了"九九"重阳节退休干部象棋赛,2012年在全县推广了第九套广播体操,举办了"大学生村官暨组工干部喜迎十八大运动会"等活动。2014年举办了全县佳木斯快乐舞步健身操、太极拳、太极扇义务培训班,举行了群众广场体育健身表演赛等活动。

七、广播事业快速升级

改革开放为全县广播事业插上了腾飞的翅膀。1978年,县委、县政府将广播站扩建为广播事业局。1982年投资架设全县广播专线,实现了广播线路标准化。1984年投资30万元,在祖师庙新建起三层广播大楼,改善了节目编播、传输维护的基础条件。

1985年在管头山建成50瓦调频广播发射塔一座,于4月正式开播。当年12月,各乡镇广播站改为广播电视站。1988年在城北垣建立调频发射台一座,1994年筹建成立了可以覆盖全县约300瓦调频广播发射台,到2006年在全县90个自然村实施完成了"村村通"广播电视任务。

2008年,投资119.45万元,在县城城北垣建成50米自主发射铁塔,安装300瓦电视发射机、100瓦广播发射机等接收发射设施,7月1日正式投入使用,向吉昌、中垛、柏山寺、东城、车城、文城200多个自然村传输转播央视一套电视节目和中国之声广播节目,彻底告别了吉县无开路电视线,无调频广播的历史。

2009年，投资100万元，实施"五个全覆盖"工程中村村通广播电视全覆盖项目，于年底使全县20~49户的通电自然村2000户群众收听到4套广播节目，到2010年实现了81个自然村2300户群众全覆盖目标，让偏远山村群众收听到了广播节目。

2012年，实施卫星覆盖工程，使全县4个乡镇80余个偏远小村的1965户群众收听到20套广播节目。2013年，通过实施农村有线电视网络数字化改造，让10021户群众可以收听到10套广播节目。

八、电视事业跨越发展

吉县老区收看电视始于1972年。1980年在城关油坊山和窑渠、屯里、曹井、化肥厂、沙坪煤矿等地建1瓦差转台9处，使电视收看覆盖面积达80%。1985年，全县有各种型号电视机2500余台，其中彩色电视机约占三分之一。到1990年，全县电视机发展到4275台，占总户数的24.5%。

1992年，县政府投资建立了电视卫星接收站8个、电视差转台23个，电视混合覆盖率达80%左右。6月开始筹划有线电视安装，到1996年，全县有线电视安装突破4000户，占到总户数的80%以上。2006年，为让千家万户看好电视，实施了"三大"城乡广电网络建设工程。经过紧张施工，到2010年，实现81个自然村，2300户群众全覆盖目标，让更多偏远山村群众看上了44套高清卫星电视。

2012年，实施县城有线电视数字化改造工程。总投资380万元，建成数字电视前端机房1个，光、电缆线路改造累计22万米，用户终端数字机顶盒发放9000余个。经过几个月的努力，克服资金短缺、设备不足、经验缺乏等困难，于6月1日起，吉县电视频道开始运行。吉县从此有了自己的电视宣传平台。同年还实施卫星全覆盖工程，全县4个乡镇80余个偏远小村的1955户收看到40套电视节目。2013年，投资383.0285万元，实施农村有线电视数字化改造工程，10021户农村群众和县城数字电视用户收看到包括吉县频道在内的120套数字电视节目，收听到10套广播节目，极大地丰富了城乡农村群众精神文化生活。2019年，组建吉县融媒体中心，搭建起集电视、微信、短信、App等融媒体传输新平台为广大群众提供了快捷的现代媒体服务。

九、微电影迅速崛起

近年来，随着县域经济发展和农民生活水平的提高，手机、电脑在农村广泛普及，全县手机用户达7万人，使用电脑

微电影拍摄现

的家庭有 2 万户,越来越多的农民群众特别是青年人开始从互联网上获取信息。为适应新形势、新需求,县委启动了"一村一故事"微电影拍摄工作,以微电影这种新颖、生动的形式,积极培育和弘扬社会主义核心价值观,着力在农村营造良好的社会道德风尚。

2013 年至 2014 年年底,群众写剧本,群众作导演,群众当演员,群众自己看,共拍摄 54 部微电影,对提高社会道德水平,弘扬正能量,发挥了巨大作用。吉县的"微电影"是社会转型期的一件新生事物,是吉县人民的一个重大创举,受到了省、市宣传部门的肯定和表扬。

第九节　医疗卫生水平大幅提升

医疗卫生工作直接关系到人民群众的身体健康。改革开放以来,历届县委、县政府对医疗卫生事业的发展都十分重视。1978 年全县

新建吉县人民医院

建有公社以上医院 12 个,农村保健站 92 个。医务人员 348 名,其中医师 29 名,中医师 15 名,助产师 5 名,医

士58名，护师13名，保健员228名。到1985年年底，全县有国营和集体所有制单位经营的医疗卫生单位18个，村办保健站92个，城乡个体诊所9个。有医务人员440名，其中主治医师3名，医师11名，医士122名，护士18名，其他人员286名。共有大专院校毕业生14名，中专毕业生44名，初级卫校毕业生382名。到20世纪90年代末，医疗设施不断完善，人员素质不断提高，服务能力不断加强，初步实现了农村初级卫生保健的阶段性目标，广大人民群众的健康水平显著提高。

2003年抗击"非典"之后，全县的疾病预防控制能力逐渐提升。

2009年，为全面推进基本公共卫生服务均等化，提高城乡居民健康保障水平和健康素质，启动实施了基本公共卫生服务项目。2013年服务内容已增至11项，包括为辖区内居民提供连续的健康档案管理服务，开展健康教育宣传，儿童预防接种，0~6岁儿童、孕产妇、65岁以上老年人和高血压、Ⅱ型糖尿病、重型精神病患者的健康管理，传染病与突发公共卫生事件报告与处置，卫生监督协管以及中医药健康管理。期间，在妇幼保健方面，先后实施了"降消"项目、育龄妇女补服叶酸降低神经管畸形项目、农村孕产妇住院分娩补助、"两癌"普查、儿童营养改善项目等工作。2016年1月，根据机构改革要求，计划生育工作统筹纳入了医疗卫生工作范畴，成立了卫生计划生育局，计划生育工作由奖励"少生"代替处罚"多生"，提倡优生优育，全县妇幼保健工作进入了新的时期。

为全面推进法治化建设进程，2004年设立了吉县卫生局卫生监督所。通过10年的努力，卫生监督执法工作实现了从无到有、从弱到强、从仅有县级到县乡村全覆盖的飞跃，使行政审批更加规范，卫生执法高效有力，进一步规范了医疗服务市场。

2007年启动实施新型农村合作医疗。本着"为民、便民、利民、惠民"的宗旨，不断提高补偿比例，扩大补偿范围，简化补偿程序，实现了县域内住院费用直补、部分省、市级医院住院直补和乡村两级医疗机构门诊统筹，构架了县乡医疗机构新农合专用信息网。2019年吉县建档立卡贫困人口达2.8094万人，参保率100%。全年累计医保报销5885.58万元，住院报销比例达94%，有效地减轻了建档立卡贫困人口就医负担。2019年全县城乡居民基本医疗保险参保人数9.0634万人，参合率98.85%。人均筹资标准从2007年的50元提高到220元，人均年财政补贴标准达520元。政策范围内住院费用补偿比例县域内乡级85%、县级75%，封顶线40万元（医疗基金封顶线7万元，大病保险承担剩余），特殊病种大额门诊补偿范围扩大到36种，重大疾病保障范围扩大到26种，与中国人寿保险公司签订协议启动了大病保险工作。仅2019年享受城乡居民统筹基金支付人数就达11.4656万人次，医保报销9498.6万元，有效减轻了城乡居民的疾病经济负担，使越来越多的人摆脱了"看病难、看病贵"和"因病致贫、因病返贫"的困境，受到了广大农民的真心支持和拥护。

为了改变全县医疗设施条件落后的状况，县委、县政府下大力气加强基础设施建设。2009年4月开工新建吉县人民医院，2013年投入使用。新建人民医院位于吉昌镇西关村，投资1亿元，占地31亩，建筑面积2.4万平方米，严格按照二级甲等医院标准运行，编制床位200张，实际开放220张，配备了核磁共振、螺旋CT、进口彩超、DR、钼靶、全自动生化分析仪、数字胃肠、电子胃镜等先进医疗设备，完成了信息化建设，成立了体检中心、康复医学科，确定心内科和骨科为市级重点专科、神经内科和妇产科为县级重点专科，与市人民医院建立医联体，与市第四人民医院签订了帮扶协议。

2017年8月，县政府对全县医疗体制进行改革，由县人民医院牵头，整合8个乡镇

在建中的县中医院

卫生院和县疾控中心，新组建了吉县医疗集团，编制床位470张，提高了服务能力。近年来，各级政府还先后投资1000余万元，新建县妇幼保健院门诊楼，改扩建8个乡镇卫生院，完成了43个村卫生室的标准化建设。投资1400

余万元为全县医疗机构配备了基本医疗设备，建立了卫生信息平台，全面改善了医疗条件。

中医药是中华民族的瑰宝。县委、县政府高度重视中医药传承和创新工作，在"非典"、禽流感等重大疾病防治、公共卫生和基本医疗服务中发挥了越来越重要的作用。目前，有40%的村卫生室和60%的乡镇卫生院能提供中医药服务，有两家乡镇卫生院确定为全省中医药特色乡镇卫生院。

县中医院确定为中医药适宜技术推广基地，糖尿病科和脑病科确定为市级重点专科。在全县范围内开展了"名医堂"评选工作，评选出了10名县级名中医，开展了全省农村中医药工作先进单位创建工作。

2009年新一轮医药卫生体制改革启动，按照"保基本、强基层、建机制"的原则要求，着力开展加快基本医疗保障制度建设、推进落实国家基本药物制度、健全基层医疗卫生服务体系、促进基本公共卫生服务均等化和推进公立医院改革五项重点工作。

2011年4月1日起乡村两级医疗机构全部实施基本药物制度，实行"统一配送、统一价格、零差率销售"。2012年12月县级公立医院全部实行药品零差率销售。县乡两级医疗机构先后完成了岗位设置、核编定员，实行了聘任制、绩效考核制和收支两条线、财政补差管理模式，人员工资由财政全额承担，破除了"以药养医"的"怪圈"。人才队伍建设方面，坚持外送内培、空编招聘的原则，在县内开展全员培训的基础上，累计派出技术骨干进修培训300余人次，使全县医务人员整体素质有所提高。

2010年以来为乡镇卫生院签订定向从医学生8名，省招执业医师4名，2010年、2013年两次共为县乡医疗机构公开招聘专业技术人员78名，为卫生行业补充了新鲜血液，注入了活力。

截至2019年年底，全县医疗卫生机构实现了县乡村全覆盖，共有医疗卫生机构118家。其中县级6家，即县人民医院、中医院、疾病预防控制中心、妇幼保健院、地病办、卫生监督所；乡级8家，即屯里、中垛、文城、壶口4个中心卫生院和吉昌镇、东城乡、柏山寺乡、车城乡卫生院；79个村卫生室，25个个体诊所。县乡正式人员392人。其中专业技术人员378人，包括正高级职称2人、副高15人、中级152人、初级209人。正以较高水平的医疗保健服务，为全县人民群众的健康保驾护航。

第四编　中国特色社会主义新时代

（2012年11月—　　）

党的十八大以来，中国特色社会主义事业进入新时代。在习近平新时代中国特色社会主义思想指引下，吉县老区人民坚持统筹推进"五位一体"总体布局，协调推进"四个全面"战略布局，改革再出发，创新再发力。

新中国、新时期、新时代构成了继往开来的70年间的历史演进，革命老区迎来了从站起来、富起来到强起来的伟大飞跃。尤其是全县上下发扬攻坚克难、艰苦奋斗的光荣传统，众志成城，脱贫攻坚，于2018年8月率先在全省实现脱贫摘帽，取得了老区发展的历史性胜利。

吉县老区将在新时代，抢抓新机遇，创造新辉煌！

第一章　新理念引领新征程

党的十九大报告鲜明提出,中国特色社会主义进入了新时代。新时代、新起点、新理念,引领吉县老区发展迈上了新征程。中共吉县县委以全面从严治党的姿态,带领全县干部群众谋划和推进新的发展。县委、县政府坚持以党建工作统领全县政治、经济、文化、社会、生态文明建设,始终把党的政治建设摆在首位,坚定不移地学习贯彻习近平新时代中国特色社会主义思想,在思想上、政治上坚定维护习近平总书记党中央的核心、全党的核心地位,自觉在政治立场、政治方向、政治原则、政治道路上同以习近平同志为核心的党中央保持高度一致。各级党组织严肃落实"一岗双责"制度,履职尽责、正风肃纪,自觉执行中央"八项规定"及其实施细则,驰而不息纠"四风",转作风,树形象。根据中央、省、市统一部署,先后组织全县党员干部扎实开展"三严三实"专题教育、"两学一做"学习教育、"治理慵懒散乱奢"活动、"改革创新、奋发有为"大讨论和"不忘初心、牢记使命"主题教育等,把学习习近平总书记视察山西重要讲话重要指示,与学习贯彻党的十九大和十九届二中、三中、四中、五中全会精神有机结合,把握实质,一体推进,立足吉县实际,深入贯彻习近平总书记"三篇光辉文献"精神,统筹推进"五个三"发展思路的落实,组织动员打好三大攻坚战。广大党员干部自觉用习近平新时代中国特色社会主义思想武装头脑,牢固树立"四个意识",坚定"四个自信",坚决做到"两个维护",思想再统一,改革再谋划,发展再加力,凝聚起了全县上下齐心协力谋发展、抓发展、促发展的合力,确保了老区吉县与全国同步全面建成小康社会。

第二章　全面推进新农村建设

进入新时代,吉县老区全力实施乡村振兴战略,扎实推进"一村一品""一县一业"基地建设,依靠农业绿色化、优质化、特色化、品牌化,来优化农业内部结构,提高农业生产效益,促进生活富裕,带动乡风文明,加快社会主义新农村建设进程。

西掌新村

一、"一村一品"专业村建设创亮点

投入奖补资金571万元，培养树立了南坪村、上东村、山阳村、社堤村、雷家庄村、留村、大圪塔村、桑村8个"一村一品"标杆村，54个"一村一品"专业村，对示范引领全县特色产业发展起到了积极推动作用。

二、农村人居环境切实改善

启动实施了安乐村、曹井村、午生村、存心村、祖师庙村、马连滩村、白米村、真村8个新农村重点推进村建设，配套实施了硬化、绿化、净化等基础设施。同时，结合"一县一业"项目，以中垛垣、东城社堤垣等苹果连片区为重点，打造新农村连片区示范点建设。投资67817.24万元，实施完善提质、农民安居、环境整治、宜居示范"四大工程"项目共58项，着力创建了家园美、田园美、生态美、生活美的省、市级美丽宜居示范村各4个。

三、农村可再生能源利用有成效

投入农村能源项目资金282.2万元，实施了200万吊炕和生物质炉建设，并在东城垣生态能源基地安装太阳能路灯150盏。同时，对全县已建成的沼气池加强维修保养，提高"三沼"综合利用，推广"猪—沼—果"生态果园循环利用模式。

第三章 新能源撑起工业新天地

县委、县政府贯彻落实创新、协调、绿色、开放、共享的发展理念,确立了全县走绿色发展道路的指导思想。通过招商引资,由宏源投资集团有限公司投资1.1122亿元,在屯里镇太度村南沟建成装机规模为2×6兆瓦的吉县垚鑫生物质发电场,于2016年12月底发电并网;2017年12月31日,由金智光伏科技有限公司和天惠聚源光伏科技有限公司联合投资2.3亿元,在屯里镇太度村、桑峨村河滩地,

屯里光伏发电场

建成30兆瓦的农光互补式光伏发电场并网运营。2017年12月底,由江苏振发集团投资7022万元,在东赵村建设的10兆瓦光伏发电场并网运营;由江苏远景能源有限

煤层气CNG减压站

公司投资 18 亿元，在屯里镇建设装机总容量 200 兆瓦风电项目，于 2020 年 8 月建成一期 50 兆瓦风电场并网发电。

2017 年，中油中泰煤层气利用项目共铺设管道 25 千米，县城 22 个小区和部分临街门店实现了新能源供暖、供气。截至 2019 年，中石油煤层气有限公司临汾分公司投资 8 个亿，在屯里镇回宫村区域，已钻探排采井 224 口，建成桃园、明珠两个集气站，日产气 8.5 万立方米；配套建成采集和自动化监控系统，新建集气站投入运营；中石化华东分公司投资 28 个亿，已在中垛乡、柏山寺乡钻探排采井 640 口，日产气量 68 万立方米，建成集气站 2 座，集气处理站 1 座。

新能源的开发利用，促进了吉县工业新型化的崛起，有力地推动了全县工业经济的发展。

第四章　文化建设提升软实力

进入新时代，吉县老区更加注重全县的文化建设。重点是讲好吉县故事，教育和鼓励广大群众坚定文化自信，提升绿色发展软实力。

一、挖掘展示县域优秀文化

县文化馆成功将"旱地行船""太度秧歌""柏山寺七月十五古庙会"申报为市级、省级非物质文化保护遗产，将吉县原生态"民间唢呐"成功申报了省级非遗，进行了国家级非遗申报。整理存录了《壶口号子》《人祖山祭祖曲》《我和我的妹子相跟上》等原生态《吉县民歌100首》《梁建华方言干板原创作品集》。文物部门组织开展了"乡村文化记忆工程"、文物普查，通过对全县饮食文化、历史文物古迹和生产生活实物等进行普查，对全县农耕文化、红色文化、民俗文化、饮食文化、历史文化信息进行了挖掘、梳理和汇总。县文联组织乡土文艺人才，自编自演身边故事，拍摄《追梦》《苹果情》《好想叫声爸》《老婆收礼》等微电影，连续三届获得全国"中国梦、劳动美"职工微视频大赛银奖、铜奖、优秀奖4部，省级奖项2部，其中《老婆收礼》获得临汾市第八届"五个一工程"奖。在全县启动了规范汉字书写培训活动，为吉县培育了大批书法爱好者；先后举办了赵振华、王凤哲、许鹤鸣、白冰舟、张福生五人书画展、"生态杯"书画展，印制出版了《吉县书画作品集》。从2014年2月起，编辑出版文学季刊《壶口》32期，连年举办"魅力吉州"、庆"五一"、迎"五四"等摄影展。

吉县原生态唢呐表演

二、选树宣传"吉县好人"

县委、县政府责成县文明办,组织评选出了吉县"十大诚信模范人物""十大最美志愿者""吉县好人",先后以县委、县政府名义编写出版了《诚信吉县》《榜样吉县》发放全县宣传学习,用身边人、身边事来教化育人、以德立县,有力地促进了全县社会风气的净化文明。给普通人树碑,给好人立传,体现了全县上下对乡土文化的自信,为全县经济社会发展提供了智力支持、道德引领和精神能量,提供了看得见、摸得着、学得来的榜样模范。

三、拓展活跃城乡文化生活

文化下乡演出

以"文化扶志、精神脱贫"为主题,组织开展送戏下乡、电影公映、"小区大舞台",先后举办了"春盈吉州""文化盼春"等社火表演,"精准扶贫"主题曲艺作品巡演,"果花映秀、探春吉州",柏山寺"槐花节"、东城"采摘节"等文化旅游系列活动,把省级非遗《唢呐》、市级非遗《搬卷》、县级非遗《高跷》《二鬼跌跤》等传统艺术搬上舞台;创建"黄河壶口(临汾)悦读会",组织开展了全县阅读;2015年,打造出吉县"文化视频库",启动了"互联网+乡土文化"平台,免费上传20多年间的文化视频资料300多部。图书馆投资建立了乡镇文化站和村级"农家书屋",在图书馆和政务大楼安装了图书阅读电子屏;县文联指导全县77个行政村,全部建起了"村德村史馆"。

第五章　脱贫攻坚率先摘帽奏凯歌

第一节　脱贫攻坚　如期完成

到2020年全面建成小康社会,是全党"两个一百年"奋斗目标的第一项硬任务,吉县老区的脱贫攻坚任务十分艰巨。吉县是一个典型的山区农业小县,2002年被确定为国家扶贫开发工作重点县,2012年被列入吕梁山集中连片特困片区。2014年,全县共确定建档立卡贫困村61个,建档立卡贫困人口28647人,贫困发生率为37%。从致贫原因看,因病致贫5422人,因残致贫2510人,缺劳力1306人,缺技术13849人,缺资金2380人,因

省政府批准吉县"摘帽"文件

学致贫1258人，因灾致贫1269人。还有因其他方面致贫的1014人。

到2018年整体实现脱贫摘帽，是省委、市委下达给吉县人民的钢铁任务。为此，从2014年起，县委、县政府举全县之力全面展开了脱贫攻坚战，围绕"两不愁三保障""三率一度"脱贫标准，紧扣贫困县退出的14项指标，精准对标，全力攻坚，扎实推动各项任务全面完成，脱贫攻坚取得了决定性的胜利。

2014年至2015年，全县减贫14176人，10个贫困村实现了脱贫退出，贫困发生率降至16%；2016年，再减贫6766人，22个贫困村实现脱贫退出，贫困发生率降低至8.5%；2017年，又减贫7514人，29个贫困村实现脱贫退出，贫困发生率降至0.23%。4年间，全县共实现减贫28219人，剩余建档立卡贫困人口290人，61个贫困村全部实现了脱贫退出。2017年12月，顺利通过了贫困退出高级初审。2018年1月，顺利通过了贫困县退出省级评估核查，2018年8月8日，省政府正式批准吉县退出贫困县。8月17日，国务院扶贫办向社会宣布吉县退出贫困县，取得了三项脱贫攻坚成果。

一、贫困退出各项指标全部达标

按照《山西省贫困退出实施办法》要求，全县"贫困户退出14项指标""贫困村退出13项指标"和"贫困县退出14项指标"，全部达到或超过脱贫退出标准。其中，贫困县退出14项指标中，贫困村退出占比、易地搬迁贫困户入住率、行政村安全饮水达标率、行政村卫生室达标率、行政村互联网覆盖率、贫困人口城乡居民养老保险参保率、行政村和具备条件的自然村通动力电比率、行政村通村公路硬化率和开通客运班车率、行政村综合性文化活动场所（地）覆盖率等9项指标100%达标；农村居民人均可支配收入增幅、城乡居民医保参保率、适龄儿童入园率和九年义务教育巩固率3项指标超全省平均水平；剩余的2项指标贫困发生率为0.32%，低于2%的贫困退出标准，农村低保由原来的每年2980元提高到3340元，超过了国家扶贫标准。

二、脱贫攻坚各项目标基本实现

对标"两不愁三保障"，全县脱贫户的年人均纯收入都超过了3200元的国家扶贫标准，按照当地人的一般生活水平来看，基本可以保障"一日三餐吃不愁，一年四季穿不愁"。"三保障"方面，义务教育巩固率达到了98.9%，确保了建档立卡家庭学生人人学有所教，学有保障；全县行政村卫生室标准化建设实现"全覆盖"，为建档立卡户建立了健康档案，落实了"双签约"，实行了"136"政策，城乡居民医疗保险应保尽保，确保了建档立卡户病有所医，医有保障；实施了易地扶贫搬迁、危房改造，群众搬出了世代居住的土窑洞，搬进了宽敞明亮的新建房，确保了建档立卡户安居乐业，住房安全实现了保障。对标"三率一度"，全县贫困发生率为0.32%，低于国家2%的要求；参考指标方面，漏评率为0%，错退率为0.19%，均低于国家2%的要求；群众满意度达到了98.15%以上，符合贫困县退出的标准要求。

柏山寺黑秀村坡地花椒丰收

三、脱贫攻坚工作成果喜人

2017年10月19日，吉县产业扶贫、易地扶贫搬迁等成果，在全省贫困退出对标提升现场推进会上进行了展示；2018年2月24日，吉县依托苹果实施产业扶贫的经验做法，在省委农村工作暨脱贫攻坚会议上进行了交流，赢得了点赞和支持，引起了新华社、人民日报等新闻媒体的关注和报道；全县精准帮扶等脱贫攻坚工作，在省委、省政府第三方评估督查中，获得认可，受到了省、市各级领导的肯定和好评。2017年，在全省脱贫工作成效考核中，吉县综合评价为"好"，位列36个国家扶贫开发重点县之首。

回首脱贫攻坚的艰辛历程，一路布满了全县父老乡亲自力更生、艰苦创业的坚实脚印，结晶了县乡村干部倾力帮扶、统筹督战的心血和汗水。

第二节　脱贫攻坚的三大经验

一、分类帮扶，实施了"五个一批"全力攻坚

依靠产业支撑，助力长久致富一批。县委、县政府从吉县实际出发，动员全县上下依托苹果、旅游、生态"三色品牌"优势，坚持"人无我有，人有我优，人优我精"的原则，指导各乡村立足实际，带领广大农民走一条"1+X"产业扶贫新路径。"1"即发展苹果主导产业，带动全县80%以上农民稳定增收、脱贫致富。全县累计整合各类涉农资金2.6亿余元，大力实施了水、肥、田间路、防雹网等果园基础设施建设，助推苹果产业提质增效。建成苹果产业化园区，发展苹果深加工、冷链物流，引进顶吉食品、达明一派、澳坤农业等产业扶贫龙头企业，吸纳建档立卡户参与打工，增加劳务收入。同时，在全县实施了"经营主体"+"贫困村+贫困户+工资收入+物资供应+技术投入+果品包销"的"1+6"产业化开发模式，组织8家企业和20个果业专业合作社，推动产业扶贫的龙头牵动到村到户，带领贫困果农抱团脱贫。通过产业化合作衔接紧密了苹果产业的上下游链条，每年吸纳2万多人从事苹果信息、中介、农资、包装、加工、运输等行业，增加经营性收入。"X"即因户施策、多元发展，着力解决了剩余20%农民的脱贫自立问题。以壶口瀑布、人祖山景区为依托，吸纳了景区周边建档立卡户800余人从事服务工作。同时各乡镇发展乡村旅游，举办了"春华秋实"系列全域旅游活动，

引导农民因地制宜，发展农业观光体验、农家乐，带动1008名建档立卡贫困群众人均增收3000元以上；根据地域特色，柏山寺乡、壶口镇种植花椒2.7万亩，实现人均增收2600元，带动脱贫2184人；车城乡、吉昌镇靠山村庄栽种核桃5.75万亩，实现人均增收689元，带动脱贫3800人；屯里镇发展蔬菜1.4万亩、小杂粮2.2万亩，实现人均增收2700元，带动脱贫3600人。全县发展畜禽养殖36万余头（只），带动脱贫150人；实施"光伏扶贫"，指导帮助全县79个行政村，村村建起扶贫光伏发电场，实现100千瓦村级光伏发电站"全覆盖"，其中2015年建成村级电站21个，于2016年3月底并网发电；2016年年底建成并网发电20个；2017年建设38个，于2018年5月底全部并网发电。截至2019年9月底，已累计发电2254万度，结算电费1882万元，11374名建档立卡贫困户得到了收益和救助。通过招商引资，在屯里川、东赵村两地建成了40兆瓦地面光伏电站，年上缴扶贫专项资金400万元，提供就业岗位200余个，并在建设光伏电站中通过流转土地1570亩，每年获得租赁收益109.9万元，

移民新村

带动脱贫4740人。同时,9兆瓦的多村联建光伏电站于2018年1月建成并网发电。在"1+X"的产业体系支撑下,全县农民人均可支配收入从2014年的3978元增长到2017年的5211元,年均增长9.42%,从根本上保障了群众脱贫有依靠,致富有抓手。

采取易地搬迁,多方稳定安置一批。对于偏远山庄、无房贫困户,推广了"行政村就近集中安置、建移民新村安置、依托小城镇或工业园区安置、依托乡村旅游安置、"五保户"因人制宜安置的"5+1"安置模式,累计投资42119.38万元实施了易地扶贫搬迁5123户14222人,投资4927.56万元实施了危房改造4153户,贫困群众告别了土窑洞,实现了"安居梦"。

依托林业增收,想法带动帮扶一批。全县从建档立卡贫困户中选聘护林员448人,组建脱贫攻坚造林专业合作社11个,吸纳建档立卡户452人,累计实施造林绿化9.79万亩,带动脱贫近400人;累计实施干果经济林提质增效工程3.6万亩,带动9800人增加收入;实施新一轮退耕还林1.8万亩,带动1582人增加收入。

100千瓦村级光伏发电站

启动教育扶贫，帮助自强脱贫一批。县政府先后投入 351.85 万元，实施教育扶贫"雨露计划"，扶助贫困家庭学生 1138 名，实施大学生教育扶贫 290 名；实施义务教育阶段"两免一补"学生 2879 人 4374.01 万元；累计免除高中生学杂费、教材费和住宿费 3680.73 万元。统筹涉农科技培训资金，组织举办"千村万人"就

"雨露计划"培训开班

业培训、新型职业农民培训 9584 人次，农民实用技术培训 5 万余人次，累计带动 1.5 万余人走上了脱贫致富的道路。

实施社保兜底，统筹救助扶持一批。统筹扶贫、民政、残联等项救助资金，对困难残疾人实施救助 278 人次 174.12 万元，大病救助 5146 人次 2258.3 万元，临时救助 517 户 151.43 万元；为 84 名孤儿发放救助资金 213.15 万元，为五保户 2012 人发放资金 927.7 万元；共实施农村低保救助 12158 户 24218 人，发放金额 5638 万元，使全县所有低收入贫困人口人均可支配收入都达到了国家扶贫标准线以上。

二、严把"五关",精准施策扎实推进

严把重点对象识别关,精准审定建档。 县政府组织了

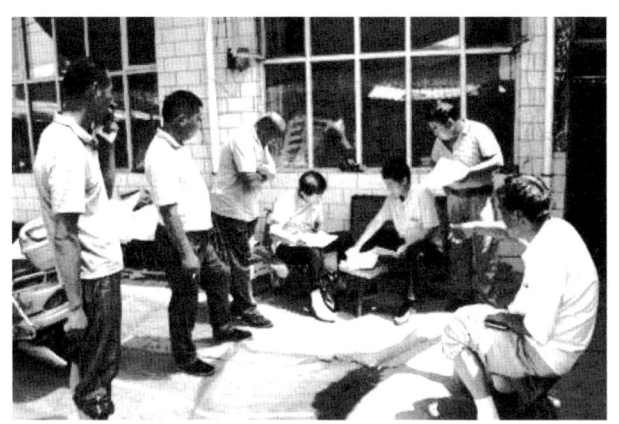

驻村干部入户摸底建档

8个调查组和1个工作组,全面开展了对建档立卡户的"三个回头看",加强动态调整管理,坚持"户申请、村内民主评议和公开公示、乡镇核实公示、县级审核公告"的审定程序,做到了对建档立卡户的精准识别,精准建档。

严把扶贫项目实施关,精准改善基础条件。 县政府围绕水、电、路、网、卫、校等基础条件,强弱项、补短板,启动实施了基础设施改善工程,投资40192万元实施了农

县领导调研果树项目实施

村公路改造工程352.452千米;投资8490.87万元完成电网改造项目28个,使具备条件的377个自然村全部通

动力电；投资2901.9万元实施了饮水提升工程285处，37683人受益，其中建档立卡贫困人口11266人；实施了公共服务提升工程，解决了贫困农民看病报销、电视上网的困难，累计为建档立卡户26627人建立了健康档案，发放养老保险5640人2115.69万元，新农合报销1172人659万元，8336人实现了"双签约"；投资90余万元实施了易地搬迁户通有线电视工程，推进固网和宽带用户行政村"全覆盖"；发展电子商务企业21家，通过电商平台为苹果、花椒等土特产农产品增收开辟了新路子。启动实施了社会力量帮扶工程，开展"博爱一日捐""深度1+1"企地联动精准帮扶等活动，资助农村贫困大学生62名31万元，为全县342户"五保户"捐献了价值30万元的生活用品。

严把扶贫资金投放关，精准使用管理。县政府出台了《财政扶贫专项资金管理办法》，加强对扶贫资金的规范管理。扎实开展了群众身边腐败问题"三个专项整治"，累计投入财政扶贫资金74297.73万元，整合涉农资金33625.89万元；通过金融扶贫，累计投入金融扶贫风险补偿金1900万元，累计撬动信贷资金1.8亿元。

严把驻村包户关，精准落实政策。组织省、市、县110支驻村工作队、62名第一书记、126个包村单位和100名新招录的事业编人员，全部进村入户，积极开展"一对一""多对一"的结对帮扶，因地制宜地开展政策宣传，扎扎实实地把各项强农、惠农政策和扶贫特惠政策落实到村到户，确保家喻户晓，帮助群众解读政策，了解政策，享受政策，提升群众的满意度。同时，县委、县政府围绕教育、卫生、民政三项社会保障政策到村到户，组织力量重点开展了督导专项行动，确保政策落地见效，群众得实惠。

严把退出程序关，精准对标验收。县委、县政府认真落实《山西省贫困退出实施办法》，制定了《吉县贫困退出工作方案》《贫困退出验收方案》，严格对照退出标准，严格履行退出程序。同时坚持"平时记账、随时算账、群众认账、经得起查账"的原则，对贫困户家庭收入进行科学核算，逐年对收入过线的贫困户脱贫销号。在此基础上组织各乡镇重点围绕"两不愁三保障"和农村居民人均可支配收入，对贫困户退出进行验收。验收结果进行公示公告，让群众知情认可。

三、上下联动，党建引领压实责任

县领导在柏山寺乡督导脱贫攻坚

全县由县委书记和政府县长担任脱贫攻坚领导小组组长、指挥部总指挥长，县委常委和副县长，分别担任8个乡镇第一书记、工作队长，组织县人大、政协领导成立督导组，进村入户抓督导；县直各部门"一把手"带领本部门、本单位干部职工进村包户，县上还派出13支攻坚小分队，进驻重点难点村。从而，全县上下建立了"县委负总责、政府抓推进、人大政协抓督导、组织纪检抓考核、乡镇抓落实、村组抓实施、三支队伍抓帮扶"的责任体系，并制定了脱贫攻坚"时间表""任务书""路线图"，县、乡、村层层签订《脱贫攻坚目标责任书》，层层夯实责任抓落实。根据各方督查、评估反馈的意见，查缺补漏，纠错纠偏，促进脱贫攻坚全面落实。

同时，宣传发动群众全面开展了村舍环境卫生整治，针对每年早春的农业冻害，县政府拨付专项资金，多种形式帮助群众开展"冻害"生产自救，组织贫困村劳力开展了家政、护工、旅游、餐饮等方面的技能培训，举办农民工外出务工招聘会，鼓励贫困户劳力"走出去"打工创收。

在农村社会管理和村风建设方面，全县推行了"三五治村"模式，严格落实"四议两公开"工作法和"村级权力运行清单30条"，按民主决策的程序规范办事，着力打造"党政干部+各级党组织+农户"党建扶贫模式。同时，驻村帮扶工作队与群众同吃、同住、同劳动，真心实意解决贫困群众生产生活困难，并在全县大力开展了"倡导移风易俗、弘扬时代新风"行动，引导群众节俭操办"红白事"，力戒铺张浪费，用脱了贫、致了富的身边人、身边事，教育引导贫困群众自立自强。

脱贫攻坚的成果来之不易，吉县老区人民感恩党和政府；全面小康任务依然艰巨，更应不懈奋进、执著前行。2019年，县委、县政府对脱贫攻坚工作队伍不撤出，工作不松劲，一如既往地大抓脱贫成果的巩固提高，得到了市、省、中央扶贫工作督查组的充分肯定。展望小康建设历程，吉县将以习近平新时代中国特色社会主义思想为指导，牢记使命担当，坚决打好脱贫成果巩固提升战，确保2020年和全国人民一道同步迈进全面小康。

附 录

吉县革命老区发展大事记

一、新民主主义革命时期（1921.7—1949.10）

1927年

陕北共产党员赵方受组织派遣到吉县从事秘密宣传工作。

1934年

吉县籍共产党员王耿人（1929年入党）秘密宣传共产党的纲领和路线。

1936年

4月15日，红军抗日先锋军东征山西回师途中，攻克吉县县城。

1937年

7月，吉县牺盟会成立。

10月，中共乡吉特委在吉县发展了第一批共产党员。

11月，建立了秘密的中国共产党吉县临时工作委员会。

12月下旬，中共中央北方局刘少奇、杨尚昆等领导，从前方返回延安途经吉县住兰村时，召见了中共吉县临时工委负责人张秀成、张铁民，指示组建抗日游击队。

1938年

3月18日，晋军431团在人祖山激战一昼夜，击退5000余日军。

3月19日拂晓，从人祖山败退和经乡宁进犯的数千名日军，侵入县城烧杀抢掠，于4月8日撤离。

5月14日，中共中央北方局负责人杨尚昆和林枫在孝义召开晋西南地区党的领导干部会议，决定建立乡吉特委。

6月，中共晋南省委批准撤销中共吉县临时工委，成立中国共产党吉县委员会。

8月，八路军总司令兼第二战区副司令长官朱德，由晋东南前线回延安开会时，到吉县古贤村与阎锡山会晤，商定设立八路军驻二战区办事处。

9月，中共中央六届六中全会决定将"乡吉特委"改称"乡吉地委"。

11月，朱德总司令由延安返晋东南前线时，从宜川到吉县小河畔，向阎锡山转交了毛泽东亲笔信和《论持久战》。

12月16日，日军7架飞机轰炸吉县县城；后于12月31日，再次侵入吉县县城，至1939年1月8日撤离。

1939年

1月2日，日军在井圪塔土寨屠杀28名无辜群众，制造了骇人听闻的"井圪塔惨案"。

10月25日，日军千余人，由河津、稷山经乡宁向吉县县城侵犯，晋军八十三军206旅432团在三堠阻击歼敌百余人。

1941年到1943年

经党中央批准，由八路军办事处经办，吉县壶口以北几个黄河口岸，开通延安与二战区的经济贸易通道。

1945 年

7月，县委书记李守仁被捕，中共吉县县委遭到严重破坏。

1946 年

6月2日，太岳22旅在解放乡宁县的同时，派一个工兵班奔袭壶口，炸毁了通往陕西宜川的铁索桥。

6月30日，太岳区四纵队陈赓司令员率十一旅围攻吉县县城，激战两昼夜后，于12月2日撤出战斗，参加蒲县井沟战役。

12月上旬，人民解放军十一旅三十三团在和尚岭阻击胡宗南部队，支援井沟战役。

1947 年

1月1日，在崾西村休整的中垛、曹井区干部遭敌偷袭，致县委组织部部长杨秀山等六人牺牲，史称"崾西事件"。

10月27日，西北野战军王震部从宜川东渡黄河，解放了吉县县城。

12月，县委副书记曾远、组织部部长薛占才带领土改工作队赴二（曹井）、四区（窑渠）开展土改试点。

1948 年

1月上旬，晋绥军区司令员贺龙视察路经吉县，指示停止执行晋绥原制定的"土地法"和《晋绥边区告农民书》，纠正了土改中的偏激现象。

2月10日，组织300人担架队，赴陕西宜川县支援瓦子街战役。

春，吉县人民邮政局建立。

1949 年

3月,中国人民银行吉县支行成立;农村普遍组织生产互助组;县政府组建县诊疗所。

4月,县委组织了850余人的担架队西进陕甘,支援解放大西北。

7月上旬,吉县第一届各界人民代表会议第一次会议在县城召开。

二、社会主义革命和建设时期(1949年10月—1978年12月)

1949 年

10月1日,全县中共党员427名,占全县人口总数的1.1%。

11月,取缔"一贯道",侦破"反共救国军晋南第六纵队""龙旗会""改造党"等反革命组织。

12月,全县进行土改复查。

1951 年

1月,由1632名群众投资,成立了窑渠、屯里、五龙宫3个供销合作社。

春,张东山互助组从平顺县西沟村引进玉米优良品种"金皇后"种植,当年亩产375千克,受到农业部奖励。

4月下旬,中国人民抗美援朝保卫世界和平委员会吉县分会成立,全县共捐献慰问袋5000余件,捐款2.2亿元(折合新人民币2.2万元)。

8月1日,吉县中心卫生所改称吉县卫生院。

1952 年

1月4日至5月11日，县委在县、区干部中开展"反贪污、反浪费、反官僚主义"的"三反"运动。

2月8日至9月5日，县委在工商界开展反行贿、反偷税、反盗窃国家财产、反偷工减料、反盗窃国家情报的"五反"运动。

11月10日至24日，在县城举办第一次物资交流大会。

年末，全县组织起农业生产互助组946个、参加农户4880户。

1953 年

1月，全县成立了以五龙宫的张东山、姚家畔的杜三才、坡夫村的冯拴拴为首的3个初级农业社。

1954 年

1月，吉县国营油脂公司、酒业专卖公司、花纱布公司、临汾食品公司吉县食品购销站先后成立。

9月15日，实行棉布统一收购和统一销售政策。

1955 年

5月1日，吉县兽医院成立。

11月，设吉县汽车站。

12月，完成国家对私营工商业者的改造工作。

1956 年

1月，县药材经理部成立，同年改名药材公司。

3月，吉县蒲剧团成立。

9月1日，吉县中学（后改称一中）成立，当年招收初中生3个班。

10月，晋南专署拨款1万元，资助建立了"吉县通用机械厂"。

年末，全县组成高级农业生产合作社92个。

1958年

2月，省电影放映第九队下放归县管理，称吉县电影放映队。

3月，县有线广播站建立。

4月至1964年10月，县投资27万元，社队集资5万元，修明暗渠3000米，建成三堠申子咀至中垛人畜吃水自流工程。

7月在桑峨村设立县直中学一所，在城关、文城、柏山寺各设农村中学一所；

同月，吉县卫生局以县医院为基础，举办第一期中等卫校，学制二年。

8月下旬，以县长张向良为总指挥，带队5000人赴乡宁县台头、沙坪、官家河大炼钢铁。

10月1日，城关、屯里、东石泉、文城4个人民公社成立，下辖66个管理区、325个生产队。

同日，城关公社社办机械厂建10千伏发电车间，为本县发电之始。

11月，吉县与乡宁合并，称乡吉县，1959年称乡宁县。

11月，屯里公社经县批准，在沙坪村开设小煤窑。

11月，晋南专区拨给吉镇汽车4辆，是吉县在新中国成立后最早的汽车。

1959 年

8月27日，吉镇公社首次引进乌尔苏斯-45拖拉机。

10月20日，国营红旗林场建立。

1960 年

春，红旗林场首次从东北引进国光、红玉、香蕉等苹果树种，在马连滩建成全县首座百亩苹果园。

1961 年

6月1日，乡宁、吉县分治，恢复原吉县建制。

1962 年

3月22日，中共吉县县委向省委、地委总结上报了《恢复山庄小村为核算单位》的经验。

1963 年

5月15日开始，全县65个单位分批开展反对贪污盗窃、投机倒把、铺张浪费、分散主义、官僚主义的"五反"运动。

10月，全县公社机关开展清政治、清经济、清组织、清思想的"四清"运动，至1965年末基本结束。

1964 年

春，县医院购回100毫安X光机1台。

8月10日，第二次全国人口普查结束，全县常住人口为56120口人。

11月5日至12月5日，全县5600人上马农田基本建设，整修地埂28000亩，新修和整修梯田12300亩。

1965 年

7月，县一中开设高中班。

1968 年

9月，各生产大队普遍建立合作医疗保健站。

12月8日，北京知识青年533人到本县8个公社19个大队插队落户。

1969 年

春，解放军某部进驻，修筑七郎窝黄河大桥。

上半年，建立城关、屯里、文城、柏山寺等公社有线广播转播站。

12月1日，全省地方病防治现场会在吉县召开。

1970 年

5月1日，晋南地区划分为临汾、运城两地区，吉县属临汾地区。

1971 年

6月28日，"中国共产党吉县委员会"成立，"中共吉县革命委员会核心小组"同时撤销。

7月1日，临（汾）七（郎窝）公路正式通车。

9月25日，增设川庄人民公社（后改称兰家河人民公社）、明珠人民公社。

1972 年

12月30日，中共吉县县委作出了《大力发展林业生产的决定》，要求全县11个公社、99个大队各分别办一个3000亩、1000亩以上的集体林场；567个生产队，每队成立一个林业专业队（包括公社、大队林场），实行"以林为主，多种经营"，适当开展林粮、林油、林菜间作和其他副业生产。

1973年1月，国家投资54万元，调集城关公社500名民工，修建栏杆沟水库。

3月，建成城北50瓦电视转播台。

5月15日，撤销县革委保卫组，恢复县公安局和人民法院。

8月底，国家投资17.5万元，历时4个月架设的由乡宁发电厂，经三堠至吉县县城的35千伏的25千米输电线路投入使用。

11月底，吉县承建的"07015"国防公路高祖山、管头山、桐树岭段竣工通车。

1974年

7月18日，吉县物资站成立，后改为物资局。

10月，吉县汽车运输公司、吉县电业局成立。

1975年

5月10日，中共吉县县委发出向北京插队青年赵凤琴学习的决定，并追授"优秀共产党员"称号。

7月12日，控制流域面积8千米，库容103万立方米的上贴水库建成。

本年，吉县社队企业局、吉县卫生防疫站成立。

1976年

5月1日，地方国营吉县酒厂建成投产。

8月，全省社、队林场经验交流会在县城召开。

10月26日，国家投资75万元，架设大宁至吉县的3.5万伏输电线路。

11月16日，吉县第二中学建成，首次招生400名。

本年，吉县妇幼保健站成立。

1977 年

5月1日，国家投资414万元在太度村启动建设吉县化肥厂，于1979年9月建成投产。

7月1日，吉县自来水厂建成，开始向用户供水。

1978 年

1月8日，吉县戏剧艺术学校成立，招收13至15岁学生40名。

1月，组织修建控制受水面积24平方千米、库容433万立方米的谢悉和圪针沟水库。

4月，省拨款1万元建立县图书馆。

6月20日，开办中医卫校，学制二年，招生30名。

9月，恢复县人民检察院。

本年，吉县获山西省"植树造林先进县"称号。

三、改革开放和社会主义现代化建设新时期（1978.12—2012.11）

1979 年

1月上旬，县委召开县、社、队三级党员干部扩大会议，传达中共中央十一届三中全会精神。

3月，开放集市贸易，允许农村二、三类产品上市，自由购销。

5月，吉县大型农机站成立。

7月，临汾地区社队企业"种养"现场会在吉县召开。

9月22日，中国新闻社发表《天下黄河一壶收》。

10月6日至9日，县委召开三级干部会议，开展真理标准大讨论。

同年，组织有300人参加的水土保持队，启动柳沟流域综合治理工程建设。

1980年

1月1日，恢复县农业银行建制。

2月，城关公社桥南大队队办企业被省评为社队企业先进单位。

10月2日、13日，《山西日报》《人民日报》均在头版头条报道"吉县东庄生产队实行专业分工按能承包，联产计酬责任制，发挥社员劳动潜力和技术专长"的经验。

10月9日至12日，县委召开600人参加的四级干部会议，传达中共中央《加强和完善农业生产责任制》的75号文件，讨论制定了《今冬明春加强完善责任制的措施》。

12月1日，县法律顾问处（后改称律师事务所）和法律公证处成立。

本年末，全县有585个生产队，实行"联产计酬""专业承包"管理制度，占生产队总数的94.81%。

1981年

4月23日，吉县中医院成立。

5月22日，中共临汾地委转发了中共吉县县委《关于建立健全林业生产责任制情况的报告》，要求各县市学习借鉴吉县的经验做法。

8月20日，国家农委、林业部在吉县召开有东北、西北、华北区代表参加的黄土高原造林现场会议。

12月31日，县委、县政府出台农业发展总体规划文件《以林牧为主，实行"五林、三草、二分田"》。

12月，文物普查发现了东城公社西村大队柿子滩"中石器时期"古人类生活遗址。

1982年

1月30日，《山西日报》报道了吉县曹井公社社员承包土地时，把林牧业生产一并承包到户，使剩余劳力转移到林牧生产方面的经验。

4月9日，第三次人口普查结束，全县共有18194户，79425人。

9月20日，县委、县政府决定将全县4.38万亩宜林山地，划分给农民作为自留山植树造林。

9月，柳沟小流域治理研究成果获省科技成果二等奖。

1983年

9月，城关公社桥南大队醋厂生产的"古桥"牌薰醋，被评为省社队企业优质产品。

11月，吉县科委协助临汾地区科委，在吉县大面积推广小麦综合栽培技术，获省科技成果一等奖。

本年，吉县林业专业户发展到1837户。

1984年

6月，吉县壶口风景名胜区筹建领导组成立。

12月8日，各公社召开人民代表大会，撤销公社管理委员会，建立乡（镇）人民政府。

1985年

6月17日至18日，中共中央总书记胡耀邦到吉县视察，并为山区建设题词。

9月1日,吉县祖师庙"农村基金合作社"(村办信用社性质)开张营业。

11月8日,《山西农民报》报道了吉县县委、县政府近年在防治地甲病、克汀病、氟骨症和大骨节病等地方病方面取得的成绩。

本年,吉县荣获国务院"三北"防护林建设领导小组、林业部"三北防护林体系建设一期(1978—1985年)工程先进单位"铜牌奖。

1986年

7月,吉县被中共山西省委、省政府评为"三北防护林建设一期工程先进县"。

1987年

1月10日,全县果树生产工作会上,县委发出号召,"全党动员、全民动手,为我县一年实现户均百株果而努力"。

2月,在省建设厅召开的"评审省风景名胜区"座谈会上,专家一致同意推荐壶口景区上报为国家级风景名胜区,建议壶口瀑布全称为"黄河壶口瀑布风景名胜区"。

3月26日,山西省新闻记者考察团一行22人到壶口瀑布考察采访,《山西日报》做了报道,《光明日报》记者梁衡的散文《壶口瀑布》发表于1988年《人民日报》。

4月27日,中国人民银行发行的第四套人民币的50元币背面图案为黄河壶口瀑布。

5月1日,吉县壶口旅游管理局成立。

7月27日,壶口瀑布被列入第一批省级风景名胜区。

8月3日,黄河壶口瀑布探险队首次成功漂流壶口瀑布;9月3日,安徽省黄河漂流探险队队员王来安乘坐由40个汽车内胎缠结而成的"长江号"密封船漂流黄河壶口瀑布获得成功,被誉为"黄河第一漂";9月8日,北京青年黄河漂流队的探险者张晓军,在队友配合下,漂流壶口成功;9月10日,河南省漂流探险队的队员们,用敞篷船在壶口东岸侧瀑布顺漂成功。

1988年

1月1日,县委、县政府作出《关于大力发展烤烟的决定》。

6月22日,《中国旅游报》专文详细报道了吉县黄河壶口瀑布风景名胜区的全部景点,并附有照片及分布图。

7月23日,县委作出《关于在全县农村支部书记中开展"一任书记创一业"活动的决定》。

8月23日,壶口瀑布被国务院批准为"国家级重点风景区"。

8月底,全县在已建44个基础上,新建40个农村合作基金社,年底全县普及并全面开展业务。

12月,吉县公路建养10年居全区榜首,获金杯奖。

本年,全县实现了人均栽植一亩果园的目标。

本年,全年自筹资金新建农村小学校舍380间、10170平方米,维修校舍212间、3059平方米。

本年,投资22万元,对新华街进行了拓宽改造,主街道由9米拓宽为18米。

本年，在圪针沟口河槽打水泥柱12根，主梁2条，次梁24根，棚盖预制板576块，建成115平方米的农贸市场。

1989年

7月，吉县获山西省政府颁发的"解决农民温饱问题工作成绩显著"奖。

8月5日，《山西日报》以《任职一届、致富一村》为题，刊登了吉县在农村支部书记中开展"一任书记创一业"的经验和做法。

10月，吉县获临汾地区"社会治安综合治理达标县"称号。

12月，吉县被评为全省"爱国卫生县城"。

12月，由山西省城乡规划设计院编写的《黄河壶口瀑布风景名胜区总体规划》完成。

本年，自筹资金修建农田4.39万亩，被省农田基本建设指挥部评为"三等先进县"。

1990年

2月16日至18日，县委召开全县三级干部会，提出了农业产业结构调整的"123"奋斗目标，即到1992年基本实现农村人均一亩园（果园）二亩田（旱涝保收田）三分烟（烤烟）的目标。

5月15日，县委、县政府决定，成立果品发展服务中心（果树局）、环境保护局、黄河壶口瀑布风景名胜区（乡镇级单位）。

7月，全国第四次人口普查截至7月1日零时，全县21377户90327人。

12月17日,县领导在北京与北京林业大学签订《1990年至1994年"营造水土保持试验示范林1.5万亩"合同》,引进"中日技术合作、中国黄土高原治山技术培训项目"。

本年,吉县被省农牧厅、烟草局表彰为"烤烟先进县"。

本年,全县集资305万元,新建和改建小学1365座,建房528间,被评为全省"集资办学先进县"。

1991年

1月11日,山西省吉县壶口瀑布风景名胜区管理局成立。

5月11日,林业部在吉县召开"三北"地区生态经济型防护林体系建设现场交流会。

12月,经中国旅游胜地40佳评审委员会和旅游部门投票评选,确定山西黄河壶口瀑布风景区为"中国旅游胜地40佳"。

本年,中国新闻社摄制组,对壶口瀑布景区专题拍摄后,向国外进行宣传。

本年,全县集资100万元,新建学校36所,维修学校8所,添置了教学设备。

1992年

4月15日,黄河壶口"中国风景胜地40佳"揭牌仪式及黄河"三门游""壶口一号"游船竣工典礼仪式在壶口举行。

7月23日，吉县教育世行项目贷款启动，总投资183.39万美元，其中使用世行贷款83.7万美元，县内配套资金99.69万美元。

8月24日，"中日合作黄土高原治山技术培训项目"示范流域治理现场会在吉县召开。

10月9日，吉县红星苹果在北京举办的首届中国农业博览会上荣获金奖，是水果类全国唯一获金奖的产品。

10月，县委、县政府举办了"壶口杯"全国有奖征文大赛，著名作家孟伟哉担任评委，于1993年9月在壶口瀑布风景区颁奖。

1993年

5月，山西省、陕西省在临汾市联合召开了黄河壶口瀑布风景名胜区总体规划评审会，两省分别编制的《黄河壶口瀑布风景名胜区总体规划》通过评审。

9月22日，在山西省首届农业博览会上，吉县红星苹果、烤烟、金冠苹果分别获农业类金质奖、银质奖和优秀奖；壶口牌杞莲八宝罐头和五龙牌五龙液酒分别获农产品加工类银质奖和优秀奖。

10月5日，中央电视台和中国黄河电视台联合在壶口拍摄大型综合文艺专题片《黄河神韵》。

10月13日至18日，吉县举办首届黄河壶口瀑布漂流节，千只鹅鸭漂壶口。

10月25日，临汾地区山区10县在吉县召开秋季农田基本建设现场会。

1994年

3月27日，县委、县政府批转了县委农村工作部《关于全县农村延长土地承包期工作实施方案》，结合吉县"三田一地"土地划分使用和管理的实际，在保证"人口田"必须延长50年的同时，调整"计划田"和"机动田"，使延长土地承包期的面积占到75%左右，形成"长一块、短一块、稳一块、活一块"，与市场经济相适应的土地使用制度。

4月28日，"黄河三门游"首漂活动拉开帷幕。

6月19日，中央电视台《东方时空》摄制组到壶口景区对瀑布高空走钢丝等活动进行了全方位拍摄。

7月28日，临汾地区烤烟工作现场会在吉县召开。

8月18日，县委、县政府作出《关于建设明珠煤焦开发区的决定》。

9月2日，参加全省小流域治理现场会人员参观了吉县部分工程。

9月19日，"中国临汾首届黄河壶口国际漂流月"开幕式在壶口隆重举行。

本年，电视片《黄河壶口》荣获德育教育、爱国主义教育电视节目二等奖。

1995年

3月29日，壶口瀑布风景区被评为"山西十佳旅游景点"。

7月6日，县委、县政府作出《关于加速发展乡镇企业的若干规定》。

8月12日，临汾地委宣传部为"省级爱国主义教育基地"吉县壶口瀑布风景名胜区挂牌。

8月21日，珠江电影制片厂在壶口景区拍摄电影《冼星海》。

9月19日，天津勇士张志强在壶口大桥上进行了悬索跳表演。

9月19日起，第二届黄河壶口漂流月期间，来自河南省获嘉县高空飞车艺术团的王凤海、王凤琴，在架设于壶口瀑布上空的钢丝绳上作横跨表演。

10月17日，山西电影制片厂拍摄的电视剧《壶口情》在吉县开机。

11月，壶口瀑布风景区被国家建设部命名为"爱国主义教育基地"。

本年，中央电视台"神州风采"栏目播出纪录片《壮哉壶口》。

本年，在黄河渡口蛤蟆滩东绵羊圪塔山崖上发现了史前舞蹈崖画。

1996年

3月28日，全区爱国卫生工作现场会在吉县召开。

7月，在中国革命博物馆举办的"中国风景名胜区展览"中，壶口瀑布风景区荣获金奖。

8月25日，河南省高空飞车艺术团演员冯九山，手持平衡杆走过了架设在壶口瀑布上空的钢缆，创吉尼斯世界纪录，被誉为"华夏第一走"。

9月19日，"中国山西吉县第三届黄河壶口国际漂流月"活动在壶口开幕。

10月8日，国家体委命名吉县为"全国体育先进县"。

11月1日，山西省人民政府批复"同意设立壶口镇"。

11月6日，省委、省政府再次评授吉县为"爱国卫生模范县城"。

11月13日，全区地方病防治现场会在吉县召开。

11月，吉县红富士苹果获"96北京国际果品及技术设备展览会金奖"。

12月8日，在北京国际果品及技术设备展览会上，"壶口牌"系列苹果红富士、红星、金冠荣获三枚国际金奖。

12月9日，省委、省政府、省军区再次命名吉县为"爱国拥军模范县"。

1997年

5月16日，山西电视台举办以黄河壶口国际漂流月为专题的《五彩缤纷》节目。

5月21日，建设部批准黄河壶口瀑布风景名胜区的总体规划。

5月26日，第四届中国山西黄河壶口国际漂流月在壶口隆重开幕。

5月29日凌晨6时，深圳蛇口青年王大力和华南师范大学的罗洁源、黄丽芬，用登山绳索和专用登山器材依次跨越黄河壶口。

6月1日，柯受良驾车飞越壶口成功。

6月19日，临汾地区计生工作暨吉县现场会在县委四楼会议室举行。

7月，上海电影制片厂到壶口拍摄故事片《红河谷》。

10月10日，全区农建现场会在吉县召开。

10月11日，中垛乡集中供水工程竣工典礼仪式在中垛乡举行。

本年，全县利用义务教育工程项目资金240万元，多渠道集资400万元，扩建和新建了部分中小学校。

1998年

3月30日，县委、县政府启动全县教育"普九"攻坚工作。

4月27日，省烟草公司在吉县召开全省烤烟工厂化育苗现场会。

5月14日，省科技成果推广现场会在吉县召开。

7月24日，临汾地区"普九"流动现场会在吉县召开。

9月9日，中直机关青年志愿者支教扶贫活动启动仪式暨中直机关青年艺术家"情系母亲河"慰问演出活动在吉县二中操场举行。

9月19日，"98黄河壶口国际旅游月"活动在壶口景区开幕。

12月31日，县委、县政府出台《关于农村土地延期承包若干问题的意见》，规定农村土地顺延年限为30年，贫困乡村及开发生产用地可顺延到50年。

1999年

5月，香港凤凰卫视中文台到壶口拍摄《壶口旅游风光》电视片。

6月20日，"第六届中国山西吉县黄河壶口国际漂流月暨朱朝辉'99摩托车黄河大飞越活动"在壶口景区举行。

2000年

1月6日,《全省推广吉县农建经验》和《'99生态环境游山西活动首游式在壶口举行》两条消息被评为1999年临汾地区十大新闻。

4月18日,全区农村饮水解困暨产业结构调整现场会在吉县召开。

4月26日,县委、县政府作出《关于开展广播电视"村村通"活动年的决定》。

5月2日,李鹏同志与夫人朱琳视察壶口风景区。

5月12日至13日,全省果业产业化经营现场会在吉县召开。

6月20日,"中国山西吉县第七届黄河壶口国际旅游月暨朱朝辉'99黄河大飞越一周年纪念活动"在壶口景区隆重开幕;同日,壶口旅游开发区管理委员会揭牌。

7月12日,全区农业结构调整流动现场会参会人员参观了吉县果园、烟叶基地和土豆立体种植示范园。

8月10日,全省实施农村饮水解困工程现场会,参观了吉县中垛、东城集中供水工程。

9月26日,县委、县政府出台《关于组建农民专业合作协会的实施意见》。

10月17日,吉县荣获全省农田水利基本建设"禹王杯"第一名。

10月24日至25日,全区秋季造林、退耕还林、生态农业建设流动现场会在吉县召开。

11月30日至12月1日,全县农建造林现场观摩会议召开。

2001年

1月，壶口瀑布区域45平方千米被确定为国家级地质公园。

3月下旬，县川河、昕水河两条黄河一级支流水土保持生态建设项目正式启动。

4月3日，县委作出撤并乡镇的决定：原城关镇更名为吉昌镇，柏山寺乡、中垛乡、东城乡建制保持不变，原窑渠乡、明珠乡并入屯里镇，建立新的屯里镇，原曹井乡与兰家河乡合并，设立车城乡，原王家垣乡并入文城乡，文城乡的存心、留村并入壶口镇。

5月3日，有中国悬崖跳水第一人之称的黑龙江牡丹江市邮政局司机狄焕然，在壶口瀑布跳水成功，成为"壶口瀑布跳水第一人"。

8月8日，祖师庙街道拓宽改造工程竣工。

8月12日，临汾市烤烟生产现场会在吉县召开。

9月3日，吉县职业中学更名为吉县三中。

9月19日，"中国山西吉县第八届黄河壶口国际文化旅游月开幕式暨'泰阳壶口极限超越'大型演唱会"在壶口景区举行。

11月28日，吉县苹果获2011中国国际农业博览会"名牌产品"称号。

12月，经国家地质遗迹评审委员会通过，国家地质遗迹领导小组研究批准，国土资源部【2001】388号文件公布，壶口瀑布地质公园成为第二批国家地质公园。

2002年

1月25日，吉州商贸市场竣工启用。

2月1日，吉县旅游局更名为吉县旅游中心。

3月30日至31日，国务院总理朱镕基一行视察吉县造林工程并考察壶口瀑布，对吉县退耕还林工作给予肯定，并题词"壶口瀑布"。

3月，壶口瀑布风景名胜区顺利通过了ISO9000和ISO14000质量体系达标认证，被国家旅游局评为"AAAA级风景旅游区"。

4月26日，吉县第一套CT设备在县医院投入使用。

6月10日，吉县人民政府下发《关于加速发展民营科技型企业的若干优惠办法》。

6月28日，吉县举行水洞沟道路拓宽改造工程，县体育中心建成启用剪彩。

8月下旬，全县实施的危房改造项目全部竣工投入使用。

9月4日，兰村、苏家坪集中供水工程和9校合一校工程竣工。

9月24日，全省机械化生态农业基地现场会在吉县召开。

10月10日，山西电视台《走进大戏台》栏目组在壶口拍摄外景。

11月7日，全市移民扶贫现场会在吉县召开，参观了牛堤村、沟东村、车城乡、尚古塔移民新村。

11月27日，县委决定成立中共吉县壶口旅游开发区工作委员会。

2003 年

2月11日，县委、县政府作出《关于做好农村土地使用权流转工作的意见》。

8月，《壶口瀑布》由中国旅游出版社出版。

9月18日，吉县至壶口二级公路建设举行奠基仪式。

10月10日，山西省黄河水土保持生态建设现场会在吉县召开。

本年，吉县人民政府多渠道投资500余万元，扩建了一中、二中、三中、东关小学、祖师庙小学，新建了安乐小学、西头小学、太度小学，总建筑面积8786平方米。

2004 年

9月12日，吉县职业高中举行揭牌仪式和首届学生开学典礼。

本年，吉县向农业部争取项目资金300万元，农户自筹资金700万元，启动实施农村沼气工程。

2005 年

7月28日，县委、县政府启动全县"村村通"水泥（油）路建设。

8月19日，吉县启动村村通广播电视工程建设。

8月，克难坡被省政府公布为第四批省级文物重点保护单位。

9月20日，县疾控中心揭牌启用。

9月27日，吉壶二级公路竣工通车。

9月28日，吉县滨河路建设、新华街铺油和龙王湾拓宽改造三大城建重点工程竣工。

本年，县政府筹资240万元发展远程教育，配备计算机339台、投影仪8台、打印机83台、DVD及电视166台，装备了8个网络教室，8个多媒体教室，83个卫星接收站；全县开始对农村义务教育阶段家庭贫困生实行"两免一补"。

2006年

6月13日，县农机局启动"吉县财政专项资金补贴农机具"。

7月17日，县委、县政府启动明珠煤矿建设。

9月11日，县委、县政府制定《关于加快社会主义新农村建设的实施方案》。

本年，国家"十五"时期在贫困地区实施的，以扶贫开发为重点的以工代赈建设项目启动。

2007年

2月开始，吉县全面实施农村义务教育经费保障机制。

3月9日，县城文化广场建设项目土地使用手续被上级国土资源部门正式批准。

4月1日，2007年央视《"五一"七天乐》栏目在壶口景区正式开拍。

4月，县城结子沟垃圾处理场建成投入使用。

7月3日，全市农村信用社支持果业发展现场会在吉县召开。

7月4日，吉州大道工程开工建设。

9月9日，黄河壶口瀑布国家地质公园开园仪式在壶口举行。

9月，全县8处农村饮水安全工程相继完工。

本年，吉县实施村村通油路工程，共为14个行政村铺设了146.6千米的油路。

本年，城市低保实现了应保尽保，农村低保全面启动。

2008年

4月，吉县新医院一期建设工程开始动工修建。

5月14日，启动农村会计委托代理工作。

8月，启动总投资226万元的白河沟坝系工程建设。

9月，县城蔬菜交易市场建设工程竣工。

10月26日，吉县举行煤炭交易市场开业剪彩。

11月，全县农村寄宿制学校建设工程全面完成。

12月，全县农村初中标准化建设全面完成。

本年，县委、县政府出资补助新栽果树2万亩，修建农村公路16条，总长150千米。

2009年3月9日，吉州商贸市场工程奠基开工。

3月20日，启动新华街扩建工程。

3月，吉县图书大楼开始动工修建。

4月13日，吉县人民医院建设工程奠基。

5月23日，省果树研究所在吉县举行"太谷综合试验站吉县示范基地"挂牌仪式。

5月25日，县政府启动广播电视城乡联网暨村村通工程建设。

7月25日，吉县举行明珠煤矿有限公司与华晋焦煤有限责任公司兼并重组整合框架协议签字仪式。

9月，吉县被评选命名为"中国苹果之乡"，吉县苹果被评选命名为"中华名果"。

本年，全县投放扶贫资金420余万元，完成移民搬迁6个村、201户、1000口人，建移民新房800余间。

本年，全县投资1049万元，实施文城中学、一中、二中、祖师庙小学危房改造工程。

2010年

7月，全县中小学校舍安全改造工程全面开工。

10月20日，总投资2886万元的吉县大型苹果冷藏物流交易市场建设工程一期工程基本完工，大量苹果开始入库贮藏。

本年，县政府通过引导、补贴、支持等方式，在农村共建设高标准农用沼气4000户，配套建设猪舍3500个。

2011年

1月26日，吉县借助北京前门"天街年市"开市仪式，推介展销吉县苹果。

8月5日，吉县启动了人祖山人祖庙遗址清理工程。

本年，先后投入资金420多万元，实施完成了涉及中垛乡、屯里镇、车城乡等6个乡镇的扶贫移民搬迁工程，帮助248户、1000口人走出山庄窝铺。

本年，全县共兴建饮水工程6处，解决了33个自然村、15034口人和2307头大牲畜的饮水问题。

本年，县政府投资146万元，启动实施涉及吉昌镇、车城乡、中垛乡10个行政村、30个自然村的农村有线电视网络覆盖工程，全县8个乡镇和壶口风景区全部开通了有线电视信号。

2012 年

1月5日至6日，省委农村工作暨扶贫开发工作会议在太原召开，县委主要领导参加会议，并在大会上做了题为《"一村一品"兴一果、"一县一业"富一方》的典型发言。

2月中旬，县委、县政府在太原举行"吉县苹果促销会"。

4月15日，2012"北京—伦敦"奥运自行车远征队在吉县开展活动。

6月3日至5日，人祖山考古发现6200年前人类遗骨。

6月16日至17日，吉县参加第二届山西特色农产品北京展销周暨扩大市场招商引资系列活动，吉县苹果被评定授予山西特色农产品"十大名牌"称号。

6月28日，吉县一中被确定为"山西师大吉县实验中学"并挂牌。

7月6日，吉县盛平煤业有限公司160万吨洗煤项目竣工投产。

7月10日，吉县—宜川县互派优秀年轻干部锻炼。

7月13日，省出入境检验检疫局对吉县苹果出口企业和基地果园进行考察认证。

8月23日，中国（山西）第二届黄河壶口文化旅游节在黄河壶口风景区隆重开幕，特色农产品展在壶口景区正式开展。

9月17日，吉县开始为全县31260户低收入家庭每户发放1吨取暖用煤。

10月1日至2日，央视新闻频道在"江山如此多娇"特别栏目中，对"十一"黄金周黄河壶口瀑布景区旅游接待情况进行了3次直播报道。

10月13日至14日，全省水果产业发展推进现场会在吉县召开。

四、中国特色社会主义新时代（2012.11—　　）

11月1日，吉县与韩国大田广域市中区结为友好城市。

12月7日，央视记者就"吉县苹果畅销市场"来吉县进行专题采访。

12月29日至30日，中央电视台对冬日壶口瀑布景观进行现场直播。

2013年

7月28日至29日，全县一村一故事"微电影"在车城乡曹井村、屯里镇太度村正式开拍。

8月16日，全省天保公益林暨林区工作现场会在吉县召开。

10月2日，央视新闻频道分别在"直通景区"板块和"江山多娇"板块两次对黄河壶口瀑布进行直播。

12月初，在"晋人晋菜晋味道"烹饪大赛暨全国第七届（山西省第六届）烹饪技能大赛中，由吉县饮食服务有限责任公司、华联壶口大酒店选送的"吉州八八水席"荣获山西传统名宴金奖。

2014 年

3月9日，全县党的群众路线教育实践活动启动。

10月20日，全市造林绿化现场推进会在吉县召开。

11月17日，县党政班子联席会议研究，出台《吉县农村集体"资金、资产、资源"管理办法》《吉县农村集体土地承包管理制度》《吉县规范农村集体果园和机动地承包管理的意见》。

2015 年

6月下旬，当年吉县高考达线人数突破百人大关。

6月26日，市林业局在县国营红旗林场举行"全国十佳国有林场"授牌仪式。

7月2日，中国果品流通协会在古都西安主办的"首届中国果业品牌年度盛会"上，吉县苹果荣获"2015 中国十大苹果品牌""2015 中国果品区域公用品牌50强""中国果业百强品牌"三项殊荣。

7月17日，全县启动新一轮退耕还林工作。

8月13日，吉县大学生生源地信用助学贷款正式启动。

8月23日，中国邮政《黄河》特种邮票首发仪式在壶口瀑布景区举行。

人祖山景区玻璃桥正式对外开放。桥长88米，宽2.5米，架于两山之间，这是山西省首座玻璃桥。

11月2日，中央电视台中文国际频道《远方的家》栏目组走进吉县，以壶口瀑布、人祖山、清代长城、唢呐、苹果等为题材，拍摄专题纪录片。

11月中旬，县扶贫局实施的中央专项彩票公益支持贫困革命老区小型公益设施建设项目建成投入使用。

本年，吉县争取上级支持，总投资3005万元，建成10处抗旱应急提水工程，惠及吉昌镇、屯里镇、文城乡、中垛乡、柏山寺乡、车城乡6个乡镇。

本年，吉县投资558万元实施燃煤锅炉治理工程，23家单位（小区）的23台燃煤锅炉进行了改造。

本年，全县启动"村德村史馆"建设工程。

2016年

3月18日，吉县苹果产业发展协会成立。

4月16日上午，由吉县苹果产业发展协会在玉林市江南区盛世江南乾隆苑广场举行山西吉县苹果广西（玉林）宣传推介活动。

4月22日，全省农村地质灾害治理搬迁现场观摩暨培训会在吉县召开。

5月29日，在晋陕豫黄河金三角寻找"最美果园"活动中，吉县果农余荣中的果园被授予"最美果园"的称号。

5月31日，"中国人祖山文化研究院"挂牌仪式在吉县人祖山景区忘忧山庄举行。

6月3日，美籍华人、美国亿宝农产品集团股份有限公司总裁兼CEO陈楚华一行来吉县考察吉县苹果出口美国相关事宜。

7月5日上午，《三晋华章：人祖山探根寻源》节目在中央电视台中文国际频道《国宝档案》栏目播出。

8月24日,柏东村被农业部认定为第六批全国"一村一品"(苹果)示范村。

9月1日,《临汾日报》消息:《吉县唢呐》选入临汾市第二批省级非物质文化遗产项目。

9月9日,吉河高速公路正式通车。

10月中旬,组织参加了由农业部在新疆乌鲁木齐国际会展中心主办的2016年中国中亚欧博览会优质水果推介活动。

同日,央视财经频道《生财有道》栏目组来吉县专题采访苹果产业发展。

10月27日,《山西日报》消息,吉县被评为省级环保模范城。

11月5日,吉县20辆纯电动公交车开始运营。

11月上旬,在福州举办的第95届全国糖酒商品交易会上,吉县达明一派食品有限公司益百畅果蔬汁荣膺全国"十佳新品王"称号,成为本届糖酒会果汁饮料行业唯一入选产品。

11月中旬,国家旅游局公布了第二批"国家全域旅游示范区"创建单位名单,吉县成功入选。

本年,吉县实施国道209线鲁家河至十里河段改线项目工程。

本年,阳煤集团山西顶吉食品开发有限公司建成年产500吨的果酒生产线,酿造出苹果蒸馏酒。

本年度,吉县投资6474万元实施了吉州新城府前广场、吉州新城路网二期工程和新城供水管网、污水处理站、热源点建设三个项目工程。

本年，吉县投资480万元对单位（小区）的38台燃煤锅炉进行了改造。

2017年

1月6日，吉县苹果出口美国首发式在山西澳坤农业科技有限公司举行，吉县首批44吨苹果直销纽约。

2月，壶口瀑布被确定为山西首批实施体制改革景区，将引进战略合作方参股投资或参与管理。

3月1日，中国质量协会信用建设与质量追溯办公室主任、质码科技CEO李星华，中国质量协会追溯扶贫专家组成员、北京丰复久信品牌营销顾问有限公司董事长郭捷一行在吉县对接追溯精准扶贫系统公共服务平台建设。

3月9日上午，吉县新田村镇银行有限责任公司创立大会暨第一次股东大会召开。

本年，针对冰雹灾害频发、多发的势头，县政府对果农搭建果园防雹网，采取财政补贴的方式进行扶持鼓励，果农搭建防雹网，每搭建一亩补贴500元，或每搭一亩协调信用社贷款4000元，县财政贴息一年。

4月14日，吉县"春华秋实"苹果文化旅游系列活动之"果花映秀·探春吉州"活动分别在柏山寺乡西岭村、东城乡启动。

4月19日，山西黄河壶口瀑布文化旅游发展有限公司揭牌。

4月22日，"骑聚人祖山畅游母亲河"活动首次在人祖山景区举行。

4月25日，县苹果产业发展协会利用15台无人机，对柏山寺乡、东城乡部分苹果示范园实施授粉作业试验。

5月10日,全市易地扶贫搬迁吉县现场推进会召开。

6月29日上午,吉县临汾西(吉县)500千伏输变电项目开工。

6月底,全县79个行政村实现了垃圾清运车全覆盖。

7月4日上午10时至11时,山西农村广播特别节目《直通嘉年华·走进吉县》作网络直播。

8月2日,临汾日报刊发文章,《吉县圪塔村:花椒产业铺就村民脱贫致富路》。

8月12日,"人祖山杯"晋陕蒙民歌大赛决赛在人祖山景区忘忧山庄广场举行。

8月15日,在北京马连道国际茶城9号院召开了"吉县富钾功能苹果北京品鉴会",经谱尼测试科技(北京)有限公司检测,"吉县苹果"的钾元素检测值为每100克苹果含1210毫克的钾元素,比普通苹果高出1091毫克。

9月9日,吉昌镇上东村被评为第四届全国文明村。

9月,饮马泉保护修复和改造工程全部完工。

9月23日,由中共临汾市委、市政府主办,吉县县委、县政府承办的以"吉祥吉县、兴业共赢"为主题的2017临汾市(吉县)招商引资推介会暨项目签约仪式在吉州宾馆举行。

10月,全县脱贫攻坚誓师大会召开。

10月11日,吉县举行2017年"苹果王"评选大赛,中垛乡柳沟村果农吕安全种植的苹果摘得"苹果王"桂冠。

10月12日至13日,由临汾市总工会、市农业委员会、市广播电视台,吉县县委、县政府主办的以"选树平阳工匠，助力吉县脱贫"为主题的全市果树管理技能大赛在柏山寺西岭村举行。

2017年10月24日，吉县医疗集团第一届理事会成立大会召开。

10月24日上午10时，央视摄制组在壶口瀑布景区现场直播报道壶口瀑布秋季景观。

11月9日，中信建投证券公司与吉县政府及吉县慈善协会三方签署了结对帮扶协议，无偿捐赠100万元。

11月29日，远景能源吉县屯里风电场建设项目开工仪式在五龙宫村举行。

12月15日，吉县召开新就业无住房职工公租房配租大会，为60户保障对象进行了现场抽号配租。

11月22日，央视音乐频道《美丽中国唱起来》栏目组在吉县壶口录制分会场的节目。

2018年

1月19日，山西壶口瀑布风景区推介会在太原举行。

3月14日，县政府启动第二批公共租赁住房配租。

4月25日，吉县段全国黄河板块旅游公路建设项目开工。

5月3日，县政府为江苏、太原、天津、临汾等地的31家企业举行了农民工外出务工招聘会。

8月8日，省政府正式批准吉县退出贫困县。

8月17日，国务院扶贫办宣布吉县退出贫困县，在山西省首批脱贫摘帽。

9月16日，首届山西非物质文化遗产博览会在壶口景区举办。

9月17日，山西广播电视台在东城乡社堤村举办首届"中国农民丰收节"直播活动。

9月26日，首届大河文明旅游论坛汇水仪式暨大河文明旅游论坛秘书处授牌仪式在壶口瀑布景区举行。

9月29日，吉县医疗集团120急救中心及介入导管室揭牌。

12月28日，人祖山景区"国家4A级旅游景区"挂牌。

2019年

1月，"吉县苹果"被农业农村部评定为第二批"中国特色农产品优势区"。

1月9日，全县启动实施苹果间伐减密工作。

2月20日，全县启动"改革创新、奋发有为"大讨论活动。

3月21日，总投资22.4亿元，涉及产业转型、农田水利、旅游交通、社会事业等方面的重点项目集中开工。

4月12日，县政府、壶口管委会与山西宏源集团签订沿黄现代农业文化旅游带合作协议。

4月29日，2019年"春华秋实"文化旅游系列活动，在桑峨牡丹园开幕。

5月，山西通航集团低空旅游黄河壶口景区验证试飞成功。

5月，"吉县苹果"入选农业农村部发布的第一批《全国名特优新农产品名录》。

6月23日，2017年6月30日开工、总投资58883万元的临汾西（吉县）500千伏输变电工程竣工投产。

7月17日，吉县电子商务公共服务中心揭牌运营。

9月17日上午，"繁荣盛世鼓舞山西"锣鼓艺术展演和临汾市合唱展演暨第三届吉县"歌唱黄河"合唱艺术周开幕。

9月19日，吉县"吉祥吉县·吉地吉品"区域公共品牌正式发布。

9月28日下午，"2019中国苹果年会暨吉县苹果品牌发展高峰论坛"在县城举办。

9月29日，吉县苹果试验示范站揭牌。

10月11日上午，"相约壶口，共谋发展"2019山西·临汾（吉县）招商引资活动在壶口景区举办。

11月29日，"吉祥吉县"App上线仪式在县融媒体中心举行。

12月，吉县社堤村荣获"2019中国最美村镇"精准扶贫典范奖。

12月，中垛村苹果土专家强贵家，获山西省第二届"优秀职业农民"荣誉称号。

吉县荣誉

◎全国造林绿化百佳县

◎全国绿化模范县

◎全国营造林工作先进县

◎全国绿化先进县

◎国家级生态示范县

◎全国农业科技推广先进县

◎全国农业（苹果）标准化示范县

◎中国苹果之乡

◎全国无公害农产品（苹果）生产示范基地达标县

◎国家级出口食品农产品质量安全示范区

◎全国出口苹果生产基地核心示范区

◎国家全域旅游示范区

◎全国体育先进县

◎国家电子商务进农村示范县

◎全国中小学研学实践教育基地

◎国际著名山水文化旅游县

◎省级农业综合开发示范县

◎全省"一县一业"（苹果）先进县

◎全省标准化果园建设先进县

◎全省林业生态县

◎全省林业生态建设"三加三不减"先进县

◎全省烤烟生产先进县

◎全省文化建设示范县

◎全省"爱国拥军模范县"

历任领导名录

1937—2019 历任县委书记、县长（革命委员会主任）名录

中共吉县临时工委（1937.11—1938.06）

书记 张国华（1937.11—1938.06）

中共吉县县委（1938.06—1945.07）

书记　张秀成（1938.06—1938.11）

　　　王玉文（又名彭德，1938.12—1939.03）

　　　张铁民（1939.03—1939.10）

　　　杨步齐（又名林波、肖杨，1939.10—1940.02）

　　　李守仁（1940.03—1945.07）

　　　　1945.07—1946.11 吉县县委遭破坏，停止工作

中共吉县县委（1946.11—1949.09）

书记　冬　青（1946.11—1946.12）

　　　张广钦（化名徐钢民，1947.01—1948.02）

　　　只金耀（1948.06—1949.04）

　　　焦存刚（1949.07—1949.09）

县长　只金耀（1946.11—1948.02）

　　　薛子谦（1948.02—1949.09）

中共吉县县委（1949.09—1955.01）

书记　焦存刚（1949.10—1952.03）

　　　张输翰（1952.04—1952.06）

　　　柴惠民（1952.07—1955.01）

县　长　薛子谦（1949.09—1950）
　　　　李　荣（1950—1953）
　　　　张福祥（1953—1955.01）
　　　中共吉县第一届委员会（1955.01—1957.05）
书　记　柴惠民（1955.01—1957.05）
县　长　张福祥（1955.01—1956.12）
　　　　冯青山（1956.12—1957.05）
　　　中共吉县第二届委员会（1957.05—1958.10）
书　记　柴惠民（1957.05—1958.10）
县　长　冯青山（1957.05—1958.04）
　　　　张向良（1958.04—1958.10）

（1958.10—1961.6，吉县与乡宁县合并为乡吉县）

　　　中共吉县县委（1961.06—1963.01）
第一书记　郭逢恒（1961.06—1963.01）
县　长　　张向良（1961.06—1963.01）
　　　中共吉县县委（1963.01—1965.11）
代书记　席长恩（1963.01—1965.11）
副书记　张向良（1963.01—1964.07）
　　　　王希文（1964.09—1965.11）
　　　中共吉县第三届委员会（1965.05—1966.05）
代书记　王希文（1965.11—1966.05）
县　长　王希文（1965.11—1966.05）
　　　　李志勇（1967.04—1966.05）
　　　　胡文晋（1965.11—1966.05）
　　　中共吉县县委（1966.05—1967.02）
代书记　王希文（1966.05—1967.02）

县　长　王希文（1966.05—1967.02）
革命委员会主任：
　　　李志勇（1966.05—1967.02）

中共吉县核心小组（1967.04—1970.03）

组　长　李志勇（1967.04—1969.11）
　　　　陈军龙（1969.11—1970.03）

中共吉县革命委员会核心小组（1970.04—1971.04）

组　长　陈军龙（1970.04—1971.04）
第一副组长　席长恩（1970.04—1971.04）

中共吉县第四届委员会（1971.04—1976.10）

书　记　陈军龙（1971.04—1972.09）
　　　　李景刚（1972.11—1974.11）
　　　　李红星（1974.11—1976.10）
革命委员会主任：
　　　陈军龙（1971.04—1972.04）
　　　薛春荣（1972.09—1972.11）
　　　胡文晋（1972.11—1974.02）
　　　李红星（1974.02—1974.11）
　　　韦　彬（1975.03—1975.11）
　　　宋志仁（1975.11—1976.9）

中共吉县县委（1976.10—1978.12）

书　记　李红星（1976.11—1977.11）
　　　　安　康（1977.11—1978.12）
革命委员会主任：
　　　宋志仁（1976.10—1977.09）
　　　高世才（1977.11—1978.12）

中共吉县第五届委员会（1978.12—1987.09）

书　记　安　康（1978.12—1982.06）
　　　　高世才（1982.06—1983.12）
　　　　周　诚（1983.12—1985.06）
　　　　张培华（1985.06—1987.02）
　　　　任俊发（1987.02—1987.09）

革命委员会主任：
　　　　高世才（1978.12—1980.07）
县　长　高世才（1980.07—1983.05）
　　　　张培华（1983.06—1985.06）
　　　　黄有泉（1986.01—1987.09）

中共吉县第六届委员会（1987.09—1990.04）

书　记　任俊发（1987.09—1990.04）
县　长　黄有泉（1987.09—1988.12）
　　　　李　青（1988.12—1990.04）

中共吉县第七届委员会（1990.04—1993.05）

书　记　任俊发（1990.04—1992.03）
　　　　陈保堂（1992.03—1993.05）
县　长　李　青（1990.04—1992.12）

中共吉县第八届委员会（1993.05—1998.05）

书　记　陈保堂（1993.05—1998.05）
县　长　李苏河（1993.05—1997.01）
　　　　原胜利（1997.01－1998.05）

中共吉县第九届委员会（1998.05—2003.10）

书　记　陈保堂（1998.05—2000.04）

原胜利（2000.04—2003.09）

原学义（2003.09—2003.10）

县　　长　原胜利（1998.05—2000.04）

原学义（2000.04—2003.09）

中共吉县第十届委员会（2003.10—2006.06）

书　　记　原学义（2003.10—2006.06）

县　　长　张　云（2003.10—2006.06）

中共吉县第十一届委员会（2006.06—2011.06）

书　　记　乔建军（2006.06—2008.03）

张金凤（女，2008.04—2009.05）

毛益民（2009.08—2011.06）

县　　长　杨安虎（2006.06—2008.04）

刘奎生（2008.04—2011.05）

张金凤（女，县委书记兼政府县长，2008.03—2008.04）

中共吉县第十二届委员会（2011.06—2016.07）

书　　记　毛益民（2011.06—2013.04）

郝忠祥（2013.05—2016.07）

县　　长　刘　浩（2011.06—2015.08）

崔绍民（2016.02—2016.07，2015.08—2016.02任代县长主持县政府工作）

中共吉县第十三届委员会（2016.07—）

书　　记　郝忠祥（2016.07—2019.10）

崔绍民（2019.10—）

县　　长　崔绍民（2016.07—2019.10）

赵松强（2019.11—）

附： **老区吉县永向前**

闫旺森 词
士　心 曲

1=F 2/4

(1 1 2 1 5 7 6 | 5. 2 2 | 2 2 3 3 2 2 1 7 | i. 6 | 5. i 1 4 3 2 | 5. 3 |

2. 2 2 3 2 1 5 7 | 1. ∨ 5 7 | 1 —)| 5 5 5 5 7 2 3 2 | 1. 2 | 1 2. 5 5 2 | 1 —

　　　　　　　　　　　　　　我漫步壶口岸　边，
　　　　　　　　　　　　　　我登上人祖山　巅，
　　　　　　　　　　　　　　我面对壶口人祖　山，

4. 4 4 1 4 4 5 | 6 5 4 4 3 2. 5 5 2 2 1 | 2 — ∨ | 5 2 1 7. 1 | 2 7 1 2 |
激流咆　哮向我呼　　唤！　　　　吉县的历　　史　像
天风浩　荡向我呼　　唤！　　　　吉县人风　　骨　像
用歌声　向未来呼　　唤！　　　　光荣的吉　　县　像

4. 5 i 7 8 5 | 6. 5 8 i i 7 6. 7 6 5 | 6. 6 6 2 4. 5 | 2. 2 2 4 8 7 6 |
壶口万古奔　流，载着多　少辛　酸，多少愤　怒，多少苦
人祖山千秋耸　立，铭刻多　少功　绩，多少荣　耀，多少尊
太阳会更灿　烂，我们不　负前　贤，继往开　来，朝着明

5 — | i. 7 2 | i — | i. 7 6 | 5. i 1 4 3 2 | 1 — |
难。　壶　口　　　　向我呼　　　唤，
严。　人祖　山　　　向我呼　　　唤，
天，　描　绘　　　　宏伟画　　　卷，

2. 2 2 6 6 2 2 1 | 1. ∨ 5 7 | 1 — | i i i i i 7 2 |
牢记江山血　换。　　　　　　　革命老区吉
要当英雄好　汉。
谱写壮丽诗　篇。

i — | 2 2 2 2 1 7 1 | 2 — | 2. 2 2 2 5 5 7 | i — | i 0 ||
县　放歌阔步向　前。　永远放歌阔步向　前。

编后语

《吉县革命老区发展史》终于脱稿，这是各方人士付出的心血和辛劳的结晶。

吉县老促会接到临汾市老促会转发的中国老区建设促进会《关于编纂全国1599个革命老区县发展史的安排意见》后，及时向县委、县政府做了汇报，县委、县政府主要领导对编纂工作高度重视，给予大力支持。

编纂《吉县革命老区发展史》是一项严肃认真又艰苦细致的工作。为了全面准确反映吉县革命发展史，我们首先学习了党的十九大精神，坚持以习近平总书记在"一大"会址、嘉兴红船、古田会址等革命圣地系列重要讲话精神为指导，提高政治站位，把握历史脉搏，决心以无愧革命先辈、无悔传承红色基因的使命担当，满怀敬仰，克难而上，为老区著史，为先驱立传，为时代颂歌，为后世昭德。

在编纂过程中，我们认真研读了《中国共产党的九十年》《中共中央关于新中国成立后若干历史问题的决议》和习近平总书记在庆祝改革开放40周年大会上的重要讲话精神，以此红线为引领，贯穿编纂工作始终。县委、县政府领导多次听取汇报，精心指导，解决具体困难和问题，保证了编纂工作顺利进行。

为编纂本书，我们通览了《吉县志》《中国共产党吉县组织史资料》《吉县政协志》《中共吉县大事记述》《壶口志》《吉县年鉴》《抗战在吉县》等史料文献，实地走访了10多位知情人士，收集到一些第一手资料与珍贵的史料照片。在山西老促会举办的培训班上，我们聆听了中国老促会邹老师的培训指导；临汾市老促会张作明常务副会长、刘苏寿副会长兼秘书长对本书编纂倾注了大量心血，给予诸多指导和帮助，为本书的完成奠定了基础。红军时期、抗战时期、解放战争时期甚至社会主义建设时期的当事人已有不少离世，现成资料十分缺少。面对情况不熟悉，获取资料难，史料极缺乏，时间要求紧等困难，大家想方设法搜集资料，加班加点着手编纂，多方核实，三易其稿，付出了超常的艰辛。吉县摄影人王评、范吉忠提供了一些珍贵的图片资料，七星广告有限责任公司工作人员在打印、排版、制图工作中不辞辛劳、加班加点，在此一并致谢。

虽然我们付出了努力，但书中不当、不妥、不周之处在所难免，恳请各位专家和广大读者不吝指正。

编　者

2020年4月